JN411960

스크리놀로지

스크리놀로지
: 우리의 세계는 스크린으로 연결되었다

발행일 2026년 1월 25일 초판 1쇄

지은이 이현진
펴낸이 정상준
펴낸곳 ㈜을유문화사
창립일 1945년 12월 1일
주소 서울시 마포구 서교동 469-48
전화 02-733-8153
팩스 02-732-9154
홈페이지 www.eulyoo.co.kr

ISBN 978-89-324-7595-0 03300

스크리놀로지

screenology

우리의
세계는

스크린으로
연결되었다

일러두기

1. 외국 인명, 지명은 기본적으로 국립국어원의 외래어 표기법을 따랐으나, 일부 관례로 굳어진 표기는 예외로 두었다.
2. 책 이름은 『 』, 한 편의 글, 논문은 「 」, TV 프로그램, 영화, 미술 작품명은 〈 〉, 전시회는 《 》로 표기했다.
3. 이 책에서는 특정 영상을 소개하거나 저작권 문제로 인해 일부 이미지를 직접 수록하기 어려운 경우, 해당 내용을 QR 코드로 대체하였다. QR 코드를 스마트폰이나 태블릿 등으로 스캔하면 관련 이미지나 영상 자료를 바로 확인할 수 있다. 다만 QR 코드에 연결된 외부 콘텐츠는 작성 시점 기준으로 확인된 공개 자료이며, 저작권자의 정책 변경 등으로 인해 링크가 변경되거나 열리지 않을 수 있음을 일러둔다.

들어가는 글

"어제 당신의 스크린 타임은 5시간 21분이었습니다." 늘 시간 없다는 말을 되뇌며 살면서도 스크린 타임이 좀처럼 줄지 않는 게 신기하다. 페이스북이나 인스타그램 같은 소셜미디어 때문이 아니다. 나는 이들을 수년 전에 끊었다. 그러나 그 빈틈은 어느새 다른 것들로 알토란처럼 채워졌다. 주중 출근길에는 스마트폰을 통해 밤사이에 온 이메일을 확인하고 학생들이 올린 과제도 점검한다. 가끔은 생활용품이나 반찬거리를 살펴보거나 러닝 운동화를 검색하고, 읽고 싶은 책을 온라인 장바구니에 담으며 꽤 오랜 시간 앱 안에 머물게 된다. 잠자리에 들어서도 포털 뉴스를 뒤적이다 보면, 기사에서 기사로 타고 넘어가는 사이 어느새 한 시간이 훌쩍 지나 있곤 한다. 자기 전 블루라이트가 숙면에 좋지 않다는 건 알지만, 충전을 위해 머리맡에 둔 스마트폰에 자꾸 손이 가는 건 어쩔 수 없다.

이렇게 스마트폰으로 측정되는 스크린 타임만 있을까. 사실 나의 진짜 스크린 타임은 그보다 훨씬 길다. 수업을 준비하고, 이런저런 업무로 메신저와 이메일을 주고받고, 논문과 글을 쓰다 보면 하루 대부분을 노트북 앞에서 보내게 된다. 다행히 아직 손목터널증후군은 없지만, 거북목 증상은 점점 심해지고 있다. 그래서 몇 년 전부터 걷기와 달리기를 시작했다. 좀 더 체계적으로 운동하고자 스마트워치를 구입했고, '운동하기', '일어서기', '소모 칼로리' 등의 데이터를 확인하며 매일 도전 목표를 차곡차곡 채우는 데 집중하다 보니, 그 조그만 스크린도 하루 종일 자주 들여다보게 된다.

집에 돌아와서는 TV를 켜고, 이동 중엔 지하철 광고 스크린을 마주하고, 일상 속에는 각종 키오스크 스크린, 도심과 빌딩 숲의 미디어월과 파사드 스크린, AR/VR 스크린까지…… 우리는 수없이 많은 스크린에 둘러싸여 살아간다. 요즘은 식당 테이블 위에도 주문용 패드 스크린이 놓여 있다. 이제는 "여기 물컵 하나만 더 주세요"라는 말조차 스크린을 사이에 두고 전해지는 시대다. 정말이지 우리는 스크린을 통해 세상과 소통하며 살아가고 있다 해도 과언이 아니다.

···

학부에서 회화(페인팅)를 전공하고 영상작가로 활동했던 나에게 도화지와 캔버스, 비디오 스크린은 모두 작업의 과정이자 도구였다. 촬영 중에는 카메라 뷰파인더를 들여다보았고, 작업 후에는 컴퓨터의 편집 모니터 앞에 앉았다. 비디오설치 작업에서는 CRT 모니터와 LCD 스크린, 프로젝터를 활용한 프로젝션 스크린도 자주 사용했다.

그림을 그릴 때는 사각형의 캔버스 안에 어떻게 시공간을 담아낼 수 있을지 늘 고민했으며, 영상 설치 작업을 할 때는 평면 스크린 속에 어떻게 입체적인 공간감을 구현할 수 있을지를 두고 골똘히 생각하던 시절이 있었다. 그런 탐색의 일환으로 폐신문지 7톤을 쌓아 폭포가 떨어지는 듯한 스크린 공간을 만들기도 했고, 리본 테이프들을 천장 가득 늘어뜨린 공간에 프로젝터로 영상을 투사해 관람객이 마치 버드나무 숲을 거니는 듯한 체험을 할 수 있도록 연출한 작업을 하기도 했다.

디지털 인터랙티브 아트로 작업을 확장하면서는 스크린 자체가 하나의 상호작용 요소가 되어 관람객의 제어와 움직임에 따라 영상이 반응하는 형태의 작품을 만들었다. 이후 공대 박사과정에 진학하면서 스크린 인터페이스를 탐구하는 연구실에 들어가게 되었고, 아이폰이 세상에 출시되기 직전의 시기에 멀티터치 스크린과 관련된 인터페이스와 인터랙션 기술을 귀동냥하며 함께 연구하기도 했다.

지금은 대학원에서 미디어아트를 전공하는 학생들과 함께 게임, VR 등 첨단 미디어를 활용한 작업을 이어 가고 있다. 이 책은 그간의 작업과 연구, 그리고 스크린에 대한 나의 생각들을 모아 정리한 기록이다.

···

회화 캔버스는 물론 고딕 성당의 스테인드글라스나 천장화가 그려진 돔, 파노라마 극장 등은 모두 과거의 스크린 미디어라고 할 수 있다. 많은 이들이 '스크린 경험'이라고 하면 영화 스크린, TV 스크린, 컴퓨터 스크린을 떠올리지만, 오늘날의 스크린 경험은 이보다 훨씬 다양한 미디어 경험과 깊이 연결되어 있다. 이제 거의 모든 미디어는 디지털 미디어로 통합되어 가고 있으며, 이러한 디지털 미디어는 대부분 컴퓨터를 통해 편집되고 재생된다. 그 결과, 예전처럼 영화관이나 거실에서 여럿이 함께 하나의 스크린을 바라보던 경험은 점차 줄어들고, 이제는 각자의 방에서 손안의 작은 스크린을 통해 혼자 감상하는 형태로 바뀌어 가고 있다. 이렇듯 '함께 보는 스크린'에서 '혼자 보는 스크린'으로의 전환은 우리 삶에 어떤 변화를 가져오고 있을까?

미술관에 가거나 여행을 떠나면 눈앞의 예술 작품이나 아름다운 풍경을 직접 감상하기보다, 우선 스마트폰 카메라에 담으려 애쓰는 사람들을 마주한다. 직접 경험을 위해 그 자리에 왔음에도, 그들은 스크린을 통해 다시 그 장면을 기록하고 저장하려 한다. 이처럼 스크린을 통해 세상을 인식하고 소통하는 데 익숙해진 현대의 삶은 점점 더 자신과 유사한 생각과 취향을 지닌 사람들과의 연결에서 만족을 추구하는 방향으로 나아가고 있다. 정치적 성향, 관심사, 사회적·경제적 배경이 비슷한 이들이 함께 모여 동일한 뉴스와 콘텐츠를 소비하고, 유사한 관점에서 세상을 해석한다. 그 결과, 사회는 세대, 성별, 취향 등에 따라 균질한 소집단으로 분화되고, 이들 간의 간극과 갈등은 점차 심화되는 양상을 보인다.

빠르게 돌아가는 자본주의 사회에서 타인의 삶을 스크린으로 들여다보며 부러워하고 자신의 삶을 상대적으로 초라하게 느끼게 되는 것도 스크린이 만들어 낸 영향이다. 많은 이들이 한 가지 콘텐츠를 깊게 음미하기보다, 더 많은 정보를 빠르게 소비하려 한다. 이는 조금이라도 뒤처지지 않기 위한 조급함이 만들어 낸, 각박한 삶의 단면이기도 하다. 이처럼 스크린을 통한 미디어 경험은 우리의 집중력을 분산시키고 삶의 밀도를 흐리게 만든다. '나는 왜 이렇게 실천력이 부족하고 게으를까?' 자책하며 명상 앱을 설치하거나 집중력 향상에 관한 책을 뒤적이지만, 이내 그것이 나만의 문제가 아님을 깨닫게 된다. 우리가 살아가는 시대가 이미 그렇게 만들어져 있기 때문이다. 이처럼 스크린 경험은 단지 일상적이고 사소한 차원을 넘어, 사회적이고 철학적인 차원까지 깊숙이 연결되어 있다.

한편 시각예술가이자 연구자의 관점에서 바라보면, 오늘날의 미디어 파사드와 미디어월은 현대 예술가들에게 새로운 표현의 장으로 자리 잡고 있다. 미디어아트는 이처럼 다변화하는 미디어 스크린 경험을 예술적이고 미학적인 차원으로 전환시키는 역할을 한다. 2D 스크린은 물론, 3D 스크린, 터치 스크린, AR/VR 스크린, 투명 스크린, 접는 스크린, 곡면 스크린, 파사드 스크린에 이르기까지, 오늘날의 스크린은 첨단 기술을 기반으로 그 형태와 범위를 전례 없이 확장해 가고 있다. 특히 이러한 스크린 기술은 공학 및 산업 기술과 밀접하게 연결되어 있을 뿐 아니라, 놀랍게도 군사 기술과도 깊은 관련을 맺고 있다.

이 책은 '스크린'이라는 주제를 중심으로 기술과 예술, 문화와 사회가 어떻게 서로 얽히고 넘나드는지를 탐색한다. 스크린과 관련된 이야기는 예술, 기술, 공학은 물론 정치, 사회, 문화, 경제, 미디어 심리 등 다양한 주제와 이슈로 확장되며, 이들 간의 연결은 끊임없이 이어진다. 이처럼 스크린이라는 현상은 다양한 분야가 유기적으로 맞물릴 때 비로소 깊이 있게 이해되고 논의될 수 있으며, 그럴 때에야 우리는 지금 이 시대와 사회를—때로는 가까이에서 밀착해 바라보고, 때로는 한 걸음 물러나 더 넓은 시야로—성찰할 수 있게 된다.

···

내가 이 책을 쓰기로 결심한 이유는 박사 논문 주제가 스크린에 관한 것이었기 때문이기도 하지만[1](실제로 이 책의 1부는 박사 논문의 기초 내용을 바탕으로 구성되었다), 더 큰 동기는 스크린에 대한 논의와 연구, 저작들이 국외에서는 활발히 소개되고 있는 반면, 국내에서는 이를 통합적이고 개괄적으로 다룬 책이나 담론이 거의 없다는 점에서 오는 아쉬움이었다. '스크린 시대'라는 말이 실감 날 정도로, 최근 해외에서는 이를 주제로 한 연구와 문헌이 눈에 띄게 증가하고 있다.[2] 하지만 대부분의 논의가 여전히 영화 이전의 스크린 역사나 영화 중심의 스크린 개념에 국한되거나 소급되는 경향이 강하다는 인상을 지우기 어렵다. 더욱이 오늘날처럼 기술이 급변하고 스크린의 형식과 경험이 끊임없이 진화하고 있음에도 불구하고, 이러한 변화들을 충분히 포괄하지 못하고 있는 실정이다. 이러한 문제의식에서 나는 스크린에 보다 보편적이고 통합적으로 접근할 필요성, 즉 기술 변화와 함께 진화하는 문화와 사회를 반영할 수 있는 논의가 절실하다고 느꼈다.

이 책의 제목 '스크리놀로지Screenology'는 바로 그 같은 시도와 맞닿아 있다. 이 개념은 핀란드의 미디어 고고학자 에르키 후타모가 제안한 것으로, 스크린을 미디어 고고학적 시각에서 탐구할 필요성을 강조하는 용어다. 후타모는 「스크리놀로지의 요소들: 스크린의 고고학을 향하여」,[3] 「왜 우리에게는 스크린의 고고학적 논의가 필요한가?」[4] 등 여러 글을 통해 스크린이 정보를 드러내기도 하고 감추기도 하는 문화기술적 표면이라 주장하며, 스크린을 중심으로 한 문화·사회·기술의 계보학적 흐름을 꾸준히 탐구해 왔다. 나는 박사학위를 마친 지 한참이 지난 몇 해 전에서야 그의 논의를 처음 접했지만, '스크리놀로지'라는 개념이 그동안 내가 품어 온 스크린에 대한 생각을 가장 잘 반영해 주는 적절한 개념이자 용어라는 확신을 갖게 되어 이번 책의 제목으로 빌려 왔다.

호기롭게 시작했지만, 책을 집필해 나가는 과정은 결코 만만치 않았음을 고백하지 않을 수 없다. 머릿속에서 그렸던 기획이 실제 글로 옮겨지는 과정은 전혀 다른 차원의 일이었다. 스크린에 대한 논의는 그 범위가 워낙 방대하여 애초에 그 전체를 담아내는 일은 불가능에 가깝다는 사실을 점점 더 절감하게 되었다. 비록 원고를 마무리했지만, 여전히 많은 장면과 생각들이 책 속에 담기지 못한 채 남아 있다. 수년간 석·박사 과정 학생들을 지도하며 "연구 주제와 범위를 좁혀라"라는 말을 수도 없이 반복해 왔는데, 어쩌면 "중이 제 머리 못 깎는다"는 속담이 내게도 예외가 아니었는지도 모른다.

그럼에도 불구하고 스크린으로 둘러싸인 오늘날의 복잡하고 복합적인 세계를 제대로 이해하기 위해서는, 그것을 바라보는 시선 또한 복합적일 필요가 있다는 생각은 여전히 유효하다. 이 책이 그러한 현실의 면면을 조망하고, 서로 얽히고 영향을 주고받는 다양한 요소들 사이의 관계를 보여 주는 데에 어느 정도나마 역할을 할 수 있기를 바랐다. 중간중간 글쓰기가 벅차게 느껴질 때도, 이 책이 '전체를 드러내는 지도'처럼 기능할 수 있을 거라 믿으며 스스로를 다독였다.

결국 이 책은 '스크린'이라는 방대한 영역을 조망해 보려는 첫 시도이며, 오늘날 스크린을 통해 일상을 살아가는 많은 이들의 삶에 이 매개체가 어떤 의미를 부여하고, 또 우리의 정신적 태도에 어떤 변화를 불러오고 있는지 함께 성찰해 보자는 제안이기도 하다. 우리는 매일 스크린을 마주하지만, 그 순간들이 때때로 얼마나 새로운 감각과 의미를 선사하는지 자각하지 못한 채 지나치곤 한다. 이 책이 그러한 장면들을 되돌아보는 계기를 마련해 주고, 더 나아가 독자들이 각자의 경험을 고유한 에피소드와 해석으로 확장해 나가기를 진심으로 기대한다. 마지막으로 그 모든 개인적인 성찰이 모여, 우리가 살아가는 이 스크린 시대를 더욱 입체적으로 이해할 수 있는 단초가 되기를 바란다.

...

마지막으로 이 책이 세상에 나올 수 있도록 도와주신 많은 분들께 감사의 마음을 전하고 싶다. 운 좋게 을유문화사의 정희정 편집자님과 책에 대한 논의를 시작할 수 있었고, 그 과정에서 초기 기획안은 보다 폭넓은 독자를 위한 교양서로 방향을 잡으며 점차 구체화되어 갔다. 꾸준히 글을 쓸 수 있도록 격려해 주시고 용기를 북돋워 주신 데 대해 깊이 감사드린다. 또한 늘 응원해 주는 사랑하는 가족과 수업과 일상 속에서 많은 이야기를 나누며 영감을 주고받은 동료 선생님들, 제자들에게 고마움을 전한다. 그리고 이 책의 작업을 뒷받침해 준 연세대학교의 학술연구비 지원에도 감사의 인사를 남긴다.

이 책과 관련된 첫 이메일을 주고받은 지 어느덧 2년 반 가까운 시간이 흘렀다. 처음 논의가 시작된 2023년 여름 이후, 기술과 미디어 환경은 하루가 멀다 하고 빠르게 변화하고 있다. 그 사이 새로운 스크린 기술이나 이슈가 등장할 때면 혹시 내가 한발 늦은 이야기를 하고 있는 건 아닐까 하는 조바심과 겸연쩍은 마음이 들기도 했다. 그러나 그럴수록 더욱 절실해졌다. 변화의 속도에 휩쓸려 지나가는 것이 아니라, 우리가 잠시 멈춰서서 곱씹어 볼 수 있는 사유의 지점을 마련하는 일이야말로 이 책이 해야 할 중요한 역할일지도 모른다는 생각 말이다. 이 책이 오늘을 살아가는 우리가 스크린을 통해 마주하는 세계를 다시 바라보고, 그 속에서 자신을 성찰할 수 있는 작은 계기를 마련해 준다면, 그것만으로도 더없이 감사할 것이다.

2025년 12월,
성암관에서
이현진

차례

2부 스크린 장면들

1부

스크린 감각들

1장

투명한 창문과 반영하는 거울

회화 캔버스와 영상 스크린

어릴 적부터 나는 종이에 색칠을 하거나 종이를 자르고 붙이며 시간을 보내는 것을 좋아했다. 그런 내게 여섯 살부터 줄곧 변치 않는 꿈이 있었다. 바로 화가가 되는 것이었다. 그래서 그림 그리는 중학교가 있다는 소리에 곧바로 진학을 결심했고, 예고를 거쳐 미술대학에서도 회화를 전공으로 택했다. 전공 수업 과목은 대부분 유화나 드로잉과 관련되었지만, 판화와 설치, 각종 매체를 탐색하는 수업도 열심히 찾아 들었다. 머릿속에서 구상한 내용을 적합한 방식으로 표현해 내려면, 모름지기 많은 창작 기법과 도구를 잘 익히고 다룰 수 있어야 한다고 판단했기 때문이다. 그 가운데 '비디오'라는 매체도 만나게 되었다.

그림을 그리는 것은 무엇을, 그리고 어떻게 그리는가를 고민하는 과정이다. 즉, 머릿속 생각을 하나하나 화면 위에 옮기는 부단한 과정인 것이다. 선 하나, 붓질 한 번의 위치와 굵기, 그 세기와 강도, 무엇 위에 무엇을 올릴 것인가의 순서, 이 과정에서 일어나는 색의 겹침과 번짐. 연필과 목탄, 콘테와 종이 사이에서 벌어지는 만남과 갈등, 캔버스와 물감 사이의 무수한 상호작용. 이는 오랜 훈련을 통해 익힌 재료와 도구의 숙련된 제어, 그리고 때때로 개입하는 우연 사이에서 매 순간 작가가 내리는 수많은 판단과 결정의 결과로 화면에 가득 채워진다.

나는 손으로 표현하는 것만큼 개념적인 작업도 좋아했다. 내 드로잉 북은 크로키나 스케치보다 개념 구상도나 드로잉, 짧은 글로 채워졌다. 졸업 전시회를 앞두고 회화와 비디오설치 작업을 동시에 진행하던 내게 비디오 스크린은 자연스레 연장된 지면誌面이자 회화 캔버스였다. 종이와 캔버스는 전자 기술 내지는 디지털 기술이 등장하기 한참 전에 나온 아날로그 형식의 스크린일 뿐이었다. 차이가 있다면 회화 화면에는 정지된 장면을 담거나 기껏해야 추상적이고 개념적인 수준에서 움직임을 담아낼 수 있다면, 비디오는 시간성을 쉽게 포착하거나 조작할 수 있다는 정도였다.

고학년이 되어 미술사를 공부하면서부터는 모더니즘 시대의 미술비평가 클레멘트 그린버그를 알게 되었다. 그린버그는 순수미술 영역 내에서 회화의 고유한 특성이 조각이나 소설, 연극 등의 다른 예술 장르와는 달리 2차원의 평면성에 있다고 주장했다. 그린버그의 말은 내가 회화와 스크린의 평면성과 매체성에 더 관심을 갖는 계기가 되었지만, 그를 몰랐더라도 미술대학에서 작업하면서 이런 매체성을 자연스럽게 받아들일 수 있었을 것이다.

회화과 학생들의 새 학기는 캔버스를 짜면서 시작된다. 비교적 작은 캔버스에 그림을 그리는 1, 2학년이 지나고 졸업 전시회에 가까워지는 3, 4학년 혹은 대학원생이 되면 캔버스도 덩달아 커진다. 학기 초 실기실은 캔버스를 준비하는 학생들의 부산스러운 설렘으로 가득하다. 화방에 주문한 새하얀 두루마리 캔버스 천과 나무틀이 하나둘씩 도착하면, 그 고유한 냄새가 코끝에서부터 감지된다. 주머니 사정이 넉넉지 않은 대부분의 학생은 캔버스 천과 틀을 실기실에서 직접 짠다. 캔버스 틀의 크기는 60/80/100/120/150/200호 등으로 규격화되어 있고, 가로세로 비율에 따라 표준형과 변형 캔버스로 구분된다. 표준형은 가로세로 비율이 4:3이고, 변형형은 1:1인 정사각형이거나 한쪽 변은 더 길고 다른 쪽은 짧은, 일반적인 비율에서 벗어난 형태를 말한다. 각자 머릿속에 구상하는 그림에 알맞은 틀을 주문하는 것이다.

"캔버스를 짠다"라는 말은 이런 캔버스 틀에 아사 천 등을 덧씌우는 과정을 말한다. 캔버스 천을 알맞게 덧씌우려면 힘을 사방으로 잘 분산시켜 천이 평평하게 퍼지도록 만들어야 한다. 그러면 적당한 긴장감이 주어진 캔버스 위에 붓 터치를 얹을 때 천의 출렁거림을 방지할 수 있다. 너무 팽팽한 천은 물감이 더해졌을 때 그 무게와 텐션을 견디지 못하고 찢어질 수도 있고, 캔버스의 나무틀이 휘어지기도 한다. 편평해 보여도 힘의

균형이 맞지 않으면 천을 조직하는 씨줄과 날줄의 올들이 구불구불하게 휘며 곡선을 그리게 된다. 그렇게 되면 그 위에 물감을 아무리 두껍게 올려도 바닥의 올이 그대로 드러나 보기 흉하고 신경이 쓰일 수밖에 없다. 따라서 캔버스를 짜는 일은 단순한 노동을 넘어, 높은 수준의 기술과 숙련된 노하우를 요구한다.

캔버스를 짠 후에는 천의 가로세로 올들 사이의 빈틈을 메워주는 코팅 작업이 이어진다. 코팅을 하지 않으면 천 위에 물감이 잘 올라가지 않을뿐더러 천에 많은 양의 물감이 흡수되기에 경제적이지 않다. 코팅 과정은 캔버스 천에 제소gesso나 프라이머primer 등을 넓은 붓으로 펴 바른 다음 꾸덕꾸덕해질 때까지 말리는 것을 말하는데, 이를 2회 또는 그 이상 반복하기도 한다. 그림을 그리는 바탕을 만드는 것이기 때문에 제소가 한쪽으로 두껍게 흐르지 않도록 잘 말리는 것이 중요하다. 밑칠을 할 때는 캔버스를 바닥에 펼쳐 놓고 한꺼번에 진행하고 제소가 흐르지 않을 만큼 캔버스가 어느 정도 마르면 벽에 기대어 말리기도 한다. 학기 초에는 실기실 여기저기에 널려 있는 캔버스들을 볼 수 있는데, 그 풍경은 마치 바다 위에 하얀 돛단배들이 떠 있거나 하얀 이불보들이 빨랫줄에 가득 널려 있는 것 같다.

이럴 때면 실기실에는 특유의 공기가 감돌고, 여기에 새로 따른 테레빈유와 린시드유의 냄새가 겹치면 더욱 독특하고 진한 향이 퍼진다. 나는 지금도 가끔 그 향을 그리워한다. 낯선 곳을 지나다 테레빈이나 캔버스 틀의 목재 향이 코끝을 스치면 그 진원지를 찾아나서곤 한다. 회화의 매체성은 이렇게 몸의 감각으로 먼저 체득되었다.

이 책에서 나는 회화 캔버스와 영상 스크린이라는 두 매체를 넘나들며 사유하려 한다. 이 둘은 개념적으로는 구분되지만 감각적으로는 연결되기도 한다. 둘 다 모두 표현의 장場이자 우리 자신과 우리를 둘러싼 세계를 비추는 거울이기 때문이다.

회화사 속 2차원 공간에 가상의 이미지를 만들어 내는 과정도 실제 물질적 기반 위에서 출발했다. 미술사는 실로 수많은 화가가 캔버스에 시각적 환영illusion을 만들어 내기 위해 다양한 방식을 고안해 온 역사다. 르네상스 시대에는 선線을 중심으로 공간을 구성하는 투시 원근법, 즉 선형 원근법이 발견되었다. 이탈리아 르네상스의 선구자적 건축가인 필리포 브루넬레스키는 이 단일 시점의 원근법을 최초로 발견한 인물이다. 이후 동시대 철학자이자 건축가인 레온 바티스타 알베르티도 원근법을 탐구했다. 알베르티는 브루넬레스키의 선 원근법을 기반으로, 화면 위에 격자를 그린 뒤 그리고자 하는 대상을 비춰서 정확한 비율로 옮겨 그리는 방법을 고안했다. 1435년에 발표한 논문 「회화에 관하여Della Pittura」에서 그는 "화면에 내가 원하는 크기의 직사각형 틀을 그린다. 이것을 나는 내가 그려야 하는 대상을 내다보는 열린 창문으로 간주한다"라고 썼다. 이는 회화의 표면이 사라지고 그 화면 너머의 장면을 관람자에게 제공하는 과정이 된다. 2차원 공간 위에 3차원 공간을 그대로 재창조해 내는 기법과 아이디어인 것이다. 여기서 더 중요한 사실은 회화를 '창문window'으로 간주하는 인문 예술적 전통이 시작되었다는 점이다. 이로써 사람들은 회화의 사각 캔버스를 세상을 향한 '창문'으로, 이미지를 재현하거나 환영의 세계를 드러내 보여 주는 가상공간으로 인식하게 되었다.

이러한 인식은 800년 이상 지난 지금까지도 이어지고 있다. 가령 1960~1970년대 컴퓨터를 떠올려 보자. 당시 컴퓨터는 사람이 읽을 수 있도록 살짝 변형된 기계어인 머신 코드machine code나 어셈블리 언어assembly language를 통해 운영되고 조작되었다. 그러나 곧 더글러스 엥겔바트와 제록스사社의 앨런 케이 등 과학자들이 컴퓨터 GUIGraphical User Interface 시스템을 개발한다. 이는 그래픽 사용자 인터페이스로, 까다로운 컴퓨터 명령어를 잘 모르더라도 스크린에 보이는 아이콘이나 메뉴바를 클릭하는 방식으로 누구나 쉽게 컴퓨터와 소통할 수 있도록 해 준다. 이런 GUI 중에서 크기 조절 및 스크롤이 가능한 사각형 창들도 함께 개발되었으며, 이는 '윈도'라 불리게 되었다. 이 역시 알베르티가 은유한 '창문'에서 따왔다. 미디어 문화의 이론가이자 역사가인 앤 프리드버그도 그의 저서 『가상의 창문: 알베르티부터 마이크로소프트까지*The Virtual Window: From Alberti to Microsoft*』에서 알베르티의 창문이 지닌 '세상을 보여 주는 통로이자 매개체'로서의 은유는 오늘날 마이크로소프트 컴퓨터 운영 프로그램인 '윈도즈Windows'로도 연결된다고 말한다. 이처럼 캔버스에 펼쳐지던 꿈은 오늘날 영상 및 컴퓨터 스크린으로 확장되며 보편적인 미디어 경험으로 이어지고 있다. 그리고 '창문'은 이러한 미디어 경험 속에서 여전히 강력한 은유로 작동하고 있다.

세상을 향한 창문

회화가 창문이라는 인식은 그야말로 은유일 뿐이다. 회화가 어찌 열린 창문처럼 투명할 수 있단 말인가? 회화 캔버스는 일단 물리적으로 투명하지 않을 뿐만 아니라 그 위에 불투명한 물감층을 겹겹이 쌓아 올리기에 투명함과는 거리가 멀다. 따라서 열린 창문, 즉 투명한 창이라는 비유는 시각예술사에서 또 다른 의미를 내포하고 있음을 추측해 볼 수 있다. 회화가 열린 창문처럼 투명하게 비치며 세상을 향한다고 할 때, 우리는 인간의 시각 경험이란 무엇인지에 대해 좀 더 생각해 볼 수 있다. 회화 캔버스건 영상 스크린이건 스크린에 대해 생각해 보려면 우선 여기서부터 한걸음씩 차근히 들어가 봐야 한다.

창문은 불투명한 벽 한가운데에 바깥세상을 볼 수 있도록 뚫어 놓은 통로다. 그래서 내부 공간을 바깥 세계와 연결시키는 기능을 한다. 우리는 창문을 '통해' 세계를 바라본다look through. 창문은 우리를 시각적으로 다른 세계로 데려간다. 그런데 이 경험은 단순한 시각적 환영을 넘어, 가상 세계로의 '이동'과 '전이성'을 내포한다. 이는 점점 심리적 경험에 가까워지며, 보는 이로 하여금 시각 세계 속 '그곳에 있는 듯한' 감각을 느끼게 한다. 다시 말해, 그것은 바로 '지금 여기here and now'의 경험이다. 비록 회화가 캔버스 위에 고정된 이미지에서 비롯된 환영일지라도, 관람자를 그 세계에 몰입하게 하고 함께 존재하는 듯한 경험을 만들어 낸다. 이러한 의미에서 회화를 열린 창 혹은 투명한 창으로 비유하는 것은 캔버스라는 매개가 인식 속에서 사라지는 경험을 가능하게 한다는 뜻이며, 그로 인해 회화의 화면은 비로소 투명해진다.

한편 창문이 바깥세상을 비추고 보여 주는 것은 늘 창틀 너머에 있다. 물질적 대상이기도 한 창문은, 그 자체로 외부 세계로 통하는 통로를 만들어 주는 하나의 프레임인 셈이다. 회화 역시 화면 안에 가상의 세계를 담고 있지만, 그 프레임 너머에는 분명히 관람자가 서 있는 현실의 공간이 존재한다. 회화가 설치된 벽면, 그리고 그 그림을 바라보는 관람자가 위치한 갤러리의 공간이 바로 그것이다. 이처럼 회화, 혹은 회화를 둘러싼 프레임은 경계에 위치하며, 환영과 현실 사이를 가르는 '경계의 대상물'로 이해할 수 있다.

20세기 예술가 르네 마그리트의 그림은 회화가 세상을 향한 창문이라는 은유를 매우 의미심장하게 보여 준다.• 그림에서 창문처럼 보이는, 화면을 뒤덮은 커다란 눈eye을 알아차리기는 어렵지 않다. 하늘처럼 파란 눈동자. 그 속에 만약 검은 동공이 없었다면, 어쩌면 그려진 대상은 창문처럼 보일 수도 있겠다. 동공 너머로 보이는 하늘과 뭉게구름으로 시선을 옮기면, 이 대상은 비행기 안에서 바라본 창문처럼 느껴지기도 한다. 물론 또 다른 해석도 가능하다. 하늘이자 구름을 보고 있는 눈이라면 어떤가. 혹은 높고 푸른 가을하늘처럼 청명한 눈을 표현한 것이라면 어떤가. 마그리트는 이 그림에 〈거짓 거울The False Mirror〉이라는 제목을 붙였다. 작가는 자신이 그린 이미지가 창문보다는 '거울'로 보이길 의도한 것일까? 그것도 그냥 거울이 아닌, 왜 거짓 거울일까?

•

사람의 눈, 생명체의 눈은 세상을 바라보는 창의 역할을 한다. 그런데 우리 눈은 과연 외부의 풍경과 대상을 있는 그대로 잘 전달하고 있을까? 시각은 흔히 인간의 감각 중 가장 우월하고 큰 영향을 미치는 감각이라고 한다. 이는 인간 뇌의 상당 부분이 시각적 자극과 기억을 처리하는 기능에 할애되어 있다는 사실과도 연결된다. 그런데 여기에 함정이 있다. 인간의 눈은 세계를 시각적으로 인식하지만, 그 과정에서 인식자의 주관적 의식과 생리적 현상이 개입하기 때문이다. 따라서 실제 세상은 보는 이의 주관에 따라 왜곡될 수도 있다. 박쥐가 바라보는 세상은 인간이 바라보는 세상과 다를 수 있다. 새가 바라보는 세상, 개미가 바라보는 세상은 서로 다를 것이다. 사람의 두 눈은 앞을 향하지만, 이들의 눈은 인간의 것과 같지 않다. 사람의 눈은 볼록거울처럼 세상을 반영하고 있지만, 그 볼록거울의 굴곡도 새나 곤충의 것과는 다를 것이다. 마그리트가 '거짓 거울'이라고 말한 것은 어쩌면 이러한 이유 때문일지도 모른다. 그림은 세상을 보는 눈이 될 수도, 우리 자신을 반영하는 거울이 될 수도 있다. 회화 캔버스이자 스크린은 그렇기에 창문이자 거울이다.

이런 의미에서 프리드버그가 미디어 경험을 '창문'이라는 메타포로 일관되게 사유했다는 것은 꽤나 인상적이다. 마그리트의 작품이 보여 주듯 스크린 경험은 단지 창문일 뿐 아니라 '거울'로도 이해될 수 있기 때문이다. 실제로 미디어에 대한 논의에서는 스크린 경험을 창문 못지않게 거울에 비유하는 경우도 많다. 거울은 말 그대로 우리가 그 물질적 대상을 직접 바라보게 하거나, 그 표면에 비친 모습을 들여다보게끔 설계된 장치다. 창문처럼 하나의 객체이자 물질적 대상이지만, 그 표면에 이미지를 반사함으로써 우리 자신을 응시할 수 있도록 한다.

나를 비추는 거울

거울은 보는 이가 자신의 정체성을 확인하고 이해하는 과정의 은유로 자주 사용된다. 정신분석학자이자 후기 구조주의 철학자인 자크 라캉의 거울 이론은, 거울을 통해 자아와 세계의 관계를 조명한다는 점에서 스크린 논의와도 연결해 살펴볼 수 있다. 라캉은 프로이트의 심리학과 정신분석학적 논의를 발전시킨 연구자다. 그의 상상계l'imaginaire, 상징계le symbolique, 실재계le réel 이론은 욕망이론과 함께 잘 알려져 있다. 라캉은 인간 주체가 세계를 이해하는 과정에서 개입하는 무의식과 자기 지각의 상이한 방식을 설명한다. 즉, 인간이 자신과 타자, 그리고 자신과 세계를 어떻게 구별하며 사회적 주체로 성장·발달하는지를 설명하기 위해 정신분석학적·구조주의적 주체 이론을 구축한 것이다.

간단히 말해, '상상계'는 자아가 형성되는 영역이자 환영적 감각과 동일시가 이루어지는 영역이다. 이는 상징계로 대표되는 언어 이전pre-linguistic의 단계에 해당한다. 인간은 이 상상계의 과정을 통해 가장 기초적인 자아를 형성하게 된다. 거울상이라는 이미지를 구성하는 영역도 상상계에 속하며, 이는 자신의 신체와 거울 속 이미지의 관계에서 비롯된다. '상징계'는 기표이자 언어 영역이다. 기표와 언어는 사회적 합의를 통해 정해진다. 이는 프로이트식으로 말하면 권위를 가진 아버지이자 법의 영역이며, 사회적 금지와 타자의 영역이다. 라캉에 따르면 인간은 아버지와 대비되는, 어머니의 욕망을 욕망하는 존재다. 라캉에게 있어 이러한 욕망을 통해 추구되는 것은 objet a(대상 a), 즉 실재계의 대상이라 할 수 있다. '실재계'는 상징계의 그물망이 포착하지 못하는, 상징화에 저항하는 것이자 상징화가 불가능한 영역(기표화가 불가능한 언어 이외의 영역이자 말할 수 없는 영역)이다. 따라서 현실 세계의 사회적·상징적 체계 속에 포함되지 않은 잉여의 영역이다. 이러한 과정이 외부 세계와의 관계 속에서 반복 및 보강되면서 자아는 발전한다. 즉, 자아는 인생의 전 과정에서 사회적 경험과의 관계 속에 자리하고 발전한다고 볼 수 있다.

이러한 이해를 바탕으로 다시 거울 단계 논의로 돌아가 보자. 거울 단계는 아이가 태어나 18개월까지 거치는 시기로 이때 아이는 거울에 비친 자신의 모습과 외부 대상을 잘 구별하지 못한다. 거울 속 이미지를 매력적으로 느끼며 이상적 자아ego를 형성하게 된다. 라캉은 이 시기의 아이를, 자신의 모습과 타자를 구분하지 못한 채 자기 이미지에 매료된 그리스 로마 신화의 나르키소스에 비유한다. 즉, 거울 단계는 나르시시즘적 단계며, 상상계에 머무르는 시기다.[1] 그러나 이 단계는 그리 길지 않다. 어느 순간부터 아이는 자신의 신체를 인지하고 스스로 존재감을 찾는다. 라캉은 이 과정을 처음으로 상징계가 제공해 주는 자아의 이미지에 자신을 맞추는 과정이라 한다. 이처럼 한 명의 인간은 거울 단계에서 자신을 독립적 대상이자 주체로 인식하는 과정을 거치는데, 이를 통해 자기의식self-consciousness과 자기반영self-reflection의 기제가 마련된다. 이러한 주체화의 과정은 후에 '이미지-스크린 다이어그램'을 통해 좀 더 복잡해진다(이에 대해서는 뒤에서 더 자세히 소개할 것이다). 따라서 라캉의 이론에서 거울은 자신을 반영하고 자신의 존재를 바로 세우게 하는 매개 도구이자 기제다. 자기의식과 자기반영이라는 거울 반영적 속성은 회화가 가지는 속성과 개념으로도 읽을 수 있다.

화가들의 자화상

거울로서의 회화를 떠올릴 때 무엇보다 먼저 생각나는 것이 화가들의 자화상이다. 회화는 예술 작품들 중에서도 작가의 호흡을 직접적으로 느끼게 한다. 물론 문학 작품을 읽거나 음악을 들으면서도 예술가들의 숨결을 느낄 수 있다. 그러나 회화는 그림체, 붓 터치, 글씨체 등 화가의 물성적 흔적과 시각적 자취를 통해 그 숨결을 더욱 직접적으로 남긴다. 자화상은 나아가 화가의 외모를 재현할 뿐만 아니라, 이러한 물성적이고 시각적인 표현을 통해 그들의 성격과 심리 상태를 더욱 깊이 읽을 수 있도록 하며, 보이는 대상과 보는 이를 한층 가깝고 강하게 연결한다.

나아가 회화를 통해 화가들이 자신을 대상화시켜 그린다는 것은 그 이상으로도 해석된다. 자화상自畫像, self-portrait은 화가들이 자신을 스스로 발견하는 과정으로서의 의미도 담는다. 이는 인물에 대한 그림을 일컫는 '초상화portrait'라는 단어에서 읽을 수 있다. Portrait는 'portray'라는 동사에서 출발했고, 이 단어는 '발견하다'라는 뜻의 라틴어 'portrahere'에서 유래되었다. 자화상은 여기에 '자신self'이란 단어를 추가하여 '자신에 대한 초상화'이자 '자신을 발견하는 그림'이라는 의미를 갖는다. 해외 유명 미술관에서 볼 수 있는 수많은 거장들의 자화상은 관람자에게도 의미 있는 작품이지만, 무엇보다도 화가 자신이 스스로를 발견하고 객관화하기 위한 장치로 더 큰 의미를 지녔을 것이다.

화가의 자화상 중에는 알브레히트 뒤러의 작품들이 잘 알려져 있다. 열 살 때 이미 자신의 모습을 스케치한 그는 '자화상'이라는 형식을 처음 사용한 화가다. 그가 남긴 자화상은 시기별로 다양하다. 열세 살에는 소묘로 자화상을 그렸고, 스물아홉 살에는 〈모피코트를 입은 자화상〉을 그렸다. 반짝반짝 빛나고 투명하며 생명력 있는 눈, 구불구불한 머리카락 등의 섬세한 표현은 그의 자화상을 돋보이게 한다. 그 밖에 안정적인 삼각형의 구도뿐만 아니라 후기에 이르러 배경을 과감히 생략하고 어둡게 처리하여 오직 인물만을 부각시킨 기법도 그의 자화상을 더욱 독특하게 만든다. 미술사학자들은 〈모피코트를 입은 자화상〉에서 화가가 정면을 응시한 자세는 한껏 자존감을 드러낸 표현이라 해석한다. 뒤러가 그림에 자기 이름의 머리글

알브레히트 뒤러,
〈열세 살 때의 알브레히트 뒤러〉, 1484

알브레히트 뒤러,
〈모피코트를 입은 자화상〉, 1500

자만 따서 AD란 서명을 남기곤 한 것도 화가로서의 자신감과 자부심을 한껏 드러낸 표현으로 평가된다. 혹자는 어떻게 단순한 서명이 작가로서의 자부심을 드러내는 것이냐고 물을 수 있지만, 뒤러가 활동할 당시만 해도 화가라는 직업은 아직 장인의 위치에 머물렀기에, 뒤러의 이러한 제스처는 사회적 인식에서 벗어나 자신을 독립된 예술가로서 인식했다는 의미를 가진다. 또한 이런 해석은 그가 남긴 그림 속 문구도 잘 뒷받침해 준다. 1498년도 자화상을 보자. 창문 아래에 “1498, 나 알브레히트 뒤러는 내가 보는 관점에서 나를 그렸다. 나는 스물여섯 살이다”라고 적혀 있다. 이처럼 자화상은 매우 주관적이면서도, 동시에 자신의 사회적·객관적 자아를 깊게 들여다보고 반영한 그림이라 할 수 있다.

알브레히트 뒤러, 〈자화상〉, 1498

렘브란트 하르먼스 판레인,
〈황금 고리줄을 두른 자화상〉, 1633

렘브란트 하르먼스 판레인,
〈이젤 앞에서의 자화상〉, 1660

뒤러보다 2세기가량 지난 시기에 활동한 렘브란트 역시 수많은 자화상을 남겼다. 캔버스에 그린 자화상만 해도 50~60점이나 되며, 종이, 판화, 데생까지 합치면 100여 점에 이른다. 렘브란트가 활동한 시기는 아직 사진기가 발명되기 전이었기에, 왕족이나 귀족들은 역사에 자취를 남기기 위해 명망 있는 화가에게 돈을 주고 자신과 가족의 초상화를 주문했다. 이는 당시 화가들에게 생활비를 벌 수 있는 좋은 수단이었다. 또한 화가들은 이러한 분위기 속에서 자화상으로 표현력을 마음껏 발휘하고 새로운 표현 기법을 실험하는 등 자신의 성장 과정을 기록하기도 했다. 물론 자신을 모델로 삼아 그림 연습 비용을 절약했다는 해석도 있지만, 렘브란트는 생활이 넉넉해진 이후에도 지속적으로 자화상을 그렸다. 따라서 자화상이 단순히 비용 절약을 위한 선택이었다고 보기는 어렵다.

렘브란트의 자화상에서는 소위 '렘브란트 조명'이라 불리는 기법을 발견할 수 있는데, 얼굴은 스포트라이트를 강하게 비춘 것처럼 밝게 그리는 반면 주변 배경은 이와 극명히 대비되도록 검고 어둡게 처리한 방식을 말한다. 이러한 음영 처리는 그의 자화상뿐만 아니라 그가 남긴 다른 초상화에서도 발견되므로, 작가가 오랜 기간에 걸쳐 탐구한 회화적 실험의 결과라 볼 수 있다. 이 외에도 세잔이나 반 고흐, 툴루즈로트레크, 루시안 프로이트 등 시대를 불문하고 수많은 화가가 자화상을 그렸는데, 이들은 뒤러의 경우처럼 그 내면을 맑게 보여 주는 것뿐만 아니라 사실적이면서도 지극히 인간적인 풍모를 모두 담아냈다.

그림 속 거울

화가들의 자화상은 자신을 들여다보는 그림이므로 거울과 관계한다. 비록 그림 속에 거울이 보이지 않더라도, 우리는 거울 없이 자화상을 그리기란 쉽지 않다는 것을 안다. 그런데 자화상에 실제로 거울이 등장하는 경우도 있다. 오른쪽 그림은 앙리 드 툴루즈로트레크의 자화상이다. 그림 속 이중으로 그려진 촛대를 통해 인물이 거울을 바라보고 있음을 알 수 있다. 그림 제목부터 화가가 거울 앞에서 자기 모습을 그렸다는 사실을 친절히 안내한다. 루시안 프로이트의 자화상도 보자(〈두 아이가 반영된 (자화상) Reflection With Two Children (Self-Portrait)〉).• 제목에도 '자화상'이라고 적혀 있지만, '반영reflection'이란 단어를 통해 자화상과 거울의 관계를 직접적으로 드러낸다. 틈새에 껴 있는 손거울과 이에 비친 화가의 모습을 담고 있는 위트 있는 자화상도 있다(〈손거울 안의 자화상Interior With Hand Mirror (Self-Portrait)〉).•• 그림 속 거울은 화가의 시선이나 화가가 강조하고 싶어 하는 시선을 잘 보여 준다.

이러한 거울과의 관계를 이용하고 드러내는 그림은 자화상만이 아니다. 회화 역사에서 거울은 관람객이 볼 수 없는 부분을 보여 주려는 의도에서 활용되는 경우도 빈번하다. 이때도 거울은 '반영적 재현'이라는 그림의 애초 목적을 '재현'하는 동시에 화면에 담기지 않는 공간을 맥락적으로 확장시키는 등 다각적 역할을 해낸다.

•

••

앙리 드 툴루즈로트레크, 〈거울 앞의 자화상〉, 1883

그 대표적인 예가 벨라스케스의 〈시녀들Las Meninas〉이라는 작품이다. 벨라스케스는 스페인의 궁정 화가였다. 이 그림은 왕실의 모습을 스냅사진처럼 담고 있는데, 인물들 중심에는 펠리페 4세가 애지중지했다는 딸 마르가리타 테레사 공주가 서 있다. 공주를 받드는 시종들도 보인다. 나는 이 그림이 미술사는 물론이고 철학사에서도 빈번히 회자되는 이유가 그림 속 왼쪽에 위치한 화가와 그가 묘사하는 대상이 명확하지 않기 때문이라고 본다. 이는 보는 이에게 생각할 거리와 해석의 여지를 다양하게 남긴다. 그림 속 화가가 묘사하고 있는 대상은 그림 속 소실되는 시선에서 암시된다. 바로 공간의 소실점에 걸려 있는 거울 속 왕과 왕비다. 그런데 거울 속에 있는 왕과 왕비는 공주와 시녀들을 보고 있을까, 아니면 이 그림을 바라보는 관객을 보고 있을까? 벨라스케스는 거울 속 왕과 왕비, 그리고 이들을 그리는 화가, 그리고 관객과 화면 안쪽 문을 열고 계단을 올라가려는(혹은 내려오려는) 남자까지, 그림의 안과 바깥 세계를 뫼비우스의 띠처럼 계속해서 뒤집고 비튼다.

이 그림은 프랑스 철학자 푸코의 『말과 사물*Les mots et les choses*』이나 그의 다른 저서들, 그리고 미국의 문화비평가이자 역사학자인 마틴 제이의 『눈의 폄하*Downcast Eyes*』 등에서도 자세히 분석되어 있는데, 거울 속에 비친 것은 그림 바깥의 세계다. 거울은 시선의 바깥에 머물러 있는 세계에 가시성을 돌려준다. 그것은 그림의 소실점 가장 깊숙한 곳에 머무는 동시에 반대로 그림의 재현된 평면과 공간이 미처 담지 못하는 가장 먼 곳의 대상을 담고 있다. 마틴 제이에 따르면, 멀리서 공주와 시녀들

디에고 벨라스케스, 〈시녀들〉, 1656

을 바라보는 왕과 왕비가 있는 소실점 위치는 전체를 바라보는 권력의 위치와 함께한다. 즉, 화가가 재현된 대상보다는 거울을 통해 그림 바깥에 존재하는 이들과의 권력 관계와 시선을 공간과 복잡하게 엮어 보여 준다는 것이다.

현대미술로 넘어오면서 그림 속 거울을 통한 시선은 더욱 복잡하게 교차한다. 작가들은 점차 왜곡된 이미지를 드러내며 변형된 시선을 화면에 담아내기 시작한 것이다. 대표적으로 에두아르 마네의 마지막 작품이라 알려진 〈폴리베르제르 바Le Bar aux Folies-Bergère〉를 들 수 있다. 그림 속 한가운데에는 바의 종업원으로 보이는 여인이 서 있다. 그녀 뒤로는 술을 마시고 있는 사람들과 왁자지껄한 분위기가 표현된다. 어렴풋이 비친 여인의 뒷모습은 이 인물들이 거울에 비친 모습임을 암시한다. 그러나 여인의 뒷모습은 시선의 방향과 미묘하게 어긋나 있다. 벨라스케스의 〈시녀들〉과 비교하면, 마네의 거울은 여인의 뒤를 온전히 비추지 않고 약간 측면만 보여 준다. 마치 거울이 비스듬한 각도로 놓여 있어 그 왜곡이 반영된 것처럼 보인다. 그런데 이런 왜곡 덕분에 우리는 그녀 앞에 모자를 쓰고 콧수염을 기른 남자의 모습도 확인할 수 있다. 여인에게 말을 거는 듯한 남자와 그에게 무관심해 보이는 여인의 대비가 드러나는 것이다. 거울을 통해 〈폴리베르제르 바〉는 숨겨진 장면과 입체적인 이야기를 담아낸다. 거울을 활용했다는 점에서 앞서 언급한 두 작품과 공간 구성 방식은 크게 다르지 않다. 다만 벨라스케스의 거울이 권력과 시선의 구조를 드러냈다면, 마네의 거울은 화면을 확장해 공간의 전체적인 분위기와 내러티브를 강화한다.

에두아르 마네, 〈폴리베르제르 바〉, 1882

미술사에서 마네의 회화는 흔히 사진에 대해 반응한 회화로 분석한다. 마네가 한창 활동하던 시절에 사진이 본격적으로 등장한 까닭에 그에 대한 반응으로 회화적 평면성을 더욱 강조했다는 것이다. 한편 〈올랭피아〉와 〈풀밭 위의 점심 식사〉 속 인물들은 마치 TV 뉴스 앵커가 시청자와 눈을 맞추듯, 정면을 향해 관람객을 응시한다. 〈폴리베르제르 바〉의 여인 역시 관람객을 곧바로 바라본다. 그러나 이 작품은 거울의 미묘한 뒤틀림을 활용해 화면 앞과 뒤에서 펼쳐지는 복잡한 공간까지 교묘하게 함께 담아낸다. 어쩌면 마네는 이러한 효과를 극대화하기 위해 우선적으로 화면의 평면성을 강화한 것인지도 모른다.

투명성과 불투명성 사이에서

지금껏 회화적 화면과 공간을 '창문'과 '거울'이라는 매개를 통해 살펴본 것은 이러한 접근이 스크린을 바라보는 데 중요한 미학적 틀을 세워 준다고 보기 때문이다. 스크린은 보는 이에게 '창문처럼' 바깥세상을 바라보도록 허락하기도 하고, '거울처럼' 자기 자신과 세계를 바라보도록 이끌기도 한다. 창문과 거울은 모두 실제적인 동시에 환영적인 세계를 만들어 낸다. 그것은 시각적으로 탐색할 수 있는 입체적 공간을 재현해 내는 동시에 현실 너머 이상 세계 혹은 거울 속 환영의 세계를 보여 준다. 그리고 그런 과정에서 그것을 바라보는 주체가 작가이건 혹은 차후에 그것을 바라보는 관람객이건 간에 자신을 반영하는 기회를 갖도록 한다.

창문과 거울은 회화에서 줄곧 다뤄진 메타포지만, 앞서 말했듯이 앤 프리드버그의 『가상의 창문: 알베르티부터 마이크로소프트까지』에서처럼 오늘날 컴퓨터를 통한 뉴미디어 예술 스크린 경험에서도 지속된다. 뉴미디어 작업 속 스크린은 컴퓨터를 통한 상호작용, 즉 인터랙티비티interactivity를 만들고 담아낸다. 이제 회화 캔버스 앞에 서 있던 관람객은 컴퓨터 스크린 앞의 '사용자user'가 되어, 단순히 작품을 바라보고 해석하는 행위에서 더 나아가 작품이 제안하는 상황에 반응하고 참여한다. 이는 미국의 미디어학자인 제이 볼터의 저서에 잘 설명되어 있다. 볼터는 리처드 그루신과 공저한 『재매개: 뉴미디어의 계보학*Remediation: Understanding New Media*』[2]과 디안 그로말라와 함께 쓴 『창문과 거울: 인터랙션디자인, 디지털아트, 그리고 투명성의 신화*Windows and Mirrors: Interaction Design, Digital Art, and the Myth of Transparency*』에서 뉴미디어 스크린 경험을 창문과 거울의 비유를 통해 설명한다. 그는 디지털 미디어 스크린에서도 창문과 거울의 은유는 이어질 것이라고 말한다. 그리고 이런 스크린 경험을 이중 논리라는 개념 아래에서 소개한다.

재매개의 이중 논리는 '이미디어시immediacy'와 '하이퍼미디어시hypermediacy'라는 단어로 설명된다. '이미디어시'는 '매개'를 뜻하는 '미디어시mediacy' 앞에 접두사 'im'이 추가로 붙는다. 'im'은 '부정'의 의미를 갖는 접두사로서 뒤따라오는 '미디어시', 즉 '매개'를 부정한다. 즉 '[어떠한 것도] 매개하지 않음'을 뜻한다. 볼터의 책을 번역한 이재현 교수는 이를 '아닐 비非'

와 '매개mediacy'를 합성하여 '비매개'라 표현했다. 즉, '매개가 없는' 혹은 '매개된 게 없는 것 같은'을 뜻한다. 매개는 미디어적 역할, 중간에서 양쪽을 잇는 다리 역할을 한다는 뜻인데, 매개가 없거나 매개하지 않았기에 이 경험은 '직접적'이고 '즉각적'이다. 직접적이고 즉각적인 경험은 '투명'하다. 미디어를 거치지만 그 매개성을 인식하지 못하는, 그리하여 미디어를 '넘어' 콘텐츠를 직접적으로 바라보는 듯한 경험. 따라서 이는 미디어를 '투과'하고 '통과'하는looking 'through', 투명한 미디어 경험이다.

반면, '하이퍼미디어시'는 '미디어시' 앞에 접두사 'hyper'가 붙는다. 'hyper'는 '과도한, 비상한, 극도로'라는 뜻을 가진다. 국역본에서 하이퍼미디어시는 '하이퍼매개'라고 번역되었다. 하이퍼매개는 매개가 더 확장되고 중층화 및 배가되는 경험이라 할 수 있다. 매개가 쌓이므로 그 매개적 경험은 불투명해진다. 볼터는 하이퍼매개 경험으로 17세기 네덜란드 회화(이 시기 화가들은 그림 안에 거울, 창, 지도, 편지 등 그림 속의 그림을 삽입하여 매개를 가시화했다. 대표적으로 얀 페르메이르의 그림들을 떠올려 보라)나 분더카머Wunderkammer(16~17세기에 유럽에서 유행한 진귀한 물품을 모아 둔 공간) 그리고 콜라주 작업 등을 예로 든다. 또한 '스타크래프트'와 같은 게임의 화면에서 여러 개의 창이나 정보 층이 중첩되어 제어되는 방식 역시 하이퍼매개의 개념으로 설명한다. 숙련된 플레이어는 복잡한 게임 화면 곳곳에 숨겨진 인터페이스를 능숙하게 조작하며 플레이를 즐길 것이다. 비행기 조종사가 자기 앞에 펼쳐진 계기판과 수많은 대시보드를 보며 각 요소를 조작하고 제어하는 과정 역시 하이퍼매개적 경험이라 할 수 있다. 이들에게 게임은 플레이를 성공적으로 운영해 승리를 만끽하는 과정이기도 하지만, 여러 복잡한 인터페이스를 조작하고 운영하는 즐거움이기도 하다. 따라서 재매개란 미디어를 통해 그 너머의 세계나 대상을 바라보는 것뿐만 아니라 미디어 '자체'를 인식하고 주목하며, 나아가 그 미디어와 직접 상호작용하는 경험까지 포함한다. 이는 마치 창문을 통해 바깥을 보는 것이 아니라, 창문틀 자체를 바라보는 경험에 비유할 수 있다.

한편 볼터와 그로말라는 『창문과 거울』에서 비매개 경험을 '창문'에, 하이퍼매개 경험을 '거울'에 비유한다. 그리고 디지털 미디어 디자인과 예술에서 이러한 창문과 거울, 즉 투명성과 불투명성에 대한 접근 방식이 과거와 어떻게 연결되고, 확장되며, 다변화되는지를 분석한다. 인터랙티브 디지털 디자인이나 예술 경험은 투명성과 불투명성이라는 두 모드에서 왔다 갔다 한다. 그리하여 볼터는 디지털 미디어 경험이 지금껏 그래 왔듯, 투명성과 불투명성 사이에서 끊임없이 확장될 것이라 말한다. 이 책은 국내에서 『진동 오실레이션: 디지털 아트, 인터랙션 디자인 이야기』라는 제목으로 소개되었다.

스크린을 통한 경험은 창문과 거울 사이에서 상호작용interplay 하고 맴도는hover 경험을 제공한다. 그것은 우리의 시선이 세상을 향하는 동시에 우리를 비추게 만든다. 그리고 그 사이에서 우리의 시선은 미세하게 반복하며 '진동'한다. 다음 장에서는 창문과 거울의 경험에 예술적 상상력이 더해지면서 거울이되 직접적 반영이 아닌 왜곡된 반영, 창문이되 투명하지 않은 경험에 대해 생각해 보려 한다. 불투명한 창문과 왜곡된 거울은 세상으로 향하면서 우리를 비추는 시선을 또다시 어떻게 확장시킬까?

2장

불투명한 창문과 왜곡된 거울

재현일까, 환영일까?

사진작가 제프 월의 작업 중 〈블라인드 윈도Blind Window〉• 시리즈가 있다. 제목에서 알 수 있듯, 이들은 분명 창문 관련 작업이지만 바깥을 볼 수 없다. 창문의 기능을 상실한 창문이다. 누군가가 합판을 대어 시야를 막고 검은 페인트를 두껍게 칠해 버렸다. 건물 내부 사람이 바깥을 보지 않기 위해 막았을 수도 있고, 반대로 건물 바깥의 사람이 그 내부를 들여다보지 못하도록 가렸을 수도 있다. 월은 물에 비친 이미지를 서정적이고 상세하게 포착해 거대한 사진으로 인화하는 작가로도 잘 알려져 있다. 그런 작가가 왜 바깥을 볼 수 없는 창문 시리즈를 이어 갈까? 그리고 창문의 기

능을 잃은 창문을 여전히 '창문'이라고 부를 수 있을까? 작가는 무엇을 말하려는 것일까? 자신만의 방식으로 세상에 대한 또 다른 이야기를 전하려는 것일까? 어쩌면 그의 반영적 이미지처럼, 닫힌 창문 역시 시선을 되돌려 우리 자신을 비추게 하려는 것은 아닐까?

특히 〈블라인드 윈도 3〉•의 검은 창문을 보면, 프랑스 파리 퐁피두센터에 전시되어 있는 뒤샹의 〈신선한 과부Fresh Widow〉••가 떠오른다. 월의 작업이 라이트박스를 뒷면에 켜 둔 거대한 사진이라면, 〈신선한 과부〉는 실제 창틀을 좌대 위에 올려놓은 조각 작품이다. 이 작업은 관람객들이 사방에서 볼 수 있도록 아크릴 상자 속에 전시되어 있다. 뒤샹은 창틀 뒷면을 검은 가죽으로 덮어 버렸다. 그래서 이 역시 더 이상 창문이기를 포기한 창문이 되었다. 그러나 월의 작업처럼 그 제목이 직접적이지 않다. 늘 그렇듯 뒤샹은 이 작업에도 아리송한 제목을 붙였다. '신선한 과부'. 무얼 의미하려 했을까? 창문틀 아래에는 작품 제목인 'Fresh Widow'라는 글자가 적혀 있다. 종종 글자 몇 개를 바꿔 전혀 다른 의미를 만들고 언어유희를 즐기던 뒤샹이기에, 이 작품에서도 'widow'는 'window'에서 'n'을 뺀 말장난이라는 점을 눈치챌 수 있다. 만일 이 제목이 온전히 'Fresh Window'였다면 글자 그대로 '신선한 창문'이 되는데, 대체 창문이 신선하다는 것은 어떤 의미일까? 창문이 더 이상 창문이지 못한 것이 신선하다는 걸까? 그것도 투명한 유리 대신 검은 가죽을 대어 창문의 기능을 완전히 박탈시킨

• 

•• 

창을 두고 말이다.

퐁피두센터에서의 해석에 따르면, '신선한 과부Fresh Widow'는 '프랑스식 창문French Window'에서 철자 몇 개를 바꾼 말장난으로 보인다. 미술평론가 이은화는 이 작품이 제작된 시대적 상황에 주목한다. 당시 유럽에는 제1차 세계 대전의 여파로 남편을 잃은 여성들이 많았는데, 뒤샹은 전쟁터로 떠난 남편이 돌아오기를 기다리며 창문을 하염없이 바라보는 여성의 모습을 표현하고자 했다고 분석한다. '신선한 과부'는 암울한 세상에 대한 반어적 표현처럼 들리기도 한다. 남편을 기다리는 과부들의 꽃다운 나이가 안타까웠을까? 제목 옆에 적힌 '로즈 셀라비Rose Sélavy'라는 서명도 눈에 띈다. 로즈 셀라비는 마르셀 뒤샹의 또 다른 예명이다. 뒤샹은 또 다른 자아로서 여성의 모습으로 활동하기도 했다. 일명 '큰 유리The Large Glass'라 명명되는 〈그녀의 독신자들에 의해 발가벗겨진 신부, 조차도La mariée mise à nu par ses célibataires, même〉나 〈초콜릿 분쇄기Broyeuse de chocolat No. 1〉에도 이 이름이 적혀 있는데, 로즈 셀라비로 활동한 때가 바로 1920년이었다. 그리고 〈신선한 과부〉는 로즈 셀라비로 서명한 첫 작품이다. 창문은 보통 바깥세상으로 통하는 밝은 미래를 상징하지만, 검게 덧씌워진 창문은 그와는 반대의 의미를 내포한다. 그러나 어쩌면 이런 검게 막힌 창문조차, 당시의 암울한 현실을 은유하고 비추려는 시도일지도 모른다.

한편 초현실주의 화가 마그리트의 〈망원경La Lunette d'approche〉이라는 작품에서 창문 사이에 보이는 검은 공간도 검은 창문과 연결지어 살펴볼 수 있다. 마그리트는 일상 이미지의 독특한

르네 마그리트, 〈망원경〉, 1963

병치를 통해 보는 이가 기대를 저버리게 만드는, 당혹스러우면서도 신비한 느낌을 주는 그림을 종종 그렸다. 이 그림을 보면, 한쪽은 닫히고 다른 쪽은 방 안으로 살짝 열려 있는 두 유리 패널 창문이 있다. 창문 너머에는 양털 구름이 있는 맑고 푸른 하늘이 보인다. 그런데 열린 창문 사이의 틈은 흡사 뒤샹의 창문처럼 숨이 턱 막힐 만큼 어둡고 검다. 예술가가 투명한 창을 표현하고자 했다면, 그 공간에서도 푸른 하늘이 이어져야 한다. 반대로 검은 공간에 주목했다면, 창문 너머의 푸른 하늘은 실제가 아닌 환영일 수도 있다. 하늘 모습이 그려진 시트지를 창문에 붙였을 가능성도 있기 때문이다. 그러나 열린 창문 뒤로 창틀이 투명하게 비치는 것을 보면, 창문이 유리로 되어 있음은 분명하다. 그는 창문 너머를 하나의 공간(하늘)이자 무한한 어둠의 공간으로 표현했다. 이 검고 빈 공간은 의미적으로도 무한히 비어 있다. 살짝 열린 창문 사이에 보이는 검은 공간은 무한히 뒤로 물러나는 빈 공간인 동시에 캔버스의 평평한 표면(검은 면)이기도 하다. 따라서 이 창문은 투명한 동시에 불투명하다. 그것은 창문이길 주장하는 동시에 창문이길 거부한다. 그래서 언캐니uncanny하고 파괴적인 느낌마저 준다. 이 검은 틈은 인지적 간극과 균열을 만들어 우리가 계속 사고하기를 요청한다.

다시 그림 제목을 보자. 〈망원경〉이다. 망원경? 이번에도 그림 속 대상과 제목이 불일치한다. 망원경은 멀리 있는 대상을 가까이 당겨 와 집중해서 볼 수 있게 한다. 멀리 있는 대상을 가깝게 보려는 혹은 멀리 있는 대상에 좀 더 가까이 접근하려는 욕망의 장치다. 따라서 접근 망원경은 먼 거리를 축소시키는, 거리에 대한 확장과 축소, 멀고 가까움 사이에서 진동하는 감각을 드러낸다.

회화에서 창문은 오랫동안 세상을 재현하는 장치로서 은유되어 왔지만, 이는 거꾸로 창문을 재현에 대한 은유로 인식시켜 온 것이기도 하다. 우리는 재현된 대상이 비록 환영일지라도 그것이 실제 현실에 대한 반영이라고 믿어 왔다. 그런데 마그리트의 그림은 재현과 환영 사이를 불안정하게 오간다. 재현이 환영으로, 환영이 다시 재현으로 바뀌며 경계를 흐린다. 이러한 감각은 접근 망원경을 통해 멀어졌다 가까워지는, 즉 줌인과 줌 아웃을 반복하는 거리감의 변화처럼 느껴지기도 한다. 그 때문에 우리의 시선과 사고는 어느 한군데에 안온히 정착하지 못한 채 두 개체 사이에서 진동과 떨림을 반복한다. 마그리트는 보는 이가 이러한 환영과 재현 사이에서 실재에 대한 하나의 인식에 결코 머무르지 못하게 만든다. 그의 그림은 실재에 대한 인식에 안주하지 않도록 끊임없이 질문을 던진다.

마그리트는 거울을 통해서도 이러한 재현과 환영 그리고 실재에 대한 인식적 탐색을 이어 간다. 더욱이 그러한 실재 혹은 실제 현실을 깜깜하고 짙은 어둠으로 노출시킨다. 푸른 하늘이 창유리를 매개로 하여 보이는 것이라면, 이런 매개 없이 그대로 보이는 진짜 배경 공간은 앞서 소개한 제프 월이나 뒤샹의 창문처럼 검고 어두운 현실이다. 마그리트는 우리가 창문을 통해 외부 세계를 투명하게 바라보기를 기대하듯, 재현적 이미지 또한 현실을 있는 그대로 보여 줄 것이라는 기대를 가지고 있음을 지적한다. 즉, 그는 재현이 결코 단순하거나 당연한 문제가 아님을 일깨우고자 한다.

마그리트의 금지된 거울

이번에는 마그리트의 〈금지된 재현La Reproduction interdite〉을 보자. 한 남자가 거울 앞에 서 있다. 그는 그림을 보는 이에게 등을 보이고 있다. 이 작업은 앞서 소개한 〈망원경〉과 유사하지만 또 다른 방식으로 관람객에게 미묘한 감정을 안기며 불편한 해석을 요구한다. 그림 속 벽난로 선반 위에는 에드거 앨런 포의 책『아서 고든 핌의 이야기』가 보인다. 그리고 금빛의 거울 프레임 너머로 이 책의 일부가 반영되어 있다. 사실 그림 속 프레임이 거울의 프레임임을 알아채는 것은 바로 이 책 때문일 것이다. 그러나 우리는 이내 당황하고 만다. 프레임이 감싼 것이 거울이라면, 거울 속 남자는 앞모습이어야 하지 않을까? 그러나 그림은 태연히 남자의 뒷모습을 담고 있다. 그렇다면 남자 앞에 서 있는 남자는 또 다른 남자일까? 금색 프레임 안에 있는 대상은 거울인가, 거울이 아닌가? 벽난로 위에 놓인 책 덕분에 우리는 프레임 속 이미지를 거울 속 모습으로 기대하거나 그렇게 인식할 수 있다. 그러나 마그리트는 이러한 기대가 언제든지 쉽게 무너질 수 있음을 경고한다.

이 역설적인 그림의 제목을 다시 살펴보자. '금지된 재현'이다. 이에 대해 마크 영은 그의 시詩 같은 글에서 이렇게 말했다.

르네 마그리트, 〈금지된 재현〉, 1937

"마그리트는 어쨌든 [이미지를] 재생산하지만, [제목에서] 그것은 재생산되기 위한 것이 아니라고 말한다. 우리는 남자의 얼굴을 볼 수 없다. 마그리트는 그것을 생산하지 않았다(혹은 그것을 재생산했다). 거울에는 거울로부터 되돌아오는 것으로의 거울상이 아니라 재생산된 이미지가 반영되어 있다. 이는 마치 우리가 어깨 너머로 보이는 어깨만을 바라보기 위해 어깨 너머를 보는 것과 같다. 그러나 그것은 반영이다."[3] 또한 그는 벽난로 위에 놓인 포의 책이 상상적 여행에 관한 책이라는 점을 포착한다. "마그리트의 그림은 [반영의 이미지와 재생산된 이미지] 사이에 거리를 가지고 있으나 서로 같은 곳에 놓인 지점이기도 한 두 지점 사이에서 무엇이 일어나는지에 대하여 상상적 여행을 떠나게 한다. 그는 그것이 재생산되기 위한 것이 아니라고 말한다. 그것은 이미 거기에 재생산되어 있다."[4] 재현적 반영이 금지된 거울도 상상적 여행을 가능하게 한다. 그런데 이러한 상상적 여행은 반영이 금지된 거울에서만 가능한 것은 아닐 것이다.

현대 예술 속 거울 바라보기

2008년 가을, 나는 덴마크 출신의 현대미술 작가인 올라퍼 엘리아슨의 전시를 보기 위해 뉴욕 퀸스의 롱아일랜드시티에 있는 P.S.1 현대미술센터MoMA P.S.1 Contemporary Art Center에 들렀다. 사실 그 직전까지 나는 코네티컷에서 진행된 아티스트 레지던시에 참여하며 여러 작가를 만나고 있었다. 그중 한 작가가 내 작품 〈폭포Waterfall〉(7장 참조)를 보고, 올라퍼 엘리아슨의 인공 폭포 작업을 꼭 보라고 권했다. 마침 뉴욕에서 그의 전시가 열리고 있다고 했다. 레지던시를 마친 나는 돌아오는 길에 일정을 변경해 뉴욕에 들렀다. 다행히도 그렇게 찾아간 전시장에서 잊지 못할 경험을 했다. 엘리아슨의 인공 폭포보다 다른 작업에서 더욱 강렬한 인상을 받았지만 말이다.

과거 학교였던 P.S.1센터는 현재 리노베이션되어 현대미술 전시 공간으로 탈바꿈되었다. P.S.는 Public School에서 따온 약자다. 학교를 번호로 구분하는 뉴욕시 공립 초등학교 명칭 기준에 따라 세워진, 아마도 그 첫 번째 학교 내지는 1구역 학교이지 않았을까 싶다. 건물에 들어서면 각 층으로 이어지는 계단이나 각각의 방이 오래된 교실이나 사무실을 연상시켜, 처음부터 미술관으로 신축된 다른 현대미술관들과는 다른 인상을 준다. 바로 이곳에서 엘리아슨의 《테이크 유어 타임Take Your Time》 전시가 진행 중이었다. 나는 그때까지 이 작가에 대해 몰랐고, 또 바쁜 일정을 소화하느라 어떠한 사전 정보도 없이 전시장을 방문한 터라 무척 기대가 되었다. 전시는 몰입형 환경 작업, 설치와 조각 그리고 사진으로 다채롭게 구성되어 있었다. 나중에 차차 알게 된 사실이지만, 작가는 빛, 물, 얼음, 안개, 돌, 이끼 등 자연 요소들을 재맥락화하여 그 공간과 우리의 인식을 바꾸는 예술가로도 잘 알려져 있다. 특히 그는 갤러리를 자연과 문화가 하이브리드된 공간으로 변형하여 일상적 삶에 대한 새롭고 신선한 사유를 제공하는 것으로 유명했다.

P.S.1에서도 극단적 풍경이나 분위기를 연출하고 이들을 특유의 감각적 경험으로 재생산하여 관람객들이 만끽할 수 있도록 했다. 나 역시 2000년대 초반까지 물과 불, 얼음과 나무 등 자연적 대상을 주제 삼아 영상설치 작업을 많이 만들었기 때문에 엘리아슨의 작업은 나의 취향과 잘 맞는다는 느낌뿐만 아니라 내게 우아한 가르침을 전하는 것 같았다.

전시를 따라 3층에 올라갔을 때, 또 하나의 교실 같은 공간에서 〈테이크 유어 타임〉•을 만났다. 개인전의 제목과 같은 작업으로, 이 전시의 주요작으로 기획된 듯 보였다. 그런데 방에 들어섰을 때 작품을 찾지 못해 살짝 당황했다. 분명 몇몇 관람객이 공간을 서성이고 있었는데, 내 눈앞에는 그들만 보일 뿐 이렇다 할 작품이 없었다. 텅 빈 공간만이 있을 뿐이었다. (정말이지 나는 아무 정보 없이 전시를 보러 간 것이다. 그리고 때론 아무런 정보와 편견 없이 마주하는 예술적 경험이 더 순수하고 깊이 있는 체험으로 이어진다는 생각이 든다.)

꽤 길게 느껴졌던 몇 초가 흐른 뒤에야 나는 다른 관람객들의 시선이 모두 천장을 향하고 있다는 것을 알게 되었다. 천장에는 바닥에 서 있는 사람들을 비추는 거대한 거울이 달려 있었다. 거울의 크기는 천장을 가득 채울 정도였다. 고개를 계속 들어 올리고 있자니 어지러움이 느껴졌다. 그러더니 그 강도가 점점 심해졌고 여기에 메스꺼움까지 더해지며 결국 바닥에 주저앉고 말았다. 한참을 앉아서 호흡을 가다듬은 다음에 다시 천장을 보니, 거울이 약간 볼록하고 살짝 기울어져 있었다. 거기에 더해 천천히 회전

하기까지 했다. 거울에 비친 세상, 반영된 방 안의 모습들도 미세하게 함께 돌고 있었다. 그 속도는 그리 빠르지 않았으나 반영된 이미지 역시 왜곡을 만들어 내어 어지러움이 배가되었던 것이다. 이는 마그리트의 거울처럼 거울일지 아닐지 헷갈리는 대상은 아니었고, 진짜 거울이었다. 다만 매우 거대한 크기에 약간 다른 각도로 설치된 채 조금씩 움직이고 있을 뿐이었다. 이로써 그것을 바라보는 관람객의 지각을 계속해서 변화시키고 있었다.

'테이크 유어 타임'은 꽤나 적절하고 실로 명민한 제목이었다. 나 같은 관람객을 위해서인가, 그저 시간을 넉넉히 가지고 작품을 감상하라고 제안하고 있지 않은가. 그것은 작품과 주변에 대한 발견뿐만 아니라, 작품을 통해 나 자신을 발견하는 데에도 어느 정도의 시간이 필요하다는 것을 말해 주고 있었다. 그래서인지 초기에 느낀 현기증은 점차 작품이 만들어 내는 우아하고 미니멀한 분위기와 조화롭게 조응했다. 이는 단지 인지적 차원에 머무는 게 아니라, 미세한 왜곡을 통해 점점 신체적이고 지각적으로 느껴지는 변화였다. 끊임없이 미세하게 변화하는 온 세상을 느끼기에 충분한 경험이었다.

왜곡된 거울에 대한 또 다른 경험으로는 영국 출신의 현대미술 조각가 아니쉬 카푸어의 거대한 조각 작품 〈클라우드 게이트Cloud Gate〉•가 있다. 이 작품은 시카고 밀레니엄파크에 설치되어 있다. 카푸어의 작업은 서울 리움미술관 정원에도 설치된 적이 있고, 국내에서도 개인전을 통해 여러 차례 소개된 바 있다. 그러나 이 작품을

•

처음 접한 2004년경의 나는 이 작가나 작품에 대해 역시 무지한 상태였다. 당시 나는 뉴욕대의 인터랙티브 텔레커뮤니케이션즈 프로그램Interactive Telecommunications Program, ITP을 졸업하고, 시카고 아트 인스티튜트 뮤지엄의 이미징Imaging 부서에서 색 전문가color specialist로 일하고 있었다. 당시 점심 식사를 빨리 마치면 동료들과 근처 공원을 산책할 여유가 생기곤 했는데, 그때 찾았던 밀레니엄파크에서 이 작업과 마주했다. 이후에 한국에 돌아와서야 '아, 그 작가가 카푸어였구나' 하며 기억에서 연결할 수 있었지만, 당시에는 누구의 작품인지보다 시카고를 대표하는 공공 조형물인 〈크라운 파운틴Crown Fountain〉과 함께 도심 공원에 설치된 멋진 작품 정도로만 인식하고 있었다.

거울처럼 매끈하고 반짝반짝한 작품의 표면은 공원을 지나는 사람들을 선명히 비춘다. '젤리빈'이라고도 불리는 이 조각은 페르난도 보테로의 그림 속 인물들처럼 관람객의 이미지를 둥글둥글하고 우스꽝스러운 형태로 부풀린다. 그래서인지 그 앞을 지날 때마다 발길을 멈추고 한동안 자신의 모습을 들여다보는 사람들을 자주 볼 수 있다. 그런데 이 조각 앞에서 한 걸음씩 뒤로 물러서면, 작품에 대한 체험이 놀랍도록 달라진다. 서서히 주변 사람들과 세상의 풍경이 시야에 들어오기 시작하는 것이다. 젤리빈에는 나 자신뿐 아니라 주변 환경, 즉 도심 속 빌딩과 하늘의 구름, 공원 전체가 담겨 있었다. 이 엄청나고도 거대한 볼록거울은 관람자로 하여금 자신이 서 있는 공간 전체를 조망할 수 있는 시선을 온전히 확보하게 해 준다. 이는 2차원 평면이 아닌 왜곡된 거울이 가져다주는 신선한 세상 바라보기의 경험이다. 어쩌면 나는 우연히 만난 작품에서 지극히 원초적인 자아 바라보기와 그러한 바라보기가 또다시 순간적이고도 감각적으로 무한히 확장되는 것을 동시에 경험했기 때문에 이를 강렬하게 기억하는지도 모른다.

미세한 사이의 경험들

미술사에서 창문은 오랫동안 재현된 이미지를 보여 주는 매개적 통로였다. 그리고 거울은 자아를 들여다보게 하는 매개적 대상이었다. 앞서 말했듯이, 오늘날의 스크린에서도 창문과 거울 경험은 연장된다. 그러나 이 장에서 살펴본 마그리트의 그림과 제프 월의 사진, 엘리아슨과 카푸어의 작업은 창문이자 거울이지만, 단순한 재현이자 환영이 아니다. 그들은 더 이상 창의 기능을 하지 않는 닫힌 창문이요, 왜곡되고 변형된 거울이다. 다시 말해, 세상을 단순히 반영하지도 않고, 온전히 투명한 통로로서 기능하지도 않는다. 그것은 새로운 경험을 만들어 내고 있다. 만약 우리가 마그리트 그림들에서처럼 이를 통해 어떤 특정한 이미지를 예상하고 기대한다면, 그것은 창문과 거울에 대한 우리의 습관적 기대 때문일 것이다. 마그리트 그림들처럼 위의 각각의 작품은 독특하고 고유한 분위기 속에서 깨달음과 놀라움의 순간을 만들어 내며, 세상에 대한 습관적 믿음과 기대를 순간순간의 긴장과 각성으로 유예한다.

끝으로 마그리트가 그린 또 하나의 그림 〈이미지의 배반The

Treachery of Images〉•을 들여다보려 한다. 이 역시 앞선 그림들에서 작가가 취한 전략과 유사하게, 관객에게 비일상적인 인지적 경험을 요청한다. 그림 속에는 파이프가 크게 그려져 있다. 누가 봐도 파이프다. 그런데 그 아래에는 "이것은 파이프가 아니다Ceci n'est pas une pipe"라고 태연히 적혀 있다. 이 그림은 미셸 푸코가 『이것은 파이프가 아니다』에서 깊이 있게 분석하며 더욱 널리 알려졌다. 푸코는 이 그림에서 이미지와 텍스트가 서로 관계를 맺는 동시에 그 의미가 계속 변화하며 정착되지 못하는 현상에 대해 말한다. 즉, 보는 이가 느끼는 당혹스러움과 혼란은 이미지 및 텍스트의 의미가 서로 조화를 이루기를 거부하는 데서 출발한다고 짚는다. 우리 인식 속에서 기표와 기의가 끊임없이 미끄러지는 것이다. 제목이 다시 눈에 들어온다. '이미지의 배반'. 제목처럼 그림은 우리가 이미지나 텍스트에 대해 갖는 습관적 경험과 기대를 배반하며 대상의 의미를 엇갈리게 만든다. 이 그림에 비추어 마그리트의 다른 창문과 거울을 소재로 한 작품들을 보면, 우리가 익숙하게 받아들이는 '창문'과 '거울'이라는 기표와 기의 사이에 어두운 간극이 존재함을 발견할 수 있다.

이 간극은 우리에게 당혹감을 불러일으킨다. 앞서도 말했지만, 이는 보는 이가 언캐니하고 파괴적인 느낌을 얻는 순간이기도 하다. 예상치 못한 틈이나 간극은 우리를 새로운 미학적 여정으로 데려가기도 하고, 그 가운데서 흥미를 느끼게 하기도 한다. 그래서 마그리트 작업을 포함하여 이런 간극을 만들어 내는 작업들은 보는 이를 사유하도록 만든다. 예술교육자이자 작가인 아서 이플랜드는 마그리트의 작업에서 드러나는 이러한 과정을 일종의 추상화 과정이라고 말한다. 또한 "추상화는 '상상력의 성취achievement of the imagination'이며, 그러한 노력으로부터 얻는 의미는 우리가 살고 있는 사회적·문화적 세계에서 우리의 삶에 영향을 미칠 수 있다"라고 하면서 이러한 예술적 기능을 교육적 목적과 연결시키기도 한다.[5] 많은 예술 작업은 거울이지만 일반적이지 않은 거울, 창문이지만 일반적이지 않은 창문을 보여 주며 보는 이의 상상력과 추상적 사고를 이끌어 낸다. 창문과 거울이 지니는 상징적 의미와는 별개로, 이들은 대상을 일정한 거리에서 바라보게 함으로써 자신과 일상, 그리고 우리 주변 세계에 대해 사유하도록 초대한다. 특히 나는 새로운 창문이자 거울로서의 스크린 표면이 만들어 내는 어두운 간극, 곧 미세한 '사이in-between'의 경험에 주목한다. 이러한 경험은 스크린의 경계에서 발생하는 사이와 차이로부터 비롯되며, 스크린을 바라보는 이로 하여금 또 다른 상상적이고 예술적인 여정으로 이끈다.

오늘날에도 예술가들은 창문과 거울의 은유를 통해 자신만의 스크린 경험을 만들어 내고자 한다. 스크린을 통해 새로운 변화를 탐색하고, 경험의 경계를 확장하려는 것이다. 여기에는 막힌 창문은 물론, 천천히 회전하는 거울, 깨지고 변형된 거울 같은 다양한 경험들도 포함된다. 이들은 보는 이의 시선과 해석을 어떻게 조정할지, 그리고 그 표면에 어떻게 자기 성찰의 시선을 담을 수 있을지 질문한다. 이 책은 오늘날 더욱 다양해지는 스크린들이 이러한 경험을 어떻게 확장시킬 수 있을지 함께 살펴보고자 한다.

3장

차이를 만드는 차이

나르키소스와 에코

오비디우스의 『변신 이야기』에는 그리스 신화 속 인간과 신, 사물들의 수많은 변신 이야기가 담겨 있다. 나르키소스와 에코의 이야기도 그중 하나다. 내용은 이렇다. 사랑을 나누느라 늘 바쁜, 방탕한 올림포스 신들의 왕 제우스. 그는 부인 헤라의 간섭마저 피해 더욱 자유로워지고 싶어 한다. 그래서 수다쟁이 님프 에코를 이용하는 꾀를 낸다. 에코가 헤라에게 재미있는 이야기를 들려주는 동안, 헤라의 주의를 자신에게서 돌려 놓을 수 있으리라 생각했다. 그러나 헤라는 남편의 계략을 이내 눈치챈다. 차마 신들의 왕인 남편 제우스를 탓하지는 못하니, 대신 그에 동조한 에코를 벌주기로 한다. 입을 열어도 자기가 아닌 다른 이의 말만을 반복하게 하는 무시무시한 벌이었다(신화적 상상의 범위와 그 정도는 늘 경탄스럽다).

그러던 어느 날, 에코는 숲속에서 잘생긴 나르키소스를 보고 금세 사랑에 빠진다. 그러나 그의 주의를 끌고 싶은 에코에게는 먼저 말을 걸 능력이 없다. 그의 주위에서 발만 동동 구르던 에코의 발자국 소리를 들은 나르키소스가 마침내 묻는다. "거기 누구신가요?" 에코는 질문에 답하지 못하고 되물을 뿐이다. "거기 누구신가요?" 답답한 나머지 결국 에코가 나르키소스를 향해 달려간다. 이에 당황한 나르키소스가 그녀를 밀치며 자신을 혼자 있게 해 달라고 청한다. 그 역시 물에 비친 한 남자에게 반해 있었기 때문이다. 물속의 남자도 나르키소스의 마음을 알아주지 못하고, 그와 동일한 행동만을 반복할 뿐이다. 그 남자는 물에 비친 자신의 모습이었지만, 자신의 반영을 처음 본 나르키소스는 그것이 자신이라는 것을 깨닫지 못한다. 그는 물속의 남자를 낚으려다 물에 빠지고 만다. 그 후 에코는 숲속 계곡에 영원히 숨어 이루지 못한 사랑을 갈망하면서 외롭게 여생을 보낸다.

미디어학자 마셜 매클루언은 『미디어의 이해: 인간의 확장』에서 나르키소스의 마비된 감각이 인식적 오류에서 비롯된 것이라고 말한다. 그는 "나르키소스는 마비되었다. 그는 자신의 연장된 모습에 적응했고, 그것은 닫힌 시스템처럼 되었다"고 설명한다.[6] 그리고 '나르키소스'란 이름이 그리스어 '나르코시스 νάρκωσις'에서 유래했음을 지적한다. 나르코시스는 멍하고 무뎌진 상태numbness를 뜻한다. 거울이나 물에 비친 반영은 자기

존 윌리엄 워터하우스, 〈에코와 나르키소스〉, 1903

자신을 연장하고 반복하는 시스템이며, 이러한 이미지의 자동·반복·제어 시스템은 결국 나르키소스의 지각을 마비시키는 기제로 작동한다. 매클루언에 따르면, 출구 없는 닫힌 회로에서 우리 몸은 계속해서 밀려오는 이미지와 정보의 과도한 자극에 맞서기 위해 스스로의 감각을 마비시키는 방향으로 움직인다. 우리 몸의 신경계가 감각 증폭이 불러오는 연쇄적 자극에 맞서 자신을 보호하기 위해 감각을 스스로 차단하는 원리다. 이러한 마비를 통한 자기절단self-amputation의 메커니즘은 자기인식의 차단을 의미한다. 매클루언은 이러한 감각적 기제를 미디어 경험에 대한 해석에 적용한다. 미디어를 통한 경험은 증폭되기 마련이며, 증폭된 미디어 경험은 인간 감각을 확장한다. 인간의 중추신경계는 이에 맞서 긴장하고, 그 긴장을 완화시키기 위해 즉각적으로 자기절단의 원리를 가동한다. 그는 이러한 자기절단의 원리가 대화와 같은 언어적 소통에서부터 컴퓨터를 통한 소통에 이르기까지 커뮤니케이션 매체에 폭넓게 적용된다고 말한다.

매클루언이 나르키소스에 주목했다면, 나르키소스와 에코 이야기를 미디어 논의에 접목한 이가 있다. 미디어 아티스트 데이비드 로크비다. 그는 예술 작업과 더불어 글도 많이 남겼는데, 「변형 거울Transforming Mirrors」도 그중 하나다.[7] 로크비는 나르키소소와 에코의 반영이 둘 다 반복을 은유하지만, 서로 다른 속성을 가진다고 봤다. 나르키소스의 반영과 반복이 물속에 빠져들게 만드는 몰입, 즉 함몰로 이끄는 반영이라면, 에코는 우리말로 '메아리'라 일컬어지듯 주변 세계를 여행하여 되

미켈란젤로 메리시 다 카라바조, 〈나르키소스〉, 1597~1599

돌아오는 반영이다. 다시 말해, 나르키소스의 반복이 동일한 것을 반복하는 동기화된 반사라면, 에코의 반복된 목소리는 살짝 지연되고 왜곡된 반영이다. 우리가 산 정상에 올라 "야호!"라고 외칠 때 "야~호~!" 하며 시공간적으로 되돌아오는 것처럼 말이다. 에코의 반영은 분명 자신의 목소리를 품고 있지만, 그것은 드넓은 숲을 거치는 동안 특별한 마법과 매력을 더해 되돌아온다. 로크비는 특별히 이 대목에서 헨리 데이비드 소로의 말을 인용한다. "메아리는 어떤 의미에서 새로 태어나는 소리다. 그게 곧 그것의 마법이자 매력이다. 메아리는 종bell과 같이 되풀이되는 단순한 반복이 아니라, 한편으로 마치 숲의 요정이 똑같은 사소한 말과 음을 노래하는 듯한, 숲의 목소리이기도 하다."[8] 즉, 에코의 메아리는 미세한 차이를 내포하는 반복이다. 그것은 숲의 나무 '사이inter'에서 반사되고 숲 '속within'에서 조금씩 변형되어 되돌아온다. 그 안에는 자아와 세계 사이의 대화가 포함되며, 두 존재가 서로 공명하는 관계가 담겨 있다.

나르키소스의 반복은 거울처럼 원본과 똑같은 이미지를 재생 반영하는 것으로, 중간에 어떠한 매개도 없는 비매개적 피드백처럼 보인다. 이는 자신의 이미지를 반영하여 자기 자신에게 재흡수하는 일종의 닫힌 시스템을 만들어 낸다. 반면, 에코의 반영은 동일한 것의 단순 반복이 아니라 나무와 숲의 소리를 담아 되돌아오는 반향이다. 이는 세계 속에서의 미세한 변화를 수용하는 열린 시스템을 의미한다. 이런 의미에서 로크비의 글은 왜곡과 차이를 내포한 반영에 대해 사유하게 한다. 미세할지라도 시공간 사이의 틈이 만들어 내는 차이를 들여다보게 한다.

아주 작더라도 틈은 결국 차이를 드러내기 마련이다. 이를 잘 설명해 주는 개념이 후기 구조주의 철학자 자크 데리다의 '차연différance'이다. 이는 '지연시키다'라는 의미의 'defer'와 '다르다' 혹은 '차이를 가지다'란 의미의 'differ'가 결합된 말로, 어떤 대상을 기호나 언어로 지칭하거나 표현할 때 그 의미가 대상의 본래성과 어긋난 채 차이를 가지며 미끄러진다는 점을 설명하기 위해 사용된다. 예를 들어 누군가 '사과'라고 말할 때, 어떤 이는 빨간 사과를 떠올릴 수 있고, 어떤 이는 녹색 사과를 떠올릴 수 있다. 달콤한 사과의 맛을 떠올리기도 할 것이고, 홍로, 부사, 아오리 등 사과 종류에 대해 생각하는 사람도 있을 것이다. 이처럼 하나의 대상이 언어나 기호(기표)를 통해 전달될 때, 그 대상이 지닌 의미는 결코 완전히 표현될 수 없다. 그것이 의미하는 바(기의)는 그것이 지시하는 대상(기표)으로부터 끊임없이 지연deferral된다. 객관적 대상이라 할지라도 그에 대해 말하는 이와 듣는 이의 주관적 경험과 사고가 개입될 것이기 때문이다. 그렇기에 하나의 대상과 그 의미에 대해 정의하려면 서로 조금씩 차이를 갖는 또 다른 단어들이 추가되어야 한다. 어떤 대상을 기호나 언어로 표현하는 것은 의미가 기표의 사슬을 따라 끊임없이 연기延期되고, 서로 같음과 다름 사이의 끝없는 비교와 차이를 통해 구별되는 가운데, 본래 의미에 가까이 다가가며 정의에 접근해 가는 의미 생성의 연쇄 과정이라 할 수 있다. 이런 의미에서 '차연'은 지연되는 가운데 스스로를 계

속해서 부정하고 거부하는 저항이자 자기 성찰적 과정이기도 하다.[9]

데리다의 차연 개념은 마르셀 뒤샹의 앵프라맹스inframince 개념과도 연결된다. 뒤샹은 기성품 변기에 사인하여 〈샘fountain〉이라는 예술 작품을 선보인, 레디메이드의 창시자이자 개념예술가다. 이런 그가 개념화하고자 했던 것이 '앵프라맹스'라는 단어다. 접두어 'infra-'는 '아래, 낮은, ~이하의'를 의미하는 동시에 '~의 기반'을 뜻하고 'mince'는 '얇은thin'이라는 뜻이다. 이 두 단어를 합친 '앵프라맹스'는 '인프라-신', 즉 매우 얇은 기반이자 인지가 어려울 정도로 얇은 막, '초박막'이라 설명할 수 있다.

뒤샹은 이 단어가 무얼 의미하는지 정의하지 않는다. 하지만 그의 글과 작품 곳곳에서 'infra-thin, infrathin, infra thin' 등이 다소 느슨하게 사용되는 경우를 발견할 수 있다. 이는 10여 년 동안 반복해 등장하기에 그의 작품 세계를 관통하는 사유로도 연결지어 볼 법하다. 그는 앵프라맹스에 대한 60여 개의 예시를 들어 이런저런 방식으로 설명하는데, 가령 누군가 앉았다가 떠나간 의자에 남겨진 온기, 총성이 울린 후 표적에 구멍이 나기 직전까지의 시간, 멀리서 들려오는 비로드 바지가 서로 부딪히며 나는 소리 등이 그러하다. 그가 이 개념을 통해 접근하고자 한 것은 아마도 언어로 정확하게 표현할 수는 없으나 우리가 감각하거나 인지하고 상상할 수 있는, 미세하고도 미묘한 거리 또는 차이가 아니었을까 싶다.

여기서 미세한 차이와 감각, 그리고 그것이 예술과 철학에서 가지는 의미를 자세히 설명하는 이유는, 스크린 예술에서도 이러한 섬세한 차이와 감각이 만들어 내는 '미묘한 간격'과 '시차'의 경험이 결국 자기 자신을 되돌아보게 하는 경험으로 이어질 수 있기 때문이다. 이처럼 작은 차이들은 단순한 차이를 넘어 '자기지시self-reference'를 가능하게 하며, 관람자나 감각하는 사람을 자기반영적인 상태로 이끈다. 결국 이 미세한 틈은 결코 작지 않으며, 끊임없이 되새기게 되는 '자기반영적 피드백 루프feedback loop'를 통해 다시 자신에게 돌아온다. 그리고 이러한 반복은 단편적인 것이 아니라 점점 더 전체적인 시각과 경험으로 확장되어 간다.

시뮬레이션 갭과 비판적 거리

실로 미세한 틈이 예술적이고 철학적인 경험을 만들어 낼 수 있다는 증언은 다른 여러 사례를 통해서도 확인된다. 미국의 철학자이자 비디오게임 디자이너이며 이론가인 이언 보고스트도 게임 등 디지털 경험에서의 틈과 사이에 대하여 고찰하는데, 이 역시 앵프라맹스 개념과 연결지어 살펴볼 수 있다. 그는 시뮬레이션이 재현 매체와는 다른 경험을 제공한다고 말한다. 또한 시뮬레이션을 통해 세계의 구조와 시스템을 바라보고 그에 대해 비평적으로 접근하고 이해해야 한다고 본다.[10] 그러나 우리가 바라보는 전체 세계를 모두 시뮬레이션할 수는 없는 노릇이다. 따라서 그 일부 시스템만을 시뮬레이션함으로써 전체를 상상하도록 유도해야 한다.

그렇다면 부분을 통해 전체를 사유하게끔 이끄는 구체적인 방법은 무엇일까? 여기서 보고스트는 '시뮬레이션 갭simulation gap'이란 개념을 들여오는데, 이는 부분과 전체 사이에 생기는 틈과 여백의 영역을 통해 세상 전체를 사유하는 것이다. 예를 들어 플레이어는 게임 속 시뮬레이션된 세계를 직접 경험하며 그 맥락을 이해하고 틈을 잇고 채워 나간다. 이 과정은 플레이어가 세상을 더욱 깊게 바라보고 생각하게 만든다.

뒤샹이 접근한 것처럼 개념적 틈과 갭이 만드는 시공간은 물질적이기보다는 직관적이고 개념적이다. 그렇다면 철학과 예술에서는 왜 이런 틈과 갭을 중요하게 다룰까? 그것은 의미하는 대상과 의미되는 내용 사이를 분리시키는 동시에 일상의 경험과 차이를 내포할 수 있으며, 자신을 둘러싼 세계를 조망하고 성찰하기 위한 비판적 거리를 확보해 주는 최소한의 시공간적 거리이기 때문이다.

그렇다면 이러한 미세한 차이와 의미는 스크린 경험과 어떻게 연결될까? 앞서 마그리트의 그림에서도 살펴봤지만, 창문과 거울에 대한 예술 경험이 감상자의 자기 성찰적 경험이 될 수 있으려면 최소한의 시공간적 거리가 필요하다. 즉, 인식적 확장을 꾀하고 자기 성찰을 하기 위해서는 비판적 거리가 필요한 것이다. 예컨대 빛이나 소리를 반영하기 위해서는 거울이나 벽 혹은 공기입자 등의 매개적 물질과 대상도 필요하지만, 그런 반사가 이루어지기 위한 물리적 거리도 중요하다. 이 작동적 거리는 우리가 바라보는 대상의 속성과 위치를 명확히 설명하기 위해 그 대상으로부터 일정하게 분리되는 비평적 거리를 제안한다. 앞서 언급한 에코의 경험 또한 반복과 반영의 자기 폐쇄적 상황을 만들어 내지만, 그 상황이 미세한 차이와 함께 조금씩 변화된 울림을 만들어 낼 수 있었던 이유는 소리가 되돌아오기 위한 충분한 거리가 있었기 때문이다. 이렇게 확보된 공간은 주변 환경까지 아우르며 섬세한 떨림과 울림을 함께 담아낸다.

떨림과 울림

몇 년 전 물리학자 김상욱의 책 『떨림과 울림』을 처음 접했을 때, 묘한 떨림과 울림을 느꼈다. '세상에나, 이렇게 감성 가득한 과학책이라니.' 어떤 이야기가 담겨 있을까 하는 설레는 마음으로 책을 들췄다. 「프롤로그」에서 저자는 우주의 모든 것에는 떨림과 울림이 있다고 이야기한다. 소리는 물론, 빛과 전자기 현상까지도 모두 떨림의 현상이라는 것이다. 몇 개의 소중한 문장을 발췌하면 다음과 같다. "세상은 볼 수 없는 떨림으로 가득하다. […] 느낄 수 있는 떨림도 있다. […] 예술은 우리를 떨게 만든다. 음악은 그 자체로 떨림의 예술이지만 그것을 느끼는 나의 몸과 마음도 함께 떤다. 인간은 울림이다. […] 우리는 다른 이의 떨림에 울림으로 답하는 사람이 되고자 한다. 나의 울림이 또 다른 떨림이 되어 새로운 울림으로 보답받기를 바란다. 이렇게 인간은 울림이고 떨림이다."[11] 그는 떨림과 울림을

'진동'이라고도 말한다. "진동은 물리를 설명할 때 등장한다. 진동은 우주에 존재하는 가장 근본적인 물리 현상이다."[12] 또한 진동의 현상이 공학적으로도 많은 곳에서 중요하게 응용된다며, 전자공학의 절반 이상은 진동과 관련되며, 이공계 대학에서 배우는 수학의 대부분이 진동을 이해하기 위한 것이라 해도 과언이 아니라고 강조한다. 그럼에도 불구하고 그는 '진동' 대신 '떨림'이라는 표현을 사용하는 이유를 다음과 같이 밝힌다. 진동과 떨림은 비슷한 개념이지만, 느낌에서는 분명한 차이가 있기 때문이라는 것이다. "진동은 차갑지만, 떨림은 설렌다. 진동은 기계적이지만 떨림은 인간적이다."[13] 김상욱은 물리학이 보다 인간적으로 보이길 바라는 마음으로, 인문학적인 감성으로 물리를 이야기해 보고자 한다. "내가 물리학을 공부하며 느꼈던 설렘이 다른 이들에게 떨림으로 전해지길 바란다. 울림은 독자의 몫이다."[14]

김상욱 교수의 말대로 울림과 떨림은 '공명'이고 '진동'이다. 공명과 진동은 물리학 용어기도 하지만, 매체적이고 미학적인 용어기도 하다. 앞서 제이 볼터 교수가 공저한 『창문과 거울』이 국내에서 '진동 오실레이션'이란 제목으로 출간되었다고 말했는데, '공명'이란 단어는 미디어학자 이재현 교수의 책 『공명: 미디어 기술 비평』에서 찾을 수 있다. '공명'은 (단어에 연이어 이응 받침이 있어서인지 몰라도) 발음할 때 혀끝에서 미세하게 진동하며 조그마한 떨림을 만들어 내는 것 같다. 이 책에서 저자는 공명이 "직접적인 인과적 영향 관계에 있지 않으면서도 인간의 정신적 산물이라는 고유한 태생적 조건에서 연유하는 물질적·관념적 반복”을 뜻한다고 밝힌다. 그리고 기술 미디어 장치에서 기계나 관념이 되풀이되어 드러나는 방식을 설명하기 위해 이 개념을 사용한다. 또 그는 이 ‘공명’이라는 단어를 과학철학자 루퍼트 셸드레이크의 ‘형상 공명morphic resonance’ 이론에서 빌려온 것이라고 말하는데, 셸드레이크에 따르면 형상장morphic field은 과거에 형성된 패턴이나 영향력이 시간이 지나도 사라지지 않고, 적절한 조건이 되면 다시 나타나는 것을 뜻한다고 저자는 덧붙인다.[15]

이처럼 ‘떨림’과 ‘울림’ 그리고 ‘공명’이나 ‘진동’이라는 단어가 물리학이나 커뮤니케이션 미디어 관련 저서의 제목으로 자주 사용되는 것은 결코 우연이 아닐 것이다. 이는 미디어의 경험이 역사성과 동시대성, 물리성과 감성, 객관성과 체험성을 동시에 지니고 있기 때문이다. ‘미디어media’는 본래 서로 다른 두 양자를 매개하는 ‘사이의 존재’이며, 이러한 사이에는 서로 소통하고자 하는 주체들이 서로에게 영향을 미치려는 욕망이 담겨 있다. 물리학자가 “존재의 떨림은 서로의 울림”이라고 표현한 것은 너무도 촉촉하고 감성 가득한 접근이지만, 실제 미디어가 가지는 본질을 드러내기에도 안성맞춤인 표현이다.

이중적 틀과 경계로서의 스크린

스크린은 그 자체로 미디어다. 그것은 현실과 가상 혹은 다양한 시공간을 매개한다. 회화와 영상 작업을 병행하는 내게 스크린은 그 자체로 '막membrane'이다. 그것은 내부에 속하기도 하고 외부에 속하기도 하며, 그 자체로 내부와 외부를 연결 짓는 매개적 존재다. 스크린은 이런 사이의 경계 자체이자 경계라는 대상이다.

2000년 9월, 문화예술진흥원(현 한국문화예술위원회)의 지원으로 첫 개인전을 열었다. 나는 이 전시에 이러한 작은 틈, '사이'의 경험을 담고자 전시 제목을 '사이에서 맴돌다'로 정했다. 당시 실제 삶에서 마주하는 경험과 다양한 영상과 회화 작업의 경험 가운데서, 내 주변을 계속 맴도는 주제를 관객에게 전달하고 싶었다. 전시장 메인 공간에 설치한 〈버드나무The Willow Tree〉는 멀티채널비디오 프로젝션 작업이었다(7장 참조). 대학 시절 밤 늦게까지 작업하고 집으로 돌아갈 때면 바람의 언덕에 있는 버드나무 한 그루를 지나야 했다. 그 아래를 지날 때마다 나의 뺨과 머리를 스치는 버드나무 가지의 촉감과 흔들림을 담아내고 싶었다. 그래서 수백 개의 하얀 리본을 천장에서부터 바닥으로 늘어뜨린 후 그 위로 바람에 흔들리는 버드나무 영상을 투사했다. 늘어진 리본들은 군집을 형성하며 공간적 깊이를 만들어 냈다. 관람객들은 그 가상의 버드나무 숲속에서 혹은 그 아래에서 한가로이 거닐었다. 〈버드나무〉는 이런 앵프라맹스 경험을 만들어 내는 새로운 스크린에 대한 상상이자 미묘한 '사이'의 경험을 찾으려는 시도였다.

스크린을 통해 관람객과의 상호작용을 만들고 그러한 경험을 위해 스크린 인터페이스를 설계하고 디자인하려는 이라면 누구나 자신의 작업이 다양한 사유와 감성적 가능성을 담아내길 바랄 것이다. 반대로 감상자라면 스크린 앞에서 보내는 시간이 의미 있길 바랄 것이다. 결국 스크린의 생산자든 감상자든, 모두 스크린을 통한 경험이 항상 새롭고 신선하기를 원한다. 스크린과 관람객, 혹은 창작자와 관람객 사이의 바라봄과 바라보임의 피드백 루프 안에서 관람객은 타인과 자신, 그리고 세상과 소통할 수 있는 시공간을 열어 놓을 수 있다. 이러한 과정을 통해 스크린의 경험은 울림과 떨림이 가득한 상상적 시공간을 만들어 낸다.

스크린은 실로 요상한 공간이다. 우리는 스크린의 영상 이미지가 스크린 속에 있는지, 위(표면)에 맺히는지 정확히 알지 못한다. 스크린의 환영은 깊이를 만들어 내기도 하지만, 스크린 바깥으로 튀어나와 그 앞에 서 있는 감상자를 에워싸듯 펼쳐지기도 한다. 스크린은 현실과 가상 사이, 작가와 관객 사이, 녹화된 과거 시간(혹은 그려진 시간)과 재생되는 현재 시간 사이에 있는 얇은 판막이자 경계로 기능하며, 서로 다른 이질적 대상들을 마주하게 하는 인터페이스이자 마주침의 시공간적 경험을 창출하는 장치가 된다. 사실 시공간이라는 뜻은 그 자체에 이미 '사이', '틈'이란 개념을 지닌다. 시간時間, 공간空間 양쪽 모두에 들어가 있는 한자어 '간間'은 바로 이런 사이와 틈, 간격을 의미하며 이는 곧 무엇과 무엇 사이의 관계를 내포한다. 공간은 물질적이고 장소적으로 비어 있는 사이이며, 시간은 흐름과 과정 속 비어 있는 사이다. 스크린이 시공간의 경험을 만들어 내는 매개체이자 그 사이에 존재하는 대상이라면, 스크린이 만들어 내는 '시공간의 사이'는 곧 '~간의 사이', '~사이의 사이'

와 같은 이중화된 사이로 볼 수 있다. 이러한 이중적 틈과 경계로서의 스크린은 다양한 이질적 경험들을 매개하고 마주하게 하는 장치가 된다.

스크린이 만들어 내는 경계境界적 대상으로서 경험, 막과 같은 경계 경험은 사실 새로운 상상을 위한 조건이다. 독일의 사회학자 니클라스 루만은 그의 저서 『사회 체계로서의 예술』에서 예술 작품이라 일컬어지는 작업은 작업의 자유를 증가시키기 위해 추가적인 제약들further constraints을 배치하고, 그 제약을 사용할 때 예술의 자격을 얻는다고 말했다.[16] 예술의 역사에서 작업을 제한하는 조건은 실제적으로 더 큰 예술적 상상력과 가능성을 이끌어 내는 경우가 많았다. 그러한 새로운 경험은 매우 단순하면서도 지극히 미니멀한 차이와 틈을 통해 만들어지는 경우가 대부분이다. 그것은 앵프라맹스적인 틈을 만들어 내는 경계이면서도, 동시에 아우라적 충만함을 불러일으킨다. 이러한 경계는 스크린을 바라보는 이로 하여금 끊임없이 유동하는 시선을 통해 자신을 재위치시키고 되돌아보게 만든다. 스크린에서 시작된 의미는 비록 순간적일지라도, 지연되며 무한히 확장되어 되돌아올 수 있다. 마치 에코처럼, 감성적이고 충만한 울림을 지닌 채 말이다.

스크린은 미디어적 대상으로서 기술과 예술이 집약된 장이다. 엔지니어들은 몰입적 환영을 유지하는 투명성에 한걸음 더 가까이 다가가고자 기술을 발전시키고, 예술가와 디자이너들은 그러한 미디어 경험을 다양하게 변형시켜 그 경험 자체나 매개의 의미를 탐색하려 한다.[17] 앞서 언급했듯, 상상적 영역으로서의 창문-거울 경험은 오랜 역사 속에서 이어져 왔다. 이 은유는 반복되면서도 끊임없이 새롭게 상상되어 왔고, 우리는 여전히 그 안에서 새로운 경험을 만들어 가고 있다.

4장

스크린과 인터페이스

스크린이란

오늘날 '스크린'은 모든 이에게 익숙한 대상이다. 오히려 너무도 친숙하여 특별히 그 뜻을 되뇌어 인식하지 않고 사용하는 경우가 많다. 스크린은 우리말로 '화면畫面'이라고 말하기도 한다. 화면은 '그림 그리는 면' 또는 '영상 그래픽을 보여 주는 면'이란 뜻이다. 하지만 실제로 '스크린'이란 단어의 사전적 의미를 살펴보면, 이보다 훨씬 더 폭넓고 복잡한 의미가 내포되어 있음을 알 수 있다.

'스크린'이란 단어를 사전에서 찾으면 '표면surface, physical face of a screen'이라는 명사적 의미와 '디스플레이하다, 전시하다display, exhibit'라는 동사적 의미가 가장 먼저 제시된다. 구체적으로는 무언가 드러내고 전시하는 표면으로서 영화 스크린을 떠올릴 수 있으며, 간혹 특정 영화 작품의 상영 행위를 '스크리닝screening'이라 부르듯, 명사가 동사처럼 사용되는 표현으로도 이해해 볼 수 있다. 이는 스크린이 단순히 무언가를 드러내고 전시하는 표면이나 대상일 뿐만 아니라, 그러한 역할을 수행하는 능동적인 주체로도 인식될 수 있음을 보여 준다. 그런데 스크린의 또 다른 동사적 표현으로 '가리다, 차단하다, 보호하다shield(특히 범인을 은닉한다는 의미에서)'라는 뜻이 있다. 예를 들어, 공항 검색대나 대형 공연장, 스포츠 경기장 입구에서 방문객의 가방을 검사하는 행위 역시 '스크리닝'이라는 표현으로 사용된다. 이때의 스크리닝은 안전을 위해 위험한 물건이나 요소를 사전에 가려내고 차단하는 행위이자 과정을 뜻한다.

각각의 의미를 하나씩 따로 떼어 이해하는 것은 그리 어렵지 않다. 그런데 여러 의미를 종합하면 머리가 다소 복잡해진다. 전시하고 드러내는 동시에 보호하고 차단한다? 서로 상충되는 의미 아닌가? 박사과정 시절에 나는 스크린 관련 논문을 쓰며 단어의 사전적 의미부터 추적하려다가 잠시 인지적 혼란에 빠진 적이 있었다. 그때 운 좋게도 미국 시카고대학의 W. J. T. 미첼 교수가 미디어 이론 전공 학생들과 진행한 〈미디어 이론들: 키워드 해설 목록Theories of Media: Keywords Glossary〉 프로젝트[18]를 찾았다. 미디어 이론에서의 여러 중요 용어를 정리하는 프로젝트로 '스크린'도 그중 하나의 항목으로 다뤄졌다. 그들도 스크린에 대한 사전적 정의에서부터 출발했는데, '전송시키는 것, 매개물, 필터, 창문(미디엄)transmitter, mediator, filter, window(medium)'이란 의미와 '가리개, 장애물, 분리시키는 것, 마스크, 필터cover, barrier, divider, mask, filter'의 의미로 스크린을 정리했다. 한편 이들이 '미디어'라는 큰 범주 아래에서 스크린을 논한다는 사실 자체는 스크린을 하나의 미디어적 대상으로 바라보고 있음을 암시하기도 한다. 스크린은 양쪽 세계, 이를테면 가상과 실제, 보는 이와 보이는 것을 연결하는 통로이자 매개물이며, 양쪽의 기능을 동시에 수행하는 복합적인 대상인 것이다.

따라서 스크린이라는 개념은 일차적으로 무언가를 '디스플레이하는displaying 것'이자 '디스플레이되는being displayed 것' 그리고 '이 양쪽의 기능과 역할을 잇는 매개물'이자 '그 자체로 존재하고 기능하는 것'이라 정리할 수 있다. '디스플레이 하는 것'은 그야말로 스크린으로 무엇을 '보여 주는' 능동적 역할을 한다는 의미다. 반면 '디스플레이 되는 것'은 스크린 안에 혹은 그 위에 '무엇', 즉 '특정 대상', '특정 내용물이자 콘텐츠'를 보여 주는 대상이 된다는 측면에서 피동적 역할을 의미한다. 이렇게 볼 때 스크린은 능동성과 피동성이라는 상반된 성격을 동시에 지닌 대상이라 할 수 있다. 따라서 스크린은 서로 상충되고 모순적인 속성들을 함축하고 있는 셈이다.

한편 피동적인 대상을 능동적으로 '매개'한다는 점에 주목하면 스크린의 수행적 역할에 초점을 맞춰 해석할 수도 있다. 그리고 이러한 수행적 역할 역시, 스크린의 본질적인 매개성을 더욱 부각한다. 매개로서의 스크린 개념은 정신분석학이나 심리학에서도 발견된다. 대표적인 예가 지그문트 프로이트가 제시한 '스크린 기억screen memory' 개념이다. 프로이트에게 꿈은 치료를 위한 분석 대상이며, 그는 성인의 꿈속에 나타나는 유년기의 기억이 미래의 사건을 위한 스크린, 즉 가려진 의미를 덮는 장치로 작용한다고 보았다. 성인이 된다는 것은 사회화되는 과정이며, 인간은 성장하면서 수많은 타인과 관계를 맺고, 다양한 사회적 역할을 수행하게 된다. 이 과정에서 사람들은 자신의 본능이나 트라우마와 같은 정신적·심리적 불완전함을 억제하고 감추는 법을 익혀 간다. 이러한 억압된 상태 속에서 스크린 기억은 유년기의 기억을 간접적으로 대변하게 되며, 프로이트는 성인이 되어 꾸는 유년기의 꿈이 환자의 억눌린 본능이나 무의식 속 욕망, 여전히 관심을 갖는 대상을 보다 명확히 드러낸다고 설명한다. 결과적으로 스크린 기억은 환자의 본능적 관심이나 트라우마를 드러내는 '선택자-매개자selector-mediator', 즉 무의식과 억압된 환상에 이르는 통로 역할을 하게 된다.[19]

이처럼 프로이트의 스크린 기억 개념을 통해 우리는 스크린이 하나의 대상과 또 다른 대상을 연결하는 매개자이자 통로로 기능함을 다시 한 번 인식할 수 있다. 따라서 스크린이라는 용어에 대한 이해는, 오늘날 우리 삶 속에 편재한 스크린 경험을 더욱 풍부하고 폭넓게 인식하는 데 도움을 준다.

스크린의 2차원성과 프레임

회화사는 수많은 화가가 2차원적 공간에 환영을 만들어 내기 위한 다양한 방안을 고안해 온 역사로 가득 채워져 있다. 르네상스 이후 한동안 회화는 현실 세계를 재현하는 역할을 충실히 수행했다. 화면 위에 얼마나 실제에 가까운 이미지를 재현하는가는 화가의 능력을 평가하는 척도가 되었고, 이에 따라 화가들은 다양한 기법을 실험했다. 그런데 19세기 사진의 등장과 함께 실제 재현의 역할이 사진에 넘어가자, 회화는 다시 새로운 역할을 찾아야 했다. 인상주의와 세잔 이후의 입체주의, 큐비스트 회화는 눈이 감각하는 세계를 표현하거나 2차원 캔버스 평면에 다중시점을 담으며 시각적 실험을 시도했다. 다다Dada나 초현실주의 작가들은 신문지나 왕골 바구니 등 실제 세계의 대상들을 가져와 캔버스에 붙이고 이들을 평면 이미지와 결합하는 콜라주 실험을 진행했다. 미래주의 작가들은 기계와 함께 등장한 역동적인 사회를 정적인 화면에 담고자 했다. 이러한 시도는 캔버스 표면이 2차원 공간인데 반해 우리가 바라보는 세계는 3차원 또는 시간을 포함한 4차원 세계임을 인식한 결과였다. 이는 이후로도 오랫동안 회화적 정체성을 드러내는 조건이 되었다. 이러한 물리적 조건은 일종의 제약과 한계로 작용하면서 작가들이 그 안에 새로운 상상력을 추동시키는 요인이 되기도 했다. 상상력이란 언제나 그냥 주어지는 것이 아니라 강한 제약과 한계를 뛰어넘으려고 할 때 더욱 적극적으로 발현되곤 하기 때문이다. 시각 예술의 역사에서 화면과 스크린의 평면성은 예술가들의 상상력을 자극하는 조건이자 표현의 장으로 기능해 왔다.

한편 미디어이론가 레프 마노비치의 『뉴미디어의 언어*The*

Language of New Media』에서도 스크린이 다뤄진다. 그는 먼저 스크린을 계보학적으로 짚으며 세 종류의 스크린에 대해 논한다. 첫 번째는 회화 캔버스 등 그림을 포함하는 '전통적인 스크린classical screen'이다. 이는 2차원성, 즉 평면성을 지닌다. 정적인 성격을 가지며 사각 프레임이 그 2차원적 평면을 둘러싸고 있다. 두 번째 스크린은 '역동적인 스크린dynamic screen'으로, 영화·비디오·텔레비전 스크린과 같은 무빙 이미지를 디스플레이 하는 스크린이다. 이 형식은 전통적인 스크린의 구조는 유지하면서도, 시간에 따라 변화하는 이미지를 담아낸다는 점에서 차이를 가진다. 또한 관객을 시각적 충만감으로 감싸며 스크린 속 환상과 이미지의 세계로 몰입하게 만든다. 이러한 스크린은 프레임 바깥의 현실을 차단함으로써 관객이 스크린 내부의 공간에 더욱 집중하고 몰입할 수 있도록 유도한다. 세 번째는 '인터랙티브 스크린interactive screen'이다. 이는 컴퓨터 스크린 등 디지털 시대의 스크린을 일컬으며, '실시간 스크린realtime screen'이라 불리기도 한다. 이는 윈도 인터페이스 시스템을 통해 텍스트, 이미지, 그래픽 등 다양한 데이터를 처리하는 동시에 하나의 스크린 위에 여러 창을 보여 준다. 또한 VR 등 스크린이 시야에서 사라져 버리는 현상까지도 포함한다. 마노비치에 따르면, 이러한 상황은 기존 스크린이 전제하던 관람 방식을 근본적으로 변화시키며, 전통적인 스크린 체험 방식에 도전하고 충격을 가한다.[20]

이 책에서 마노비치가 여전히 수많은 스크린을 직사각형의 평면적 특성을 지닌 대상으로 본다는 점, 또 그 평면 사각 스크린이 보호 프레임에 둘러싸여 있다고 짚은 부분은 매우 흥미롭다. 그는 스크린을 "프레임으로 둘러싸여 있고, 우리의 일상 공간 안에 자리 잡고 있는 또 다른 시각 공간, 또 다른 3차원 세계의 존재라는 현상"이라고 정의한다. 그리고 이 프레임이 "나름 공존하고 있는 두 개의 완전히 다른 공간을 분리한다"고 말한다.[21] 물론 VR 스크린에는 조금 유보된 입장을 취하지만 말이다.

마노비치의 분류는 책이 출간된 2000년대 초에 이뤄졌음을 상기할 필요가 있다. 그 후 스크린은 수없이 다양화되었고, 오늘날에는 플렉서블 디스플레이 등 전례 없는 스크린들이 등장하고 있다. 동시에 과거 스크린들 중에 역사의 뒤안길로 사라진 것도 많다. '브라운관 텔레비전' 혹은 '음극선관 튜브Cathode-Ray Tube'라 불리던 CRT 텔레비전 스크린[22]은 이제 역사문화박물관에서나 볼 법하다(스크린의 계보학 논의가 업데이트될 필요가 있는 이유기도 하다).

그러나 여전히 우리 곁에는 사각 평면 형태와 보호 프레임에 둘러싸인 스크린이 대다수이기도 하다. 우리가 매일 들여다보는 노트북 컴퓨터, 패드용 컴퓨터, 스마트폰의 스크린은 여전히 사각 2차원 평면을 유지하고 있다. 이는 스크린의 일반적인 모습이며, 실로 오랫동안 인간 문화에 존재해 온 모습이다. 이러한 스크린은 우리 삶에 일상적으로 자리하며, 그 프레임 안에 또 다른 3차원적 세계, 가상공간을 만들어 낸다는 사실 역시 여전히 유효하다.

인터페이스

그렇다면 여러 이질적인 세계를 연결시키는 스크린을 인터페이스interface라고 말할 수 있을까? 인터페이스라는 용어는 오늘날 기술 사회에서 이미 널리 사용되고 있어서 많은 사람에게 제법 익숙할 것이다. 인터페이스는 서로 다른 둘 이상의 개체를 동시에 접하고 있는 접면이자 입면 그리고 경계면을 일컫는다. 또한 이 두 개체, 두 세계를 잇고 연결시키는 매개체다. 예를 들어 미디어 장치의 커뮤니케이션 인터페이스라고 할 때, 이는 하나의 기기가 다른 기기나 시스템과 연결되어 정보나 신호를 주고받기 위해 구성된 부분을 말한다. 사용자가 컴퓨터와 상호작용하기 위한 입력 인터페이스로는 키보드, 마우스, 이어폰 등이 있다. 그런데 이런 커뮤니케이션 인터페이스는 대체로 하드웨어나 소프트웨어로 구분된다. 가령 노트북이 HDMIHigh-Definition Multimedia Interface 단자를 가지고 있는가, USB type-C를 가지고 있는가, USB로 연결되는 외장장치의 인렛inlet과 아웃렛outlet을 몇 개씩 가지고 있는가는 노트북 구매 시 해당 기기의 하드웨어 인터페이스라는 조건하에 고려할 사항이다. 반면 컴퓨터 OS가 윈도인가 리눅스인가, 사용하는 웹브라우저가 크롬인가 사파리인가, 문서 작업을 아래아 한글 프로그램에서 하는가 마이크로소프트 워드에서 하는가는 소프트웨어의 영역이다. 그런데 소프트웨어와 하드웨어 인터페이스는 서로 밀접하게 연결된다. 가령 과거 비디오 캠코더를 텔레비전 모니터와 연결할 때 쓰던 컴포지트 비디오composite video 단자나, 노트북 컴퓨터를 빔 프로젝터에 연결하거나 확장 디스플레이와 연결할 때 사용하는 HDMI, VGA, DVI, mini-display port 등은 서로 다른 인터페이스를 하드웨어적으로 연결하는 장치다. 그러나 이들은 해상도와도 관계되므로 소프트웨어적 연결과도 무관하지 않다. 키보드 자판 입력도 인터페이스 이슈와 연결된다. 과거 피처폰 시대에 소형 모바일 디바이스에서의 한글 입력 시스템은 천天/지地/인人 체계와 쿼티QWERTY 체계로 나뉘었다. 이러한 차이는 LG, 삼성, 애플 등 제조업체 간의 구분 요소가 되었고, 사용자들로 하여금 제조사를 바꾸는 데 고민하게 만들었다. 입력 방식을 새로 익혀야 했기 때문이다.

요즘 현대인이 관심을 가지는 인터페이스 중 하나는 유튜브나 넷플릭스 같은 영상 콘텐츠 플랫폼에서 제공하는 영상 배속 기능이다. 이 배속 기능은 영상 재생 인터페이스에 포함된 부가 요소로, 플랫폼에 따라 1.5배속에서 2.0배속까지 다양한 속도를 지원한다. 이 기능은 드라마를 보거나 동영상 강의를 들을 때 중요하게 고려되는 사항인데, 콘텐츠 소비자뿐 아니라 제작자들에게도 마찬가지다. 일부 영상 제작자들은 영상 플랫폼이 배속 기능을 지원하는지 여부에 따라 자신의 작품을 송출할지를 결정하기도 한다. 웹툰 『무빙』의 작가 강풀은 자신의 작품을 드라마로 제작하면서 배속 기능을 허용하지 않는 디즈니 플러스를 OTT 플랫폼으로 선택했다. 플랫폼이 창작자의 의도를 최대한 존중해 준다는 판단에 따른 선택이었다. 이렇듯 컴퓨터 시대에는 하드웨어나 소프트웨어적 인터페이스 모두에서 고려해야 할 요소가 한두 가지가 아니다.

인터페이스 메커니즘

보통 미디어 기기의 인터페이스 변화는 신제품이 출시되거나 소프트웨어가 업데이트되면서 부각된다. 갑자기 인렛, 아웃렛이 사라지기도 하고, 새로 추가되거나 변경되기도 한다. 버튼이 사라지거나 다른 위치로 이동하기도 한다. 기존 인터페이스에 익숙해진 사용자라면 이러한 크고 작은 변화에 당황할 수 있다. 그런데 이때 인터페이스의 또 다른 독특한 속성이 작동한다. 새로운 인터페이스라도 사용자가 그것에 쉽게 익숙해질 수 있다는 점이다. 인터페이스에 익숙해진다는 것은, 그 물리적·형식적 특성을 점차 인식하지 못하게 된다는 의미이기도 하다. 가령 노트북 컴퓨터나 스마트폰을 새 기종으로 바꿨을 때를 떠올려 보자. 새 기기는 키보드 접촉감이나 타격감에서부터 디스플레이의 크기 및 버튼의 위치와 기능까지 크고 작은 변화를 가지기 마련이다. 사소한 변화라도 처음에는 불편하게 느껴진다. 그러나 막상 사용해 보면 언제 그랬냐는 듯 변화된 인터페이스에 금세 적응한다. 사용자의 신체적이고 인지적인 경험과 긴밀하게 연결되는 것이다.

미국의 문학평론가이자 디지털문학학자인 캐서린 헤일스와 미디어문화학자 알렉산더 갤러웨이도 이러한 인터페이스의 속성에 대해 말한다. 헤일스는 인터페이스가 항상 우리를 '은

유적 불일치'에 적응시키며, 그 불일치를 점차 망각하게 만들어 신체가 특정한 기능적 한계를 자연스럽게 받아들이도록 습관화시킨다고 말한다.[23] 이것이 인터페이스 메커니즘이다. 인터페이스 메커니즘이 작동하기 시작하면, 사용자는 이에 적응하여 새로운 기능이 점차 몸의 기억이자 자동반응 그리고 상식이 되어 간다. 조작 경험이 쌓이면 우리가 사용하는 대상과 그 주변과의 관계에서 어색하고 상이한 부분은 점차 약화되거나 사라진다.

갤러웨이 역시 『인터페이스 효과*The Interface Effect*』라는 책에서 '작동하지 않는 인터페이스' 혹은 '인터페이스 없는 인터페이스'에 대해 논한다. 그는 프레임, 창문, 문, 그리고 기타 임계지점threshold을 모두 하나의 인터페이스로 간주한다.[24] 그런데 그는 인터페이스는 덜 작동할수록 더 많은 기능을 수행한다고 주장한다. 이는 얼핏 모순적으로 들리지만, 여기서 '작동하지 않는'이라는 표현은 시스템이 실제로 멈춘 상태를 의미하는 것이 아니라, 겉으로는 작동하지 않는 것처럼 보이지만 배경에서 조용히 작동하는 상태를 뜻한다. 결국 갤러웨이에게 가장 이상적인 인터페이스는 '사라지는 인터페이스'인 셈이다. 반면, 시스템 내에서 어떤 연결이 갑작스럽게 도드라지거나 메시지나 행위의 교환과 매개가 더 이상 매끄럽지 않게 느껴질 때, 인터페이스는 비로소 기능적 작동을 멈추며 우리 눈앞에 그 정체를 드러낸다. 이는 우리가 일상적으로 호흡하는 행위와 비교해 볼 수 있다. 우리는 숨을 쉬면서도 그 과정을 인식하지 못한 채 살아간다. 하지만 산소가 부족하거나, 공기가 후텁지근하게 느껴지거나, 갑자기 숨이 차오를 때야 비로소 자신의 호흡을 의식하게 된다. 이런 점에서 인터페이스는 공기 중 산소와도 같은 존재라 할 수 있다.

목수와 고장 난 망치

헤일스와 갤러웨이가 설명하는 인터페이스 메커니즘을 철학자 하이데거의 도구적 존재론과 연결시켜 좀 더 이해해 보자. 이는 인터페이스를 통해 우리가 세상과 어떻게 연결되는지를 넓은 시각에서 생각해 보게 해 준다. 하이데거의 도구 개념은 목수와 고장 난 망치의 관계로 설명할 수 있다. 숙련된 목수에게 망치는 손의 연장과 같다. 그러나 원숭이도 나무에서 떨어지듯이 숙련된 목수도 망치로 자신의 손끝을 내리칠 수 있다. 이 순간 망치는 비로소 도구로 재인식된다. 하이데거는 이를 'ready-to-hand(Zuhandenheit)', 'presence-at-hand(Vorhandenheit)'의 개념으로 설명한다. 'ready-to-hand'는 '준비되어 있음' 즉, '바로 쓸 수 있음'을 뜻하고, 'presence-at-hand'는 '주어져 있음', 즉 '바로 앞에 있음'을 뜻한다. 연장된 손으로서 망치(도구)가 인식되지 않고 마치 배경처럼 사라진 상태는 바로 쓸 수 있게 준비된 상태다. 그러나 자신의 손끝을 내리쳐 전면에 인식되는 망치, 배경으로부터 불거져 나온 망치는 '눈앞에 있는' 상태에 놓인다. 이처럼 도구에 대한 인식이 전경에 드러나거나 배경으로 사라지는 관계, 즉 전경과 배경 사이에서의 인식적 전환은 앞에서 헤일스와 갤러웨이가 말한 인터페이스 메커니즘과 유사하다.

목수와 망치, 사용자와 도구 사이의 관계는 단순해 보이지만, 사실 이는 인간과 세계라는 더 넓은 환경 속 관계로도 해석할 수 있다. 현상학자 하이데거는 우리가 세계와 마주한다는 것은 일련의 과정을 통해 우리가 이미 그 세계 속에 귀속되어 있음을 드러내는 일이라고 말한다. 하이데거의 철학에서 '인간'을 뜻하는 '현존재Dasein'는 매우 중요한 개념이다. 인간은 단순한 생물학적 존재가 아니라 세계 안에서 살아가는 존재이기 때문이다. 독일어 'Dasein'은 '그곳에da 있는sein', 즉 '그곳에 존재하는' 것을 의미하며 이는 곧 '세계-속의-존재'를 뜻한다. 이는 '존재'와 '세계'가 분리될 수 없음을 함의한다. 인간은 항상 다른 대상들과의 관계망 속에서 세계를 이해하고 자신의 존재 의미를 획득하기에, 세계 속 사물 및 도구들과의 관계 안에서 '존재 자체'를 묻고 경험하고 해석하는 존재인 것이다.

한 걸음 더 들어가 보자. 하이데거의 현상학은 에드문트 후설의 현상학에서 '지향성intentionality'이란 개념을 끌어와 발전시킨 것이다. 후설 역시 존재의 의미를 인지의 차원에서 이해해 보려 한 철학자다. 후설에게 지향성이란, 인간의 의식이 항상 어떤 대상을 향하고 있다는 사실을 보여 주는 개념이다. 다시 말해 인간의 의식은 어떤 것이든 일종의 목적과 방향이 설정돼 있다는 것이다. 하이데거는 이러한 후설의 개념을 좀 더 실용적 차원으로 가져온다. 하이데거에게 세계는 인간의 행위를 위한 대상이자 배경일 뿐 아니라 매개이기도 하다. 그리고 그 매개 안에서 현존재의 행위가 달성될 수 있다. 따라서 하이데거의 지향성 속에서 세계는 '도구적'이다. 세계는 현존재가 자신의 기능을 수행하거나 목적을 달성하기 위한 수단으로 작동한다. 그리하여 하이데거의 현상학에서 도구 개념은 결국 우리가 세상과 조응하는 방식이며, 세계를 통해 행위하는 방식인 것이다.

그렇다면 하이데거의 도구 존재 개념에서 비롯된 'ready-to-hand'란, 하나의 도구가 특정 목적을 달성하기 위해 이미 준비되어 있고, 그 목적을 원활하게 수행해 나가는 과정 속에 있는 상태를 의미한다. 반면 'presence-at-hand'는 도구가 도구로서의 기능을 수행하지 않고, 그 자체로 인식될 때를 뜻한다. 이 두 개념은 하이데거 철학에서 우리가 세계 및 세계 속 대상과 맺는 지향적 태도가 순간순간 어떻게 달라지고 끊임없이 진동하는지를 설명한다. 세계는 존재이자 객체로서, 우리의 시야(또는 인식)에서 배경으로 물러나 사라져 있다. 하이데거는 이러한 방식을 통해 세계의 의미를 인식론적 차원에서 존재론적 차원으로 이동시킨다. 즉, 세계를 이해하고 분석할 '대상'에서, 그 자체로 '놓여 있는 존재'로 전환한 것이다. 또 하이데거에 따르면, 현존재는 '체화된 존재'로서 세계와 긴밀하게 얽혀 있으면서도 결코 분리될 수 없는 존재다.[25] 이런 의미에서 하이데거의 철학은 우리가 세계와 어떻게 관계 맺는지를 보여 주며, 그의 철학이 어째서 '일상의 철학'이라 일컬어지는지도 납득이 간다.

하이데거의 도구 개념을 통해 세계를 둘러싼 우리의 의식이 어떻게 시시각각 변하는지, 그 연장선상에서 인터페이스가 어떻게 작동하는지 다시 생각해 보자. 인터페이스는 그 자체로 도구이자 세계다. 일단 그것이 사용자 경험 속에서 익숙해지면 우리의 의식 바깥, 즉 배경으로 물러나 머물게 된다. 처음 접한 인터페이스는 사용자에게 다름, 불일치를 인식시키지만 시간이 지나면서 서서히 그 불일치를 망각하게 만들고 우리의 신체와 인식은 점차 그 인터페이스에 적응하고 습관화된다.

한편 인터페이스를 눈앞에 드러나는 대상이 아니라 배후에서 또 다른 세계를 통로처럼 열어 주는 관문으로 본다면, 그것은 시스템 내에서 정보가 한 개체에서 다른 개체로, 또는 하나의 노드node에서 다른 노드로 이동하는 '장소'로도 이해할 수 있다. 따라서 인터페이스는 언제나 '번역'과 '매개'의 과정으로서 기능한다. 이 때문에 갤러웨이는 인터페이스를 '비옥한 연결체fertile nexus'라고 말하기도 했다.[26] 그것은 다양한 연결을 가능하게 하고, 미디어로서 서로 연결된 관계 사이에 다양한 전환을 꾀하는 동시에 여러 생성적 마찰을 일으키기도 한다. 그 과정에서 미디어는 서로 간의 변화, 즉 내부의 변환과 외부의 환기를 불러오는 리미널liminal하고 전이적인transitional 순간도 만들어 낸다. 스크린을 하나의 인터페이스로 본다면, 그것 역시 비옥한 연결체이자 매개와 번역의 과정을 이루는 장이 된다. 스크린은 미디어로서 우리 현실을 구성하는 세계적 존재이자 세계를 이해하는 도구로 볼 수 있다. 또한 우리가 세상과 조응하는 방식이며, 세계를 통해 행위하는 방식이라고도 이해할 수 있다.

스크린을 인터페이스로 사유하기

앞서 갤러웨이가 '비옥한 연결체'로 표현한 인터페이스는 '우유부단의 영역zone of indecision'으로 표현되기도 한다. 인터페이스가 둘 이상의 영역을 동시에 잇기 위해 끊임없이 '저글링'을 하는 동안, 그 사이에서 우유부단한 경계 상태로 존재한다는 것이다. 이 개념은 프랑스 문학이론가 제라르 주네트의 '스레시홀드threshold', 즉 '문지방, 문턱 값, 임계 영역'에서 차용된 것이다. 주네트는 텍스트 주변의 또 다른 텍스트를 '파라텍스트paratext'라 부르며, 이를 '해석의 문턱threshold of interpretation'으로 설명한다.[27] 파라텍스트는 중심 텍스트와의 관계에서 경계 지을 수 없는 안팎의 영역, 즉 내부와 외부, 중심과 주변을 잇지만 어느 한쪽에도 완전히 속하지 않는 '사이의 영역'을 뜻한다. 이처럼 갤러웨이는 인터페이스를 단순한 대상이나 경계가 아닌, '행위의 자율적 영역'으로 사유하며 그 개념을 확장시킨다. 그에 따르면 인터페이스는 전환의 문턱이자 경계이면서도, 단순히 하나의 사물이나 위치에 머무르지 않고 새로운 효과와 결과를 스스로 생성해 내는 특수한 장소, 그리고 그 자체가 하나의 효과가 된다. 갤러웨이가 '인터페이스 효과'라는 개념으로 나아가는 이유도 여기에 있다. 인터페이스는 다른 무언가의 결과인 동시에, 그 효과를 생산하는 더 큰 힘으로 작동하기 때문이다. 스크린을 인터페이스로 사유하는 것 또한 이와 같은 맥락에서 가능하다. 스크린은 단지 시각적 장치가 아닌, 하나의 효과이자 효과를 산출하는 힘으로 이해될 수 있다. 이러한 논의는 이후 제2부에서 다양한 스크린들이 어떻게 변화하고 우리 삶에 어떤 방식으로 그 효과를 만들어 내는지를 통해 구체적으로 살펴볼 것이다.

끝으로 갤러웨이는 인터페이스에 접근할 때 '인식론적 매핑cognitive mapping'이 필요하다고 말한다.[28] 이는 곧 '인식적 지도 그리기', 즉 세계와 현실을 총체적으로 파악할 수 없더라도 현재 인간이 처한 조건을 조망하고 해석하려는 시도다. 갤러웨이는 인터페이스를 통해 지구적 차원의 '지금-여기'를 읽어 내고자 한다. 그리하여 기술, 미디어, 문화, 사회, 정치가 교차하는 지점으로서 인터페이스를 해석한다. 나는 이러한 인식론적 접근을 스크린이라는 개념에도 동일하게 적용할 수 있으며, 적용해야 한다고 본다. 오늘날 우리는 점점 더 다양한 스크린에 둘러싸여 살아가고 있으며, 그 스크린은 기술적, 문화적, 예술적으로도 다층화되고 있다. 따라서 우리는 스크린이 드러내는 사회적·정치적 의미를 고찰하고, 스크린이 세상과 맺는 관계 전반을 아우르는 인식론적 매핑을 시도해야 한다. 결국 스크린이라는 임계 영역을 통해 우리 행위의 자율적 공간을 발견하고, 그 안에서 발생하는 다양한 마찰과 태도들을 주의 깊게 살펴야 할 것이다.

5장

경계적 대상물로서의 스크린

스크린의 시간성

스크린의 시공간은 생각보다 다양하고 복잡하게 얽혀 있다. 먼저 스크린이 담아내는 시간성에 대해 생각해 보자. 스크린 속 영상은 그 콘텐츠가 자체적으로 펼치는 가상의 시간을 담는다. 예를 들어 한편의 영화나 드라마를 볼 때, 그 안의 내러티브를 따라가며 경험하는 허구적 시간이 그것이다. 이런 영상을 보여주는 디스플레이 스크린도 영상이 펼쳐 내는 가상의 시간과 관계한다.

이번에는 실제 사건을 녹화한 영상을 가정해 보자. 홈 비디오home video는 각 가정에서 생일 파티나 결혼식 등의 행사를 찍은 영상을 말하는데, 오늘날 스마트폰으로 촬영하는 대부분의 장면은 이런 날것으로서의 시간을 추억하게 만든다. 비록 짧게 편집되었다 하더라도, 그 영상은 녹화된 순간의 시간을 고스란히 담고 있다. 영화학자이자 미디어학자인 숀 큐빗은 스크린상에서 보는 것과 실제 카메라 앞에서 발생한 사건 사이에는 제거될 수 없는 갭gap이 있다고 말하며, 이를 '프로필믹Pro-flimic'이라고 표현했다.[29] 이는 편집되기 이전의 시간이다. 누군가가 사진이나 동영상을 보고 (비록 편집된 영상이라 할지라도) 이 날것으로서의 시간을 추억하고 상상할 수 있다면, 이 또한 스크린이 담고 있는 시간성에 포함시켜 생각할 수 있다.

한편 관객은 스크린에서 재현되는 이미지를 마치 지금 여기서 펼쳐지는 것처럼 생생하게 경험한다. 과거 텔레비전 시청자는 브라운관 속 장면을 마치 실시간으로 벌어지는 일인 양 보곤 했다. 영화나 방송 등의 영상제작자들은 시청자들이 '지금 여기'에서 벌어지는 일처럼 콘텐츠를 느끼게끔 하기 위해 다양한 프레젠테이션 방식을 개발해 왔다. 이렇듯 스크린 속 사건을 실시간적으로 경험하는 것처럼 느끼는 것을 '즉시성의 환영illusion of immediacy'이라고 한다.[30]

하나의 영상이 관람자에게 소비되는 측면에서 즉시성이 심리적 시간이라면, 그것을 바라보는 물리적 시간에 대해서도 생각해 볼 수 있겠다. 하나의 영화를 제대로 시청하려면 관람자는 영상이 펼쳐 내는 그 물리적 시간을 실제의 시간 속에서 경험해야 한다. 그러나 우리는 때에 따라 영화를 건너뛰기 한다거나 중간에 잠시 멈추었다 보기도 한다. 최근 유튜브나 넷플릭스 등의 동영상 플랫폼은 시청자가 원하는 대로 영상 속도를 선택적으로 바꿀 수 있는 기능을 제공한다. 가령 시청자가 두 시간짜리 영화를 1.5배속으로 감상한다면, 시청자의 물리적 시간은 80분이 필요할 것이다. 최근 이런 영상 플랫폼 기능으로 인해 시청자의 영상 체험이 소비 단계에서 자유로이 확대 혹은 축소되기도 한다. 오늘날 쇼츠나 릴스 등의 동영상은 짧게 편집되어 시청 시간을 단축시키지만, 과거 실험영화나 비디오아트 작업들은 시청 시간을 대폭 늘려 느리고 지루한 경험을 만든다. 가령 앤디 워홀의 영화 〈엠파이어Empire〉는 뉴욕의 엠파이어스테이트 빌딩을 무려 8시간 5분에 걸쳐 촬영한 장면을 보여 준다. 그야말로 아무런 일도 벌어지지 않는 건물을 밤새도록 촬영한 것이다. 그런데 이 영화를 처음부터 끝까지 관람한 관객이 있을까? 또 이를 지루해하지 않고 볼 수 있는 사람이 있을까? 이처럼 영상예술은 스크린을 사이에 두고 일상 시간과 작품 시간의 구별을 없애며 그 경계를 흥미롭게 탐색하기도 한다.

〈엠파이어〉가 실제 흐르는 시간을 그대로 담아 재생한 것이라면, 비디오 예술가 빌 비올라의 〈인사The Greeting〉는 고속 촬영된 장면을 30배 느리게 재생해 보여 주는 작품이다. 미디어 아티스트 더글러스 고든의 〈24시간 사이코24 Hour Psycho〉는 앨프리드 히치콕 감독의 영화 〈사이코〉의 109분 러닝타임을 무려 24시간으로 늘린 슬로모션 작업이다. 미국 워싱턴 D.C.의 허시혼미술관은 2004년 2월 〈24시간 사이코〉를 24시간 연속 상영했다. 이 영상을 온전히 상영하기 위해 전시 공간을 온종일 개방한 것이다. 이처럼 현대 예술 속 영상 작업들은 기계를 활용해 시간을 무한히 늘리거나 변형시켜 독특한 경험을 제공한다.

〈엠파이어〉나 〈24시간 사이코〉처럼 좀처럼 변하지 않는 이미지를 스크린 위에서 바라보며, 관객은 시간이 흐르는 느낌을 직접적으로 체험하는 동시에 지루함과 권태를 경험한다. 미술사학자이자 이론가인 한스 벨팅은 1970년대 초기 비디오아트에서의 이러한 시간성의 특징을 '지루함'이라는 개념으로 설명했다. 그는 지루함이 관객을 '시간 그 자체를 경험하는 경험'으로 이끈다고 말한다.[31] 이런 경험 속에서 관객은 때때로 비디오라는 장치가 형성하고 내보내는 기계적 시간에 통합되거나, 그 시간에 몰입함으로써 기계적 시간을 '현재성으로서의 시간'으로 체험하기도 한다. 벨팅은 이러한 지루함이야말로 비디오 예술이 관객을 사색과 관조로 이끄는 필수 조건이라고 덧붙인다.

스크린은 이처럼 다양한 시간적 경험이 스펙트럼처럼 펼쳐지는 장이다. 그렇기에 스크린 앞에서 혹은 스크린을 통하여 체험하는 시간 경험은 결코 단순하게 설명되지 않는다. 이는 서로 얽히고 중첩되어 동시다발적으로 작동한다.

스크린의 공간성

시공간은 분리되어 있지 않다. 스크린의 공간성도 그 시간성만큼이나 복잡하게 구성될까? 앞서 텔레비전 스크린은 시청자에게 마치 실시간으로 벌어지는 일을 보는 듯한 경험을 준다고 했다. 특히 이러한 가상적 경험은 게임 공간 혹은 VR 공간을 체험하는 다른 플레이어나 관객을 떠올려 보면 훨씬 더 직접적으로 이해할 수 있다. FPS First-Person Shooter 게임 플레이어는 마치 자신이 실제 게임 공간에 있는 것처럼 숨어 있는 적들을 피하거나 찾아내기 위해 공간을 이리저리 탐색한다. 이때 플레이어들은 실제 공간에서도 자신의 몸을 이리저리 움직이며 함께 반응한다. VR HMD Head-Mounted Display를 쓴 관객도 디스플레이 속 경험에 완벽히 몰입한다. 그들은 VR 공간 안에서 낯선 이를 따라 골목을 헤매기도 하고, 다가오는 총알을 피하느라 움찔하기도 하고, 가엾게 쓰러져 있는 인물 곁에 무릎 꿇고 앉아 함께 슬픔을 나누기도 한다. 그런데 VR 관객이 가상공간에서 환영적으로 이끌려 돌아다닌다고 해도, 그들이 발 딛고 서 있는 공간은 물리적으로 제한된 공간이다. 따라서 HMD를 쓴 관객은 걸어 다니며 허공에 손을 휘젓다가 벽에 부딪히기도 하고, 다른 관객과 부딪히기도 한다(그래서 VR 전시장에는 관객의 움직임을 주시하며 예기치 못한 충돌이나 사고를 방지하기 위한 보조 인력이 배치된다). 한편 영화관이나 미술관에서 영상 작업을 감상할 때도 주변 환경음이나 다른 공간에서 들려오는 소리로 인해 예민해지기도 한다. 간혹 스크린이 창문 근처에 설치되어 있을 경우, 외부 빛이 스크린에 반사되어 영상이 제대로 보이지 않는 문제가 발생하기도 하는 것이다.

이처럼 스크린 경험은 다양한 시공간적 속성이 교차하는 복잡한 재현과 재생의 메커니즘 속에 놓인다. 그래서인지 나는 때때로 스크린의 이미지가 스크린 '위'에 있는지, 스크린 '속

(안)'에 있는지 기술하기 어렵다고 느낀다. 영어로 스크린과 이미지 사이의 관계를 표현할 때도 이미지가 스크린 위on에 있다고 해야 할지, 스크린에at 있다고 해야 할지, 아니면 스크린 안in/within에 있다고 해야 할지 영 헷갈리는 것이다. 일반적으로 영어에서는 'image on the screen'이라는 관용적 표현이 사용되며, 이는 이미지가 스크린 '위'에 놓인다는 인식을 반영한다. 예를 들어, 인터넷 기술이 인간 관계를 어떻게 바꾸는지를 분석한 미디어학자 셰리 터클의 저서 『*Life on the Screen: Identity in the Age of the Internet*』의 제목에서도 이러한 표현을 확인할 수 있다.[32] 하지만 이러한 문법적·관습적 표현이 실제의 물리적·감각적 혹은 심리적 경험에서 스크린과 이미지의 관계를 온전히 반영한다고 할 수 있을까?

이 관계는 스크린 영상 구현의 기술적 원리를 알면 더욱 혼란스러워진다. 하나의 예로 흔히 CRT 모니터라고 불리는 기기의 스크린에 영상이 구현되는 원리를 살펴보자. CRT에서 이미지는 모니터 내부에 있는 진공튜브 속 전자빔과 편향 요크deflection yoke 등의 장치를 통과하며 만들어진다. 먼저 뒤쪽에서 전자총이 전자빔을 생성하고, 이 빔은 편향 요크를 지나며 자기장에 의해 X축(가로)과 Y축(세로) 방향으로 편향되어 스크린 전체를 스캔할 수 있도록 준비된다. 마지막으로 전자빔이 화면의 형광체phosphor에 닿으면 그 접촉 지점이 일시적으로 빛을 내며 영상이 만들어지는데, 이 과정이 1초에 수십 번 반복되면서 전체 이미지가 형성된다.[33] 그렇다면 이 경우에 이미지는 모니터 공간 '안', 즉 내부에서 형성되어 '바깥'으로 향하는 면에 이미지를 맺게 한다고 볼 수 있지 않을까? 더욱이 오늘날 VR 스크린 경험은 관객으로 하여금 마치 스크린 '안/속'에 존재한다고 믿게끔 만들지 않는가?[34] VR 공간 안에서는 이미지가 자신을 강력하게 둘러싼다고 느끼지 않나? 이처럼 스크린과 이미지의 관계에서 이미지는 단순히 스크린 '위'에 맺히는 가상적 상象, imagery이라 인식되지 않는다. 미디어이론가 마거릿 모스는 「비디오설치 예술Video Installation Art」이란 글에서 현대미술가 브루스 나우먼의 〈비디오 복도〉와 같은 비디오 설치 작업이 만들어 내는 시공간적 체험을 언급하는데, 그녀는 관객을 '방문자'라고 부르며 이 방문자는 "이미지와 텍스트, 사운드로 구성된 공간에 둘러싸이게 된다"고 말한다. 그리고 이러한 체험은 두 세계, 즉 '지금 여기here and now'와 '어딘가 언젠가elsewhere and elsewhen'의 두 장場, plane과 그 장의 언어들이 교차하는 지점에서 발생하는 경험이라고 설명한다.[35] 우리가 스크린을 마주할 때 이미지가 스크린 '위'에 있다거나 '안' 또는 '속'에 있다고 느끼는 것은 그만큼 스크린의 공간 경험이 다양하고 복잡함을 방증한다.

한편 스크린의 물리적 속성이 스크린 공간을 새롭게 형성하는 경우도 있다. 스크린이나 모니터의 배치 혹은 그 이전에 카메라의 배치를 통해 정해지는 스크린/모니터 속 이미지의 방향성을 이와 연관지어 생각해 볼 수 있다. 이러한 조건들은 단순히 기술적 세팅을 넘어, 스크린이 제공하는 공간 경험 자체를 새롭게 구성하는 요인이 된다. 몇몇 예를 살펴보자. 브루스 나우먼은 비디오아트가 등장한 초기에 여러 혁신적인 실험을 시도했다. 예컨대 〈위아래로 회전하기Revolving Upside Down〉•나 〈코너에서 바운싱Bouncing in the Corner〉•• 같은 작업에서 그는 카메라를 뒤집거나 옆으로 눕혀 둔 채 여러 퍼포먼스를 수행하면서 이를 녹화했다. 그 결과 스크린상에서 작가는 마치 박쥐처럼 천장에 붙어 돌아다니거나, 중력장의 영향을 받지 않고 벽을 타는 사람처럼 보인다. 백남준의 〈TV를 위한 선Zen for TV〉은 TV 모니터의 방향성을 물리적으로 돌려세운 센스 있는 작업이었다. 작가가 활동할 당시의 CRT 텔레비전은 앞서 말한 대로 편향 요크를 통해 수평 스캔과 수직 스캔이라는 두 개의 주사 방식으로 출력되었는데, 작가는 이 중 수직 동기신호를 제거하거나 조작해, 모든 수평 주사선을 중앙 부분에 집중시켜 마치 단 하나의 선만 남은 것처럼 보이도록 기술적 해킹을 시도한다. 그리고 이렇게 조작한 텔레비전 모니터를 수직으로 세워, 그 하나의 선을 수직으로 만든다. 그 결과, CRT 스크린 속 이미지는 마치 합장한 수도승을 연상시키며 선禪적인 이미지를 추상적으로 표현한다. 이때 작가가 모니터를 가로로 배치했다면 이러한 작품의 개념과 감각은 도출되지 못했을 것이다.

•

백남준은 당시 보급된 텔레비전 모니터를 화가의 캔버스처럼 자유자재로 활용했다. 〈TV를 위한 선〉에서 모니터를 세웠다면, 〈렘브란트 TV〉로도 불리는 작업 〈렘브란트 오토매틱Rembrandt Automatic〉•••에서는 아예 모니터를 뒤집어 버린다. 이는 그의 첫 번째 개인전 《음악의 전시: 전

••

•••

백남준, 〈TV를 위한 선〉, 1963

자 텔레비전Exposition of Music: Electronic Television》을 위한 작업 중 하나였다. 백남준은 이 전시에서 각종 실험적인 TV들로 가득 찬 공간을 구성하고자 했으며, 이를 위해 여러 대의 텔레비전을 준비했다. 그런데 그중 하나가 제작 또는 설치 과정에서 고장 나 화면이 나오지 않거나 파손된 상태가 되었다. 이에 그는 기민하게 모니터를 뒤집어 전시했고, 그 결과 〈렘브란트 TV〉는 뒷면이 드러난 채 설치된다. 작품명에 '렘브란트'가 붙은 이유는 기기 뒷면에 적힌 브랜드명 'Rembrandt Automatic'에서 비롯되었다고 한다. 이로써 이 작업은 스크린과 영상을 보여 주지 않는(!) 최초의 비디오 작업이 되었다. 이 밖에도 국립현대미술관 과천관에 가면 볼 수 있는 〈다다익선The More, The Better〉은 1988년 10월 3일 개천절을 맞아 1,003개의 텔레비전 모니터를 쌓아 만든 설치 작업이다. 이때도 그는 스크린을 조각적 오브제로 보고 이들을 겹겹이 쌓아 올려 탑을 만들었다. 이 작업에서도 모니터가 오브제로 다뤄져 공간적으로 배치된 것이다.

현대 영상예술에서도 스크린은 공간적 맥락에서 더욱 적극적으로 실험된다. 1990년대 후반 비디오 프로젝션 기술이 발전하고 보급형 프로젝터들이 많이 나오면서 미술관과 갤러리의 벽은 영상을 프로젝션하는 작업들로 채워지기 시작했다. 더 밝고 선명한 영상을 투사할 수 있는 고성능 프로젝터들이 등장하면서, 스크린은 보다 확장된 방식으로 연출되었고, 영상예술 작품은 한층 더 실험적이며 설치 중심적으로 변모하였다. 그 결과, 한때 '화이트 큐브white cube'라 불리던 갤러리나 미술관 공간은 점차 대형 스크린이 설치된 어두운 '블랙박스black box' 공간, 즉 영화관과 유사한 공간으로 재구성되기 시작했다(미술계에서는 흔히 이들을 '갤러리에 구현된 영화'라는 뜻에서 '갤러리 필름gallery film'으로 분류하기도 하는데, 나는 이러한 분류보다는 1970년대에 시작된 비디오설치 예술의 연장선으로 보는 입장이다).

더글러스 고든의 〈플레이 데드; 리얼 타임Play Dead; Real Time〉•은 뉴욕 거고지언갤러리에 설치된 대형 스크린 작업 중 하나다. 갤러리 곳곳에 세워진 대형 프로젝션 스크린에는 조련사의 명령에 따라 코끼리가 걷고, 눕고, 일어나고, 뒤도는 장면이 투사된다. 그 모습이 실제처럼 생생하게 느껴져 관객은 마치 코끼리가 돌아다니는 한복판에 함께 있는 듯한 감각을 경험하게 된다. 앞서 소개한 고든의 〈24시간 사이코〉••도 전시실의 한가운데에 비스듬하게 설치된 대형 스크린 작업이었다. 이러한 스크린 설치 실험들은 오늘날 현대미술 신에서도 자주 목격되기에 이제는 그다지 새롭게 느껴지지 않을지도 모른다. 하지만 비디오 예술가들에게 있어 그것이 TV 모니터든, CRT 모니터든, LCD 스크린이든, 혹은 프로젝션 스크린이든, 스크린은 어디까지나 하나의 표현을 위한 재료이자 도구일 뿐이다. 그들은 스크린에 물리적으로 다채롭게 접근함으로써 새로운 공간적 경험과 감각을 구축하려는 시도를 지속해 왔다.

•

••

스크린의 몰입감

나는 가끔 초저녁이나 어둑어둑한 밤에 다른 집 창문 너머로 새어 나오는 TV의 푸른빛에 매료될 때가 있다. 불을 켜지 않은 어두컴컴한 공간에서 오로지 TV나 컴퓨터의 스크린에서 나오는 빛을 볼 때면 예술이론가 아네트 발케마가 「스크린을 향한 욕망」이라는 글에서 "전자적 파장들의 덩어리가 파란색의 표면 위에서 흔들린다"고 말한 대목이 떠오른다.[36] 발케마는 스크린에서 방사되는 빛과 빈 픽셀들의 존재로 인해, 그 전자적 깊이의 덩어리 아래에 이미지의 전체 세계가 약속된 것처럼 느껴진다고 말한다. 이러한 전자 픽셀로 이루어진 스크린 세계에 침잠한 우리는, 한동안 스크린 속 환영적 공간에 존재하는 것처럼 인식하게 된다. 발케마는 이러한 스크린 경험을 수영장 물속에서 자유롭게 유영하는 감각에 비유한다. 그녀는 다음과 같이 설명한다. "수영장과 그 안에서 빛과 물이 반영하는 감각은, 마치 물과 그것의 외부 환경 사이의 유사성과 통합의 감각을 제공하는 듯하다. 그리고 그 안에서의 주체 경험은, 스크린에 잠겨 있으면서도 여전히 우리의 주변 환경에 존재하는 주체의 경험과 동일한 감각을 제공한다."[37]

그러한 특정 감각은 스크린의 세계와 전자적 파장과 디지털 픽셀에 의해 생산된다. 스크린이 발산하는 이미지에 둘러싸이는 듯한 감각은 스크린을 바라보는 관객을 전자적 공간 속에 더욱 깊숙이 침잠시킨다. 우리는 영화나 드라마를 보면서 마치 영상 속 주인공과 동일시되거나 그와 가까이에서 대화하는 듯한 느낌을 가질 때가 있다. 이는 심리적 기제를 형성하는 여러 영상 기법 덕분이다. 발케마는 이에 관해 프랑스 철학자 메를로퐁티가 『눈과 마음』에서 다룬 세계 속 현상학적 주체 개념을 참조한다.[38] 메를로퐁티와 발케마 모두, 스크린을 통해 가상 세계를 바라보는 경험이 영상 속 세계와 통합되는 감각으로 비유될 수 있음을 강조한다.

한편 TV의 푸른빛은 오늘날 손안의 스크린과 블루라이트로 대체되었다고도 볼 수 있을 것이다. 이제 우리는 스마트폰을 손에 쥔 채 넷플릭스나 디즈니플러스의 드라마 시리즈를 시청한다. 텔레비전 시대에 방 안과 온몸을 감싸던 그 푸른빛은 이제 우리 손안에서 신경과 인식적 세계를 둘러싸는 몰입적 경험을 만들어 낸다. 최근에는 스크린이 공간 전체를 감싸는 몰입형 전시immersive exhibition나 몰입형 연극immersive theater이 흥행하고 있다. 이런 예술 형식이 지금도 계속 등장하고 인기를 끄는 건, 우리 안에 스크린 속으로 깊이 빠지고 싶어 하는 몰입의 욕망이 여전히 살아 있기 때문이라고 생각한다. 하지만 스크린 경험이 언제나 몰입과 함께함engagement, 그 속에 침잠하는 감각만을 선사하는 것은 아니다. 스크린은 엄연한 물질적 실체로 존재한다. 강력한 몰입 경험을 생산하려는 창작자, 예술가들에게 스크린의 물질성은 극복해야 할 하나의 도전적 조건이다. 스크린 너머 가상 세계 속으로 더 가까이 다가가려는 이들에게도 스크린의 물질성은 뛰어넘어야 할 대상이다.

스크린으로부터의 소외감

2차원성과 프레임이라는 스크린의 재료적 물성은 때때로 관람객의 몰입감을 방해하기도 한다. 일반적으로 그런 경우는 스크린 인터페이스가 전면화되는 때이기도 하다. 인터페이스 메커니즘의 작동 원리와 같이 스크린이 평소에는 배경으로 사라져 있다가 갑작스럽게 전면에 부각되는 순간이다. 미디엄의 물질성은 실제와 가상 세계 사이에서 새로운 관계를 구성한다. 이는 여러 에피소드와 경험을 통해 설명해 볼 수 있는데, 신기한 것은 그 고전적인 에피소드가 동서양을 막론하고 유사하게 발견된다는 것이다. 특히 위대한 화가와 관련된 이야기는 그 시공간의 차이를 감안해도 너무도 비슷하여 놀라울 따름이다.

12세기에 쓰였다는 김부식의 『삼국사기』에는 고려 시대의 화가 솔거와 관련된 전설적인 이야기가 전해진다. 어느 날 솔거가 사찰 외벽에 매우 정교하게 소나무를 그렸는데, 그 후부터 종종 벽 앞에 죽어 있는 새들이 발견되었다고 한다. 소나무 그림이 너무 사실적이어서 새들이 실제 나뭇가지인 줄 알고 내려앉으려다가 벽에 부딪혔다는 것인데, 이와 비슷한 이야기가 서양에서도 전해진다. 그리스 로마 시대에 플리니우스라는 철학자는 두 화가 제욱시스와 파라시우스에 대한 이야기를 소개한다. 이들은 누가 더 대단한 화가인지 실력을 겨루기로 한다. 제욱시스는 벽에 포도를 사실적으로 그리는데 이 포도를 따먹기 위해 새들이 날아들었다. 우쭐해진 제욱시스는 파라시우스의 그림을 보려고 그의 그림 앞에 다가갔다. 그리고 그 그림을 가려 둔 커튼을 올리려는데 그것이 바로 파라시우스의 그림이었다. 제욱시스가 새를 속였다면 파라시우스는 사람까지 속인 셈이었다. 결국 승리는 파라시우스에게로 돌아갔다.

동서양의 일화는 비슷하게 공명한다. 두 문화 모두 회화에서 사실적 재현을 중시하며, 그 회화적 가치는 놀라울 정도로 정밀하고 환영적인 화가의 재현 능력과 일치한다. 또한 회화의 사실적 재현이 얼마나 그 표면의 투명성에 따라 평가되는지도 보여 준다. 그러나 내가 여기서 주목하는 점은 따로 있다. 두 이야기가 모두 드러내는 바는 다음과 같다. 스크린은 환영을 만들어 내는 가상의 공간인 동시에, 현실 세계와 마주한 물리적 표면이라는 점이다. 이는 스크린이 항상 물리적 실재와 맞닿아 있다는 사실을 다시 한 번 상기시킨다. 이미지가 투사되거나 얹히고 생성되는 바로 그 스크린의 표면은 환영적이고 가상적이지만, 동시에 우리가 서 있는 현실 세계로부터 때때로 자신을 조용하지만 강력하게 분리해 낸다. 이러한 분리는 결국 스크린을 바라보는 이로 하여금 분리와 거부, 그리고 소외의 감정을 느끼게 만든다.

스크린의 이중성

스크린 공간은 그 위(안)의 이미지 덕에 가상의 환영적 세계를 펼쳐 낸다. 화가의 관점에서 회화 공간의 바깥, 즉 스크린 밖의 공간은 화가가 물리적으로 위치하는 혹은 위치했던 영역이다.

이후 관람객의 관점에서 캔버스가 놓일 공간은 일상적이고 물리적인 공간일 것이다. 이때 스크린은 그를 둘러싼 물리적 공간과 스크린이 담고 있는 환영적이고 가상적인 공간을 구분 짓는 경계 역할을 수행한다. 특히 스크린의 프레임이 만드는 물리적이고 공간적인 경계는 보는 이에게 일종의 시각적 포커스를 제공한다. 관람자가 스크린 속 내부 공간을 방해 없이 바라보고 집중하도록 이끌기 때문이다.

스크린 프레임의 기능과 역할은 자크 데리다의 '파레르곤Parergon' 개념을 통해 좀 더 깊이 고찰할 수 있다.[39] 파레르곤은 '파par'와 '에르곤ergon'의 합성어인데 고대 그리스어로 에르곤은 '작품work', 파 혹은 파라para는 '옆' 또는 '주변'이라는 뜻이다(앞서 소개한 제라르 주네트의 '파라텍스트'를 떠올려 보라). 서양 시각예술에서 프레임에 주목한 데리다에게 회화 작품과 외접外接하는 파레르곤(프레임)은 그림(작품)과 분리되는 동시에 작품이 걸린 벽, 즉 작품 외적 환경과도 구분되는 존재다. 이때 프레임은 예술 작품을 우리 삶으로부터 떨어뜨려 차이를 만들고 구별 짓기 위한 필수 형식이 되기도 한다. 작품 속에서 일상을 제거시켜 작품을 작품으로 만들고, 작품답게 고양시키는 역할을 한다는 것이다. 이러한 분리와 제거를 통해 예술 작품은 좀 더 특별하고 독특한 존재로 인식되며 시각적 주목성을 획득한다.

한편 프레임 자체는 작품의 일부(개별 텍스트)가 되기도 하고 벽을 포함하는 배경(텍스트 일반)으로 간주되기도 한다. 우리가 집이나 사무실 벽에 걸어 둘 예술 작품에 맞는 액자나 프레임을 선택할 때를 떠올리면 쉽게 이해할 수 있다. 먼저 그림 분위기에 어울리는 프레임을 고를 것이다. 그리고 작품이 놓일 장소를 고려해 그 배경이 될 벽이나 주변 인테리어도 함께 고려할 것이다. 이렇듯 프레임은 작품과 배경 중 어느 한쪽에 완전히 속하지 않으면서도, 그 어느 쪽으로부터도 완전히 배제되지 않는 이중적인 지위를 지닌다. 데리다에 따르면 프레임은 작품이 최대의 에너지를 방출하는 순간 사라지거나 흐려진다. 프레임은 단순한 배경도 아니고, 배경 속에서 도드라지는 대상의 테두리도 아니다. 오히려 배경을 통해 자연스럽게 드러나고 강조되는 어떤 '대상' 그 자체라고 할 수 있다.[40]

그런데 여기서 데리다의 파레르곤 개념을 꺼낸 이유는 프레임의 기능보다 프레임으로서 스크린의 역할에 대해 고찰해 보기 위해서다. 데리다가 회화의 프레임에 주목한 이유는 프레임이 텍스트의 바깥에 있으면서도 텍스트 안에 부단히 영향을 주는 주변부이기 때문이다. 그의 철학에서 프레임은 작품의 중심 의미뿐 아니라 그 바깥의 공간까지 함께 해체할 수 있는 중요한 요소다. 데리다는 파레르곤 개념을 철학을 해체하는 도구로 사용했고, 이 개념은 오늘날 우리가 스크린을 경험하는 방식도 잘 설명해 준다.

다양한 시공간의 체험이 중첩되는 스크린은 그에 따른 긴장이 발생하는 공간이다. 예술이론가이자 큐레이터인 캐시 오델은 비디오예술가 비토 아콘치의 작업에서 스크린을 사이에 두고 나타나는 긴장과 심리적 체험에 대해 언급한 바 있다.[41] 그녀는 정신분석학자 디디에 앙지외의 피부에 대한 심리적 분석을 가져와 이를 스크린에 비유한다.[42] 앙지외에 따르면, 피부는 외부 세계로부터 이물질이 내부로 침투하려는 시도에 저항하며 '보호하는 경계protective boundary'로서 기능한다. 또한 피부는 우리 몸속의 뼈, 혈관, 내장 기관을 감싸고 있으며 '[무엇을] 포함하고 유지하며 간직하는contain and retain' 기능을 수행한다. 더불어 피부는 어떤 이미지나 표상을 드러내고 표면에 기입하는 소통의 수단이 되기도 한다. 예를 들어, 화장은 자신을 아름답게 표현하는 방식이며, 문신은 개인의 정체성을 드러내는 표면으로서 외부 세계와의 소통의 장을 형성한다. 이처럼 피부는 신체의 가장 외곽에 위치한 구성 요소로서, 몸의 안과 밖을 구분 짓는 경계적 표면으로 작동한다.

오델은 비디오 스크린이 어떻게 관객에게 동일화와 분리를 만들어 내는 심리적 기제로 작동하는지를 피부를 통해 살핀다. 그에게 스크린은 피부와 존재론적 조건을 공유하는 대상이다. 피부처럼 가상의 이미지를 담거나 유지시키는 용기이자 보호막과 경계의 역할을 한다. 이는 스크린의 물질성과 평면성에 의해 강화된다. 그리고 그것은 가상과 현실을 서로 연결 및 소통시키는 수단이자 출입구로서도 기능한다. 이처럼 스크린은 가상적 실제와 현실 세계 사이의 경계에 위치한다. 스크린은 관객에게 몰입감(참여하거나 소속된 느낌)을 제공하면서도, 완전하고 물리적인 함께함이 종종 거절된다는 점에서 소외감(제한되거나 배제된 느낌) 또한 전달한다. 이러한 양가적인 감정은 스크린이 '경계의 대상물boundary object', 즉 가상과 현실을 가르는 경계에 놓인 매개체이기 때문에 발생한다.

따라서 우리는 스크린을 다음과 같이 정의할 수 있다. 스크린은 피부처럼 양쪽에 소속되면서도, 동시에 어느 한쪽에도 완전히 속하기를 거부하는 존재다. 스크린은 관객이 그 내부로 침투하여 몰입하게 만들기도 하고, 반대로 심리적 경계를 형성해 침투를 차단하기도 한다. 관객이 스크린 속 세계에 성공적으로 침투하여 대상과 동화될 때, 그 경험은 동질감과 소속감을 유발한다. 그러나 이러한 동화가 차단되거나 거부될 경우, 관객은 차이와 소외의 감정을 경험하게 된다. 결국 스크린은 '사이'에 존재하며, 경계 자체를 구성하거나, 바로 그 경계 위에 놓인다. 즉, 스크린은 경계이자 경계 영역이다.

마지막으로 스크린 경험은 '리미널 객체'라는 개념으로도 이해할 수 있다. 이는 미디어이론가 재닛 머레이가 컴퓨터 사용 경험을 통해 묘사한 것으로, 리미널한 경험은 외부적 현실과 고유한 마음 사이의 '심리적 문지방'을 넘나드는 경험과 같다고 말한다. 머레이는 이를 '전환의 경험transitional experiences'이라고 소개한다. 그리고 이러한 경험은 가상의 대상 혹은 가상 환경이 실제 거기에 존재하지 않는다는 사실을 인식하는 데서 온다고 주장한다. 즉, 그곳에 존재하지 않음을 인식함에도 불구하고 그 대상과 세계에 대한 강력한 몰입을 유지하기 위해 위와 같은 모순적 태도를 스스로 취하는 것이다.[43] 컴퓨터 경험에서 리미널한 경험은 스크린과 마주하며 시작되고 발전한다. 우리는 스크린 너머의 가상적 세계를 '실제'처럼 느끼고자 한다. 실제로 우리는 '그곳에 속해 있지 않고 거기에 없음'을 인식하지만 동시에 '거기에 있다'고 느낀다. 이러한 모순적이며 전환적인 경험은 스크린을 바라보는 내내 반복된다(이는 다시 갤러웨이가 말한 인터페이스의 '우유부단한 영역', 그리고 주네트의 '스레시홀드' 개념과 연결시킬 수 있다).

스크린을 둘러싼 이러한 환영과 몰입의 감각, 즉 함께함의 감각은 분리와 거부의 감각과 더불어 스크린이 가지는 이중논리라고 말할 수 있다. 스크린의 이중성은 스크린을 이해하고 그 경험을 말하는 데 매우 중요한 미학적 토대다. 다음 장에서는 벤야민의 독특한 개념인 '아우라'에서 말하는 이중적인 거리 감각과 그 거리에서 발생하는 심리적 경험을 스크린의 이중적 논리와 연결지어 살펴보고자 한다. 이를 통해 스크린을 아우라적 경험으로 사유할 수 있는 가능성도 모색한다.

6장

스크린과 아우라

벤야민의 아우라

아우라aura는 원래 성인의 머리 뒤에서 빛나는 광휘나 광채 등을 지칭하는 것으로 주로 영적인 분위기를 나타내는 데 사용된다. 이는 독일 철학자 발터 벤야민에 의해 독특한 개념으로 새롭게 해석되었다.[44] 그는 아우라를 다양하게 설명하는데, 특히 예술 작품이나 자연적 대상과 마주했을 때 느끼는 경험과 관련짓는다. 먼저 예술 작품은 유일무이하게 존재하는 원본성으로 아우라를 만드는 대상이다. 원본성은 세상에서 단 하나뿐인, 작품의 오리지널리티에서 나온다. 과거 예술 작품은 '지금 여기'에서만 경험할 수 있는 일회적인 체험인 경우가 많았다. 가령 레오나르도 다빈치의 〈모나리자〉를 보려면 루브르박물관에 직접 가야 한다. 전 세계 수많은 관람객이 그 그림 앞에 몰려드는 이유는 바로 그것이 세상에서 유일하게 존재하는 작품이기 때문이다. 그러나 실제로 그곳에 가더라도 작품은 방탄유리 뒤에 고이 모셔져 있을 뿐만 아니라 그 앞에 모여든 수많은 인파로 인해 제대로 감상하기 어렵다. 그럼에도 관람객들은 그 작품을 직접 보고 느끼고자 한다. 원본 작품은 역사적·문화적으로 숭고하고도 신비한 아우라적 경험을 품고 있기 때문이다.

하지만 기계 매체가 발명된 후에는 과거의 전통 예술 작품과는 전혀 다른 생산 및 감상 양상이 전개된다. 기술 발달로 대량생산이 가능해지면서 작품들이 수없이 복제될 운명에 처해진 것이다. 사진과 영화 등은 이제 누구나 소유할 수 있을뿐더러 언제 어디에서도 감상할 수 있게 되었다. 예술 작품은 '지금 여기'의 일회적 감상이 아닌 그 경험을 계속 가까이 붙잡아 두며 소유하려는 욕망으로 채워진다. 이런 방식으로 예술 작품에 대한 경험은 우연히 비자발적으로 다가오는 아우라적 경험의 가능성을 차단한다. 벤야민은 새로운 예술 경험에서는 과거의 아우라가 사라지는 대신 새로운 아우라, 이를테면 정치적 아우라 등으로 변모한다고 말한다.

흥미로운 것은 벤야민의 신묘한 거리 개념이다. 그는 가까이 다가가고자 하면 오히려 더 멀리 달아나 버리는 것이 아우라라고 말한다. 이를 예술 작품에서 느끼는 아우라에 적용해 본다면 원본 작품 앞에 서서 그것을 응시하고 해석하려 해도 그 경험은 결코 완전히 이해하거나 온전히 붙잡을 수 없는, 즉 쉽게 닿을 수 없는 어떤 거리감으로 남는다. 이는 작업이 지금 여기에 있다는 공간적 유일성과 수백 년의 시간을 거슬러 내 앞에 도달한 시간의 흔적일 것이다. 벤야민은 이러한 신묘한 거리감을 예술 작품뿐 아니라 자연을 통해서도 설명한다. 예를 들어, 어느 여름날 오후 나무 그늘 아래에서 산들바람을 느끼는 이의 얼굴에 나뭇가지 그림자가 드리워지는 경험. 자연에서 경험하는 아우라도 '지금 여기'에서만 느낄 수 있는 독특한 체험이다. 이 역시 인위적으로 붙잡을 수 없을뿐더러 후에 동일한 시간에 그곳을 재차 찾아도 결코 동일하게 체험할 수 없다. 사실 자연은 항상 변화하기에 아름다운 것이다.[45] 이러한 아우라의 경험은 마르셀 프루스트가 『잃어버린 시간을 찾아서』에서 표현한 홍차에 적신 마들렌이 선물한 것처럼, 미리 예측하거나 언제 올지 기대할 수 없는 비자발적 기억involuntary memory의 영역에 속한다. 아우라를 체험하는 순간, 우리는 종종 충만함과 따뜻함, 혹은 뭉클한 감정을 느낀다. 만약 어느 예상치 못한 찰나에 그런 순간이 살며시 찾아온다면, 우리는 다시 한번 이루 말할 수 없는 영적인 충만감을 느낄 수 있기를 소망하게 된다. 그 경험은 완전히 내 것으로 소유할 수도, 원하는 대로 반복할 수도 없기에 더욱 소중하고 값진 기억으로 남는다.

상상의 영역 속 스크린

자연이나 예술 작품에서 느끼는 아우라 경험은 유사해 보인다. 따뜻하고 충만한 시선을 되돌려 준다는 점에서 그렇다. 이런

면에서 벤야민의 아우라는 누군가 드리우는 시선에 응답하는 시선이라고 볼 수 있다. 그런데 이와 반대되는 시선도 있다. 정신분석학자이자 철학자인 자크 라캉이 말한 '응시gaze' 개념이다. 그는 '이미지-스크린 다이어그램image-screen diagram'을 가져와 주체와 객체, 주체와 세상의 관계를 시선과 응시의 중첩 개념으로 설명한다.[46] 라캉의 시선(응시)은 벤야민의 아우라적 시선과 비교해 볼 수 있다.

라캉은 그 이전까지의 철학이 주체가 세상 속에서 스스로 형성된다는 인식론에 바탕한다고 여겼다. 이는 데카르트적 주체론에 기반한다. 데카르트적 주체는 "코기토, 에르고 숨Cogito, ergo sum", 즉 "나는 생각한다. 그러므로 나는 존재한다"라는 유명한 명제를 통해 설명된다. 그런데 여기서 라캉은 주체 개념을 중층화하고 확장한다. 주체가 바깥세상을 향해 던지는 시선에 더해 바깥세상으로부터 주체로 향하는 시선이 존재하는데, 바로 이렇게 중첩되고 교차하는 시선이 주체를 보다 현실적으로 주체답게 형성한다고 보는 것이다.

시선들이 만나는 장場 위에서 주체가 형성된다는 라캉의 논의는 그의 '이미지-스크린 다이어그램'에 도식적으로 표현된다. (1장에서 말한 알베르티의 「회화에 관하여」에서 논의되었듯) 르네상스 시대부터 주체가 세상을 향하여 던지는 시선은 '그림'을 형성한다. 이것이 주체의 시선으로부터 펼쳐지는 삼각형이다(라캉은 이를 "원뿔cone이 펼쳐진다"라고 말한다). 그러나 동시에 세상이나 타 객체로부터 던져지는 응시의 장도 함께 펼쳐진다. 그것은 라캉식의 실재를 담고 있으며, 그 안에서 주체는 다른 모든 방향으로부터 보이는 대상이 된다. 라캉은 위의 삼각형과 반대로 펼쳐지는 또 다른 삼각형을 그린다(이 역시 또 다른 원뿔이 펼쳐지는 것이다). 시선과 응시는 이처럼 서로 교차하며 마주하게 된다. 라캉은 이런 시선과 응시의 두 삼각형이 교차하며 만드는 마름모 영역의 가운데에 선을 그어 '이미지-스크린'이라고 적는다. 이로써 라캉의 이미지-스크린은 시선과 응시가 만나 교차하는 장에 놓인다. 라캉은 이러한 장에서 주체는 세계라는 스펙터클 안에서 하나의 얼룩일 뿐이며, 세상에서 쏟아지는 응시로부터 위협을 느낀다고 말한다. 그리고 이러한 위협으로부터 주체를 보호하기 위한 스크린이 그 응시의 장에 펼쳐진다고 본다. 이처럼 주체는 데카르트적 주체의 위치에서 시선과 응시가 만나는 이미지-스크린의 위치로 옮겨 앉는다.

따라서 라캉이 말하는 이미지-스크린은 주체가 형성되는 새로운 장소로 이해할 수 있다. 이곳은 르네상스 이후 등장한 재현적 이미지의 장이자, 외부로부터 빛이 투사되어 머무는 스크린으로 작동한다. 라캉에게 주체란 단순히 자신이 바라보는 세계 속의 '나'만이 아니라, 세상과 타인의 시선, 즉 응시 속에 놓인 존재이기도 하다. 타인의 응시를 통해 주체는 영향을 받고, 자신을 끊임없이 새롭게 자리매김하며 구성해 나간다. 즉, 주체는 언제나 '내가 인식하는 나'와 '세상이 바라보는 나' 사이에서 스스로를 의식하며, 그 두 시선을 중첩시키는 과정을 통해 자신의 모습을 형성한다. 결국 라캉의 '이미지-스크린 다이어그램'은, 이미지와 스크린으로 둘러싸인 채 정체성을 만들어

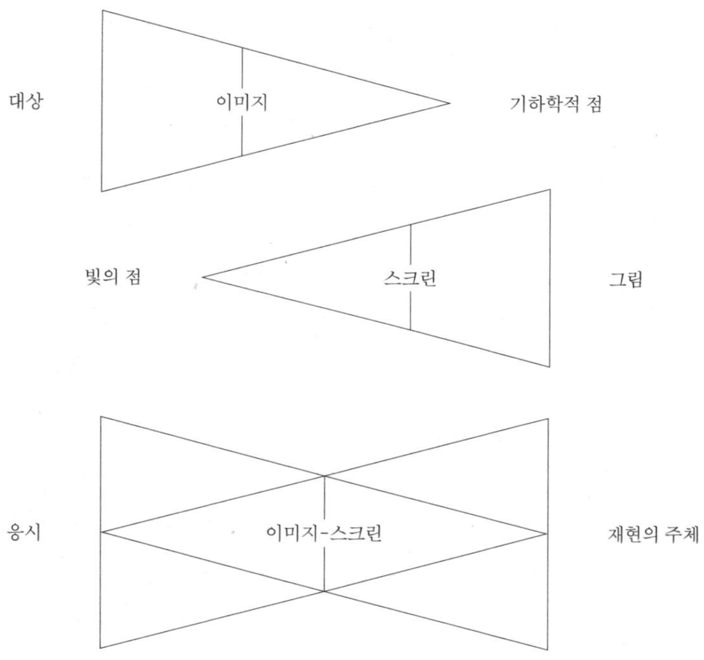

응시 다이어그램, 자크 라캉의 『정신분석의 네 가지 기본 개념』[47] 중에서

가는 현대인의 모습을 드러낸다.

벤야민의 아우라와 라캉의 이미지-스크린은 시선들이 교차하는 장이라는 점에서 닮아 있다. 나는 벤야민의 아우라가 가지는, 가깝고도 먼 거리 개념에서의 이중논리와 모순성, 그리고 라캉의 이미지-스크린에서 시선과 응시가 겹치며 만들어지는 이중성에 주목한다. 이들은 공통적으로 서로 이질적인 것들이 중첩되는 가운데 형성된다. 또 그 중첩되는 영역 바로 위에 존재한다. 그러나 아우라가 따뜻하게 되돌아오는 시선을 교

차시킨다면, 라캉의 이미지-스크린의 교차하는 시선과 응시는 차갑고 냉정하다. 라캉이 묘사하듯 세상이 주체에 던지는 시선은 햇볕 아래 반짝이는 물 위의 정어리 캔이 낚싯배에 올라탄 어린 라캉에게 던지는 시선과 같다. 이는 주체를 대상화시키고, 차갑고 날카롭게 다가오는 시선이다. 라캉은 그것이 주체를 위아래로 훑고 장악하려 한다고 말한다. 따라서 아우라와 이미지-스크린은 서로 이중적 겹침(중첩된 레이어)과 모순의 영역에 놓인다는 점에서 유사하지만, 하나는 따뜻하고 다른 하나는 차갑다는 서로 상반되는 시선으로도 읽힌다.

벤야민은 아우라가 '상상의 영역 안에' 있다고 했다. 서로 이질적이 것들이 중첩되는 영역을 상상의 영역이라 한다면, 스크린 역시 이러한 모순을 담고 있는 상상의 영역이라 말할 수 있지 않을까. 이는 앞서 이야기한 몰입하고 함께하는 경험과, 분리되고 소외되는 경험으로서의 스크린 경험과 연결지어 생각해 볼 수 있다. 스크린이라는 표면은 서로 다른 시선들, 비매개와 하이퍼매개적 경험, 투명하고 에워싸는 느낌과 불투명하게 반사되어 튀어 나가고 분리되는 느낌을 끊임없이 교차시킨다. 하나의 장이자 인터페이스적 경계 영역으로서 스크린은 서로 다른 이질적이고 이중적인 경험 사이에 놓인다. 그것은 세상과 나, 가상과 현실, 몰입과 소외, 충만함과 냉정함 사이에서 끊임없이 유동하고 진동한다. 스크린을 통해 우리는 세상을 바라보고, 또 나 자신을 성찰하며 그 안에서 끊임없이 떨리고 울리는 경험과 마주한다.

마주하는 눈동자, 마주하는 스크린

천체물리학자이자 과학 커뮤니케이터인 칼 세이건은 우주적 관점에서 볼 때 우리가 사는 지구는 그저 하나의 '창백한 푸른 점'에 불과하다고 말했다. 그리고 그런 작디작은 지구 위에서 살아가는 인간 역시 미물에 지나지 않기에 우리는 광활한 우주 속에서 서로 사랑하며 살아야 한다고 덧붙였다. 이런 웅장한 서사가 담긴 칼 세이건의 〈코스모스: 개인적인 여행Cosmos: A Personal Voyage〉은 1980년대 전 세계 60여 개 나라에서 방영된 전설적인 과학 다큐멘터리 시리즈였고, 이에 맞춰 1985년에는 동명의 책 『코스모스』도 출간되어 큰 반향을 일으켰다.

2020년 내셔널지오그래픽 채널은 이 프로그램을 〈코스모스: 시공간의 오디세이Cosmos: A Spacetime Odyssey〉라는 13부작 다큐멘터리로 리메이크했다. 작고한 칼 세이건을 대신하여 그의 부인 앤 드루얀이 제작 총괄에 참여했다. 같은 해 드루얀은 자신의 저서인 『코스모스: 가능한 세계들*COSMOS: Possible Worlds*』•도 함께 출간했는데 이 책의 표지가 꽤 유명하다. 우주처럼 보이는 은하 가운데에 마치 블랙홀처럼 보이는 중심부가 자리 잡고 있는데, 그 형상이 마치 한 사람의 눈동자를 연상케 한다. 거대한 우주를 눈동자와 연결시킨 이미지는 다큐멘터리의 내용을 상징적으로 담고 있다. 우주가 마치 미물인 우리를 바라보는 것 같은, 웅장하고 감동적인 느낌도 주면서 말이다. 사실 이 이미지는 칼 세이건의 소설을 원작으로 한 영화 〈콘택트〉의 도입부에서 우주가 한 소녀

의 눈동자 안으로 줌인zoom-in되어 들어가는 약 1분간의 영상 화면을 하나의 이미지에 압축시킨 것이기도 하다. 나는 이 장면을 보면서 세계를 향한 시선과 세계로부터의 응시가 압축되어 있는 것 같다는 생각을 했다.

사람의 눈을 주제나 소재로 하여 시선과 응시를 사유한 작품은 수없이 많다. 1장에서 소개한 마그리트의 〈거짓 거울〉도 그러한 예라고 할 수 있지만, 비디오예술가 빌 비올라의 작업도 매력적이다. 비올라는 특히 초기 작업에서 눈동자를 메타포로 자주 이용했다. 〈나는 내가 무엇과 같은지 모른다I Do Not Know What It Is I Am Like〉•라는 싱글채널 비디오 작업을 보면 카메라 피사체에 담긴 부엉이의 눈이 클로즈업되는 장면이 있다. 그런데 확대되는 부엉이 눈 속 검은 동공 안에 아티스트의 이미지가 어렴풋이 비친다. 그가 부엉이를 카메라에 담은 이유는, 어쩌면 부엉이의 눈에 비친 자신의 모습이 어떤 것일지, 그리고 세상이 과연 자신을 어떻게 바라보고 있을지를 묻고자 했던 것인지도 모른다. 부엉이의 커다란 눈동자 속에 비친 자신의 모습을 포착함으로써, 그는 부엉이의 시선 아래 놓인 '관찰되는 존재', 곧 피사체가 된다.

빌 비올라의 글들을 읽으면, 그가 오랫동안 카메라와 인간의 눈을 비교하는 데 관심을 두었다는 것을 알 수 있다.[48] 그는 카메라가 사람의 눈을 대리하는 시각적 메타포일 수는 없다고 본다. 카메라는 사람 눈의 기계적 메커니즘을 유사하게 모방했을 뿐 정상적인 인간의 뇌와 연결되어 있는 양안 시각stereoscopic vision과는 같지 않다

• 

고 보기 때문이다. 카메라는 우리가 '의식'이라고 부르는 것과 가까운 것을 재현할 뿐이다. 따라서 비올라는 물리적 장치로 보이는 비디오를 통해 인간의 주관적·내면적 공간으로 접근하는 것을 고민한다. 비올라에게 비디오아트란 단순히 기계적 장치를 통해 화면상의 이미지를 만드는 것이 아니라, 인간의 인식과 내면의 체험, 그리고 그 정신적 깊이를 표현하는 매개체여야 한다. 그는 또한 그것을 물질적 세계에 존재하는 우리의 의식과 정신적 공간을 정교하게 설명하기 위한 도구로 보았다. 이러한 철학에 따라, 작가는 싱글 채널 비디오와 비디오설치 작업을 통해 카메라 렌즈를 마치 인간의 시선처럼 활용하며 세상에 대한 관찰과 이해를 인지적·정신적 공간으로 표현하고자 한다. 그의 작업은 우리가 세상을 눈으로 보고 배우는 과정을 상징적으로 담아낸다.

내가 아주 좋아하는 비올라의 작업 중에는 〈하늘과 땅Heaven and Earth〉이 있다. 2채널 비디오를 아날로그 CRT 모니터 두 대에 담아 설치한 작업이다. 이 두 대의 모니터는 위아래 수직으로 서로 마주보도록 배치되었다. 하나는 위에서 아래를 향해 있고, 다른 하나는 아래서 위를 향해 있다. 두 스크린 사이의 거리는 약 15~20센티미터 정도로 가깝다. 그래서 관람객은 이 스크린 속 영상을 보려면 작품 가까이 다가가 머리를 비튼 채 시선을 왔다 갔다 움직이면서 위아래의 화면을 훑어야 한다. 아래편 모니터 스크린에는 갓 태어난 아기가 세상을 향해 힘겹게 눈을 뜨는 모습이 담겨 있다. 컴컴했던 엄마의 배 속에서부터 세상 밖으로 나와 빛을 처음 마주하는 모습이다. 세상과의

빌 비올라, 〈하늘과 땅〉, 1992

첫 대면. 모든 신생아가 그러하듯 이 아기는 눈을 뜨고 있으나 아직 제대로 앞을 보지 못할 수도 있다(출생 직후의 신생아는 빛을 감지할 수는 있지만 초점을 맞추기는 어렵다).

위편 모니터 스크린에는 임종을 맞이하는 한 여인의 얼굴이 보인다. 여인은 세상에서의 마지막 숨을 내쉬고 고요히 잠들려 한다. 스크린 속 두 인물은 모두 작가의 지인이다. 노인은 임종을 맞이하는 작가의 어머니이고, 신생아는 작가 지인의 아기다. 이 둘의 시선은 기발한 스크린의 물리적 배치를 통해 서로 마주보게 구성되었다. 이로써 새로운 생명이 최초로 세상을 바라보는 시선과 이 세상에서 숨을 거두려는 자의 마지막 시선이 교차한다. 또한 비디오 이미지의 어두운 영역에서의 반사를 통해 노인과 아기는 때때로 서로의 화면 안에 겹쳐지기도 한다. 이는 생명의 탄생과 죽음이 서로 경건하게 마주하는 모습을 보여 준다.

작품의 제목 〈하늘과 땅〉은 하늘로 올라가는 영혼과 땅에서 새롭게 돋아나는 생명을 은유한 것으로 보인다. 또한 수직으로 배치된 두 개의 모니터 스크린을 메타포적으로 표현한 것이기도 하다. 나는 작가가 이러한 스크린 구성을 통해 노인과 아기의 시선이 서로의 눈동자에 비친 채 끊임없이 교차하는 '무한 루프infinite loop'를 형성하고자 했던 것이 아닐까 생각한다. 이는 세대를 통해 이어지는 숭고한 생명의 연결고리, 윗세대에서 아랫세대로 전해지는 문화와 역사, 그리고 인류의 모습을 무한히 반복되는 순환 구조로 시각화하려는 시도였는지도 모른다. 여기서 노인과 아기의 교차하는 시선은 라캉의 응시보다는 벤야민의 아우라적 시선과 가깝다. 비올라는 「비디오 블랙: 이미지의 죽음」이라는 글에서 어떤 두 사람이 서로 마주보고 대화할 때 한 명의 눈동자 속에 상대의 모습이 비치고, 또 상대의 아주 조그마한 눈동자 속에 또다시 상대의 모습이 비치는, 시선의 무한 루프에 대해 말한다. 한 생명체의 눈동자 속에 그가 바라보는 상대의 눈동자가 있고, 그 안에는 또 다른 이의 눈동자가 존재하며, 다시 그 안에는 또 다른 존재의 시선이 담겨 있다. 이는 앞서 설명한 비올라의 작업 속 부엉이의 동공에 비친 작가의 모습, 혹은 세상에서 마지막 순간을 맞이하는 이와 세상과 첫 대면을 하는 이가 서로의 눈동자 속에 서로를 담아내는, 영원한 순환 고리를 연상하게 한다.

눈동자 속의 눈동자 속의 눈동자…

무한 피드백 루프는 비디오카메라를 스크린과 직접 연결시킨 후 카메라 렌즈를 스크린을 향해 놓을 때 생기는 광전자적(전기광학적) 현상이다. 이처럼 비디오카메라를 모니터와 바로 연결해 실험하는 방식은 초기 비디오아트에 자주 등장했다. 이는 비디오카메라를 처음 사용하는 이들이 스크린 앞에서 우연히 발견하거나 쉽게 시도할 수 있는 실험이기도 했다. 나도 비디오 작업 초기에 이를 실험해 보며 신기해했었다. 스크린으로 바로 향한 카메라는 무한 피드백 루프를 그려 낸다. 루프를 한 단계씩 거칠 때마다 조금씩 작아지며 끊임없이 작은 사각 스크린을 만들어 낸다. 이런 무한 피드백 루프는 사방이 거울로 둘러싸인 거울 방에서도 체험할 수 있는 현상이다. 이는 미장아빔mise-en-abyme의 이미지를 만든다. 미장아빔은 이미지 안에 또 다른 동일한 이미지를 배치하는 형식적 기법을 말하며, 무한히 반복되는 시퀀스를 설명하는 개념이다. 또한 그것은 문학 작품에서 하나의 이야기 속에 또 하나의 이야기를 삽입하는 기법을 뜻하기도 하고, 시각 예술에서는 그림, 거울, 액자, 창 등의 요소를 통해 이미지 안에 또 다른 이미지를 반복적으로 배치하는 구성 방식을 가리키기도 한다. 하나의 시각적 예로, 서로 마주한 거울 사이의 복도에 서 있는 들뢰즈의 모습•이 이런 미장아빔과 무한 피드백 루프를 잘 보여 준다.

비올라의 〈나는 내가 무엇과 같은지 모른다〉와 〈하늘과 땅〉에서 시도된 눈동자 속의 눈동자, 그 눈동자 속의 눈동자 속의 눈동자……는 무한 루프를 개념화하는 동시에 시각화한다. 눈동자는 한 인간이자 생명체가 세상과 마주하는 첫 번째 렌즈이자 스크린이라는 점에서 자신을 성찰하는 무한한 루프로 상상될 수 있다.

빌 비올라보다 앞서 비디오예술을 창시한 백남준의 비디오 설치 작품 〈TV 부처TV Buddha〉도 이러한 무한 루프를 떠올리게 한다.[49] 이 역시 내가 아주 좋아하는 작품 중 하나인데, 여기서 부처(의 조각상)는 부동의 자세로 앉아 자신 앞에 놓인 소형 TV 모니터를 하염없이 바라보고 있다. 모니터 뒤쪽에는 폐쇄회로 카메라가 부처를 향하도록 설치되어 있어 부처의 모습을 실시간으로 촬영하

•

백남준, 〈TV 부처〉, 1974

고, 그 영상은 다시 부처가 바라보는 TV 모니터에 실시간으로 재생된다. 백남준은 골동품 가게에서 부처상을 보았을 때, 텔레비전을 바라보는 현대의 시청자를 떠올렸다고 한다. 이후 그는 이 구상을 바탕으로 작품을 구성하면서, 부처를 향해 실시간 촬영이 가능한 비디오카메라를 설치하여 부처가 자신의 모습을 비추는 모니터를 통해 마치 거울을 보듯 자신과 조우하는 명상적이며 반영적인 상황을 연출했다.

이 작품에서 부처상, 카메라, 모니터 사이에 형성된 폐쇄회로는 부처의 이미지를 실시간으로 시각화하는 시스템이자, '응시의 루프'를 끊임없이 생성하는 구조다. 화면 속 부처의 모습은 정적이지만, 보는 것과 보이는 것 사이에서는 끊임없는 시선의 교환, 즉 응시의 순환이 일어나고 있다. 이는 부처를 둘러싼 물리적이고 개념적인 견고한 피드백 루프로, 그 안에서 고뇌하고 참선하는 부처의 형상을 구현한다. 그러나 이 피드백 루프는 단지 부처와 모니터 사이에만 머물지 않는다. 이 구조에는 작품을 제3자의 시점에서 바라보는 관객도 포함된다. 관객은 부처의 모습을 바라보는 가운데 자신을 그 안에 투영시키며, 어느 순간 피드백 루프의 일부가 된다. 나아가 관객은 부처의 명상과 고뇌의 루프 속에서 자신과 마주하고 자아를 성찰하는 시간을 갖게 된다. 이는 곧 현재가 끊임없이 과거로 전환되는 시간의 흐름 속에서 자신의 자아로 되돌아가는 명상적 체험이며, 주관성과 객관성 사이를 오가는 독특한 거리두기의 경험이기도 하다.

이처럼 백남준과 비올라의 작업에서 스크린 인터페이스는

명상적이면서도 자기 성찰적인 경험을 만들어 낸다. 여기서 스크린(들)이 시공간적인 상황에 어떻게 배치되는지 주목할 필요가 있다. 이는 독특한 스크린 경험을 만들어 내는 조건이자 하드웨어적 구성물이며, 인터페이스다. 앞서 소개한 비디오 예술가들의 스크린 작업은 때때로 냉철한 듯하지만, 세상을 바라보고 자신을 바라보는 객관적이면서도 따뜻한 아우라적 시선을 담고 있다. 이는 오늘날 우리의 삶을 둘러싼 스크린 경험을 보다 다양하고 확장적으로 체험할 기회를 제공한다. 백남준의 부처와 스크린이 서로 마주하며 만들어 내는 시선 교환의 장에서, 비올라의 두 스크린 사이에서 우리의 시선과 사유는 끊임없이 유동하며 순환한다. 그 과정 속에서 우리는 미세하게 떨리고 진동하는, 가슴 깊은 울림의 경험을 하게 된다. 이처럼 스크린은 단순한 영상 장치를 넘어 세상을 바라보는 우리의 '눈'이자 그 안에 비친 우리의 모습이며, 우리의 정신적 이미지를 그대로 비추는 표면이자 공간으로 기능한다.

2부

스크린 장면들

7장

완전 평면 TV에서 3차원 입체 스크린까지

곡면에서 평면으로, 디지털 시대가 왔다!

1988년 온 국민이 함께 숨죽인 정적의 1분을 기억하는가? 서울올림픽 개막식에서 여덟 살 소년이 굴렁쇠를 위태롭게 굴리며 초록색 잔디 운동장을 가로지르던 그 1분 말이다. 소년은 용케도 운동장 끝까지 무사히 도착해서 굴렁쇠를 어깨에 걸쳐 매곤 임무를 완수하여 뿌듯하다는 듯이 수줍은 미소를 머금으며 고사리 같은 손을 흔들었다. 그제야 온 국민과 전 세계 시청자들도 멈췄던 숨을 내쉬며 소년에게 환호했다.

그 후 얼마 지나지 않아 삼성전자가 국내 최초로 브라운관이 아닌 평면 TV 모니터를 출시했다. 그리고 이를 선전하는 TV 광고를 내보냈는데, 여기에 그 굴렁쇠 소년의 기억을 불러왔다. 소년은 서울올림픽에서처럼 광활한 TV 스크린 위에서 굴렁쇠를 굴렸고, 완전 평면 TV라는 진화된 기술이 마법처럼 펼쳐지며 모두가 숨을 죽이고 지켜보게 만드는 장면이 연출되었다. 광고는 밝고 선명한 '완전 평면' 디스플레이의 세계로 어서 빨리 갈아타라고 재촉하며, 당시 대부분의 가정에 있던 브라운관 곡면 TV를 단숨에 한물간 구시대의 유물로 만들어 버렸다.

1999년, 회화와 비디오설치 작업 사이를 오가던 대학원생 시절, 나는 여전히 캔버스라는 공간에 대한 고민이 많았다. 회화 캔버스에 대한 고민은 그것이 걸리는 벽 공간에 대한 고민으로까지 이어졌다. 나는 캔버스나 액자도 설치 대상이자 작품으로 간주하여, 회화 캔버스가 전시되는 벽과 맺는 관계, 그리고 캔버스와 캔버스 사이를 지나며 관람객이 과연 어떠한 체험을 하게 되는지를 회화와 비디오 작업에서 실험하고 있었다. 50×50센티미터 혹은 1호짜리 규격화된 캔버스들을 벽에 띄엄띄엄 늘어놓은 〈이것… 저것…This… That…〉, 〈땅을 흘끗 보며 걷기 – 소나무 숲에서Walking around while taking a glance at the ground – of a pine grove〉와 같은 작업들은 그런 고민의 결과물이었다. 〈블랙박스 속 화이트 스페이스White Space in Black Box〉, 〈길들…Ways…〉 등의 싱글채널 비디오 작업을 통해서는 화면 속 깊이의 문제, 시간과 공간적 길이의 문제를 탐구했다. 뒤에 자세히 설명하겠지만, 비디오설치 작업으로는 〈폭포〉 시리즈(〈폭포 I〉, 〈폭포 II〉)와 〈버드나무〉 등을 만들었다.[1] 이 작업들은 회화 매체는 아니지만, 여전히 영상 스크린 속에 펼쳐지는 공간 문제를 고민한다는 점에서 비슷한 결을 지닌다.

그러던 와중에 평면 TV 광고를 본 것이다. '완전 평면 TV라니!' 모더니즘 회화가 추구하던 평면성과 TV의 평면 스크린이 '완전 평면'이라는 표현을 통해 뜻밖의 방식으로 교차한 것이다. 벽에 걸린 캔버스의 수직 화면과 굴렁쇠를 굴리던 운동장의 수평적 공간도 서로 교차하며 관계하기 시작했다. 반복해 말하지만 미술사에서 회화만의 매체성, 즉 회화가 다른 매체들과 공유할 수 없는 독특한 특성은 바로 평면성에 있다. 그러나 회화의 평면성은 지극히 개념적인 사유의 대상이다. 오랜 세월 발전해 온 회화만의 원리는 평면이라는 공간에 시각적 일루전, 즉 3차원의 환영을 만들어 내는 일이었다. 그리고 회화 화면에는 화가의 붓 터치처럼 물감의 흔적이 자연스럽게 남기 마련이다. 설령 물감을 두껍게 바르지 않더라도 색은 다른 색과의 겹침과 보는 각도에 따라 시각적인 흔들림이나 잔상을 만들어 낸다. 결국 텅 빈 캔버스가 아닌 이상, 아니 텅 빈 캔버스조차도 그 틀을 감싸고 있는 캔버스 천의 질감 등으로 인해 회화는 물리적으로 '완전 평면'에 도달하거나 이를 구현할 수 없다. 당시 내가 손끝으로 느끼고 받아들인 회화의 이러한 아리송한 평면성과 비교했을 때, 기술로 구현된 완전 평면 스크린은 너무도 쉽게 그 이상을 구현한 게 아닌가 싶어 신기함을 너머 일종의 배신감까지 들었다. 더욱이 영상은 어쩔 수 없이 가상 세계 속에 속하는데, 스크린 위의 영상은 어떠한 물리적 층도 쌓지 않으면서 너무도 쉽게 평면화를 이뤄 내는 것 같았다.

오늘날은 디지털 네이티브digital native를 넘어 디지털 온리digital-only 시대로 접어들었다고 한다. 나는 아날로그와 디지털이 공존하던 과도기에 학창 시절을 보냈기에, 두 세계를 함께 배우고 경험할 수 있었다. 이 둘을 어설프게 더듬어 가며 차이를 익히고 이해해 나갔던 그 시간들은, 마치 빛바랜 사진처럼 내게 감미로운 추억이자 행운으로 남아 있다. 내가 학부에 다니던 시절은 디지털 광풍이 불기 시작한 시기였다. 여전히 많은 교양 수업에서는 손글씨로 쓴 리포트를 제출했지만, 점차 컴퓨터로 작성한 출력물을 과제로 내는 학생들도 하나둘 생겨나기 시작했다. 컴퓨터로 깔끔하게 출력된 리포트가 유난히 멋있어 보였던 나는, 하루빨리 컴퓨터를 익혀야겠다는 묘한 위기감을 느끼기도 했다.

그러던 어느 날 미대에도 '컴퓨터실'이 새로 생겼다. 조그만 방에 열 대 정도의 컴퓨터와 모니터가 책상 위에 가지런히 놓였다. 컴퓨터실이 생기고 얼마 지나지 않았을 무렵, 동기 한 명이 실시간으로 편지를 주고받는 '이메일'이라는 게 생겼다고 알려 주었다. 귀가 쫑긋해진 나는 구경하겠노라며 컴퓨터실로 향했다. 그리고 그날 오후 나의 첫 메일 계정을 만들고, 난생처음 친구와 이메일을 주고받았다. "Hello World!"

컴퓨터실이 생긴 뒤 곧 컴퓨터그래픽 수업도 개설되었다. 이 수업에서 컴퓨터그래픽 소프트웨어의 하나인 어도비 포토샵을 처음 배웠다. 얼마 지나지 않아 미대 영상실에는 디지털 편집 시스템이 도입되었고, 또 다른 변화도 찾아왔다. 기존의 유매틱U-matic 편집기로 하던 아날로그 영상 편집은 디지털 편집 시스템에 그 바통을 넘겨주고 있었다. 아날로그 편집기에서는 비디오테이프 릴에서 사용할 영상의 인점과 아웃점을 설정한 뒤, 그 사이 구간에 인서트insert하거나 어셈블리assembly 방식으로 편집을 진행했다. 그러나 컴퓨터 편집기에서는 영상을 프레임 단위로 정교하게 접근할 수 있었다. 어도비 프리미어나 애플의 파이널 컷 프로 등 컴퓨터로 동영상을 편집하는 소프트웨어가 속속 등장했던 것이다. 물론 여전히 캠코더에는 비디오테이프를 넣어 촬영을 해야 했기 때문에, 아날로그와 디지털 기술이 혼재된 시기였다. 아날로그 테이프에 담긴 영상을 디지털로 편집하려면 먼저 인코딩 과정을 거쳐야 했다. 그 사이 비디오테이프는 초기 12밀리미터에서 8밀리미터, 다시 6밀리미터로 점차 소형화되었고, 비디오카메라도 이에 발맞춰 점점 작고 가벼워졌다.

하지만 디지털 환경을 처음 접했을 때, 이미지가 조작되는 방식은 내게 충격처럼 다가왔다. 회화를 전공한 내게 컴퓨터그래픽에서 시각적 레이어(이미지 층)를 자유롭게 조작할 수 있다는 사실은 놀라움의 연속이었다. 도화지나 캔버스에는 연필로 선을 긋거나 일단 물감을 한 겹 칠하면, 혹은 판화 작업에서 색면을 하나하나 분리해 프레스기로 쌓아 올리면 그것은 되돌릴 수 없는 행위가 된다. 회화에서는 캔버스 밑칠부터 시작해 밑에서부터 색이 은은하게 올라오고 겹쳐지는 가운데 색의 혼합된 감각이 드러난다. 이에 반해 컴퓨터그래픽에서는 색 하나 혹은 이미지 하나를 개별 레이어로 분리해 놓으면 추후 그 순서를 마음대로 조정할 수 있다. 클릭 몇 번으로 시각적 층들을 손쉽게 뒤바꾸고, 편집하고, 조합할 수 있었다. 또한 컴퓨터에서는 그림을 그리다가 화면이 좁다고 느껴지면, 캔버스 크기를 키우면 그만이었다. 앞서 언급한 나의 회화 작업에서 레이어층에 대한 호기심과 여기에서 비롯된 실험은 이때의 컴퓨터그래픽을 통한 경험에서 느낀 낯섦 혹은 생경함과 무관치 않다. 이런 경험은 곧장 다음 작업의 소재가 되었다. 이때 캔버스와 영상 화면 사이의 차이와 간극, 아날로그와 디지털 사이에서 작업 아이디어는 무궁무진하게 샘솟았던 것 같다. 그러던 중 문득, 디지털 이미지가 그야말로 완전 평면 스크린에 재생된다면 물성적인 측면에서도 너무나 손쉽고도 완벽하게 평면화를 실현해 내는 게 아닌가 하는 생각이 들었다.

이에 나는 〈완전 평면 TV All Flat TV〉를 회화로 구현해 보기로 결심했다. 이 작업에 착수하면서 굴렁쇠 소년이 등장하는 서울올림픽 개막식 장면과 삼성의 광고 영상 자료부터 찾아보기로 했다. 하지만 당시만 해도 국내에 인터넷이 보급된 지 10년도 채 되지 않은 시점이라, 관련 정보를 인터넷에서 쉽게 찾을 수는 없었다(당시 Web 1.0 시대에는 누군가가 웹페이지를 만들어 올리면 방문자가 그 페이지를 직접 찾아가야 했다. 게다가 인터넷상에 올라온 자료 자체도 지금처럼 풍부하지 않아 원하는 정보를 찾기 어려운 시절이었다). 결국 나는 학교 중앙도서관 멀티미디어 및 언론정보 자료실을 찾았다. 자료실에서 한참을 뒤져 찾은 해당 일자의 신문은 실물 대신 마이크로필름으로 저장되어 있었다. 이 필름은 물리적 탐색기를 통해서만 볼 수 있었는데, 파일이 불과 10여 년 전 것임에도 불구하고 해상도가 너무 낮아서 놀랐다. 또 TV 영상 자료도 스크린 위를 마구 가로지르는 아날로그 주사선의 지지직거림과 떨림, 픽셀 번짐

이 생각보다 심했다. 화면 속에서 심하게 비틀거리는 주사선들을 보고 있자니, 이러한 떨림을 작품에 함께 표현해 보고 싶다는 생각이 강하게 들었다. 그리고 이를 표현할 재료로 부스스 퍼지는 솜털들을 지닌 굵은 털실을 떠올렸다. 실제 작업에서는 캔버스 표면 위에 털실들을 일정한 간격으로 붙여 화면의 주사선처럼 표현했다. 그리고 물감을 이용해 그 울퉁불퉁해진 표면 위에 그림을 그려 나갔다. 이는 일반적인 회화 작업과는 비교할 수 없이 심한 요철을 가진 캔버스 표면이었다.

이와 유사한 방식으로 나는 두 개의 작업을 구상하게 되었는데, 하나는 이 요철 있는 캔버스 위에 완전 평면 TV 광고 장면 자체를 그려 보는 것이었고, 또 다른 하나는 TV 화면 가득 펼쳐졌던 잔디 운동장을 수직으로 내려다보는 시점으로 묘사하는 것이었다. 특히 잔디 운동장 그림의 한 귀퉁이에는, 막 화면을 가로질러 지나가려는 소년을 인형처럼 만들어 붙였다. 완성된 두 그림의 캔버스는 목재로 둘러 TV 프레임처럼 만들었고, 프레임에는 검은색을 칠해 일종의 액자로 마무리했다. 이 두 작품은 전시장에 나란히 설치되었고, 나는 이 작업에 '완전 평면 TV'라는 제목을 붙였다.

〈완전 평면 TV〉는 평면성에 대한 환상에 관해 쉽게 정리되지 않던 나의 복잡한 생각의 흐름을 보여 주는 작업이라 할 수 있다. 결과적으로 나는 '완전 평면 TV'지만 결코 완전 평면을 구현하지 않는, 아니 어쩌면 의도적으로 완전 평면을 구사하지 않은 TV 그림을 그린 셈이었다. 일루전은 물론 물성까지 가득한 회화를 구현해 놓고 그 제목에는 '완전 평면'을 주장(!)하는

이현진, 〈완전 평면 TV〉(TV 스크린 시리즈), 1999

이 역설적인 상황, 평면 아닌 화면을 평면이라고 강조하는 상황, 회화 작업을 TV라고 주장하는 상황. 한참의 시간이 흐른 지금, 다시 이 작업을 들여다보니 그 시기 나 역시 회화 화면과 영상 스크린 사이를 바삐 오가며, 비틀거리고 지지직거리고 있었던 것 같다. 그것은 곧 회화적 캔버스와 영상 스크린 사이의 차이, 두 매체 간의 괴리를 내 앞에 더욱 선명히 드러내 보려 했던 일종의 실험이기도 했다. 나는 2차원과 3차원, 가상의 이미지와 물질적 현실, 예술 작업과 일상적 삶, 혹은 사회적 현실 사이 어딘가를 끊임없이 헤매며 바쁘게 유희하고 있었다. 그 시기 나와, 나의 스크린들에 대한 생각들은 늘 어디쯤을 맴돌며 정착하지 못한 채 흘러 다니고 있었다.

모닥불 영상이 따뜻하다고?

"아 따뜻해!" 하얗게 입김이 피어오르는 차가운 방 안. 이글거리는 모닥불 앞에서 젊은 관람객들이 불을 향해 손을 뻗으며 말했다. 그들은 불꽃이 타닥타닥 튀는 가상의 모닥불 앞에 서 있었다. 피라미드처럼 보이는 3면 입체 스크린에 세 개의 모닥불 영상을 투사하여 만든 영상설치 작업이었다. 이를 지켜보던 나는 그 순간 내 귀를 의심했다. '따뜻하다고?'

학부 시절에 전공 선택 과목으로 영상 수업이 열렸다. 캠코더가 필요할 것 같았다. 사실 수업에 대한 관심보다 캠코더를 갖고 싶은 욕심이 더 컸을지도 모른다. 며칠을 고민한 끝에 부모님께 어렵게 말씀을 드렸고, 예상외로 부모님은 흔쾌히 허락해 주셨다. 나는 설레는 마음으로 전자상가에 가서 첫 비디오 캠코더를 구입했다. 이후 수업에서 처음으로 스크립트를 쓰고, 배우를 섭외하고, 촬영 및 편집을 하여 두 편의 비디오 작업을 완성했다. 며칠 밤을 새워 컴퓨터로 제목까지 그럴듯하게 만들었다. 요리 프로그램의 형식을 빌려 젊은이들의 데이트 문화를 풍자한 영상이었다. 수업은 그럭저럭 잘 마쳤는데, 거금을 들인 캠코더를 한 학기용으로만 쓴다는 게 스스로도 조금 부끄러웠다. 비디오로 작업을 더 해 봐야겠다 싶었다. 그렇게 해서 짜낸 아이디어가 모닥불이 타오르는 비디오설치 작업이었다. 그런데 우연히 마주한 관객의 반응이 나를 이 영역으로, 마치 토끼굴처럼 깊이 끌어들였다. 이후 떠오르는 아이디어를 구현하는 영상설치 작업을 계속 이어 갔고, 대학원을 마칠 무렵에는 국내의 여러 전시에 초대되어 다양한 영상 작업을 선보일 수 있었다. 아직 학생 신분이었지만 미술계에서는 나름 '작가'라 불리기 시작했고, 그런 다소 드라마틱한 신분의 변화(!)도 썩 나쁘지 않았다.

〈불〉 설치 작업은 최소한의 면으로 입체적인 스크린을 만들어 보려는 시도의 결과였다. 입체적인 연출을 위해서는 최소 3면이 필요했고, 피라미드형 4면 입체 스크린은 그렇게 구상된 것이다(바닥까지 포함하면 4면이었으나 바닥면은 바닥에 놓여 가려지므로 3면이 보인다). 입체 영상을 구현하기 위해서는 이 세 면의 스크린에 영상을 투사할 세 대의 빔 프로젝터가 필요했다. '불'은 역동적인 움직임과 함께 탁탁 터지는 소리까지

이현진, 〈불〉, 1998

이현진, 〈바다〉, 2013 (1998년에 제작된 원작을 재제작 설치)

스크린 형태에 꽤 알맞은 소재였다. 모닥불을 피워 촬영하고 이를 입체 스크린에 투사해 보니, 결과는 예상보다 만족스러웠다. 그러나 관객 반응은 전혀 예상치 못한 것이었다. 가상의 모닥불에서 온기를 느끼다니! 가상인 줄 모르는 것도 아니면서! 나는 스크린을 사이에 두고 가상과 실제 사이를 더욱 교묘히 결합해 보고자 마음먹었다. 그리고 6면 입방체 스크린으로 파도가 일렁이는 바다를 연출했다.

한동안 입체 스크린을 만드는 데 몰두했지만, 그것을 구현하는 것은 말처럼 쉬운 일이 아니었다. 먼저 프로젝터를 구하기가 어려웠다. 당시는 프로젝터가 보급형으로 막 나오기 시작하던 때라 기기 한 대 가격이 학생이 감당하기에는 너무나 부담스러웠다. 학교에도 학과당 두세 대 정도만 겨우 갖춰져 있을 뿐이었다. 하지만 내 작업은 스크린 면의 수를 아무리 줄인다 해도 최소 서너 대의 프로젝터가 필요했다. 그래서 나는 다른 학과 사무실까지 찾아다니며 장비를 빌리곤 했다. 지금이야 매드매퍼MadMapper나 워치 아웃Watchout 혹은 터치디자이너TouchDesigner 같은 소프트웨어로 이를 쉽게 해결할 수 있지만, 당시에는 각 면에 투사되는 영상 개수에 따라 각각의 영상 소스(영상 테이프)는 물론 이를 재생할 비디오 플레이어까지 준비해야 했다. 따라서 영상 편집을 마친 뒤, 비디오테이프를 필요한 수만큼 복사해 준비하는 과정이 늘 뒤따랐다. 그렇게 긴긴 밤을 지새우며 작업을 이어 간 덕분에, 나는 영상 작가로서의 포트폴리오를 하나둘 쌓아 갈 수 있었다.

가상과 현실 사이에서 맴돌다

다음 해에는 〈불〉과 〈바다〉에 이어 〈폭포 I〉 작업을 구상했다. 당시 미술제가 열릴 폐공장에 공간 답사를 갔다가, 한편에 쌓여 있던 종이 상자를 보고 작업 아이디어를 얻었다. 그리하여 방 하나를 종이 상자를 접어 쌓아, 일종의 '박스 계곡'처럼 연출했다. 연이은 〈폭포 II〉 작업은 7톤의 폐신문지를 세종문화회관 갤러리에 묶음 더미로 쌓아 올려 흡사 주상절리와 같은 계곡을 만들고, 그 위에 폭포수가 흐르는 영상을 투사한 것이다. 관객은 물소리를 먼저 듣고, 그 소리에 이끌려 계곡을 타고 공간 안쪽으로 깊숙이 들어오면 마침내 마주하는 영상 화면 앞에서 마치 자신 앞으로 물이 떨어지는 듯한 경험을 할 수 있다.

이처럼 나의 영상설치 작업에서 스크린은 점차 입체화되는 동시에 커져 가고 있었다. 처음에는 피라미드 삼각뿔이었고, 이어 정육면체 박스였으며, 때로는 종이 상자나 신문지 묶음으로 계단처럼 쌓아 올린 구조물이 스크린 역할을 하기도 했다. 이 입체적인 스크린 위로 영상을 투사하면 영상 속 이미지가 화면 바깥으로 튀어나올 듯한 독특한 분위기가 연출되곤 했다. 그렇게 작업 전체가 마치 하나의 환영적 대상으로 느껴지다가도, 그것이 실제 공간 위에 놓인 물질적이며 개념적인 구조물이라는 점에서 단순히 '가상'으로만 환원될 수 없는 복합적인 성격을 가지게 되었다. 오늘날 이런 작업들을 '프로젝션 매핑projection mapping'이라 일컫는다. 다만 차이가 있다면, 현재는 스크린 형태에 맞춰 영상을 소프트웨어로 정밀하게 조정하지

이현진, 〈폭포 I〉, 1999

이현진, 〈폭포 II〉, 2000

만, 당시의 나는 오히려 영상에 맞춰 스크린의 표면 구조를 하나하나 구성하고 조정했던 셈이다.

인사미술공간에서 진행한 첫 번째 개인전에서는 〈버드나무〉라는 영상설치 작업을 대표작으로 보여 주었다. 이 작업에서 나는 영상이 만들어 내는 가상공간 속으로 관객을 아예 이끌고 들어와, 그들이 그 '안'을 직접 거닐 수 있게 만들고 싶었다. 그야말로 실제 사람들이 영상 속 가상공간으로 걸어 들어가는 상황을 연출하고 싶었던 것이다.

앞서 소개했듯이, 비디오설치에 대한 이론적 글을 쓴 마거릿 모스는 영상 공간이 주변을 푸른빛으로 감싸며, 마치 관객이 영상 안에 둘러싸여 있는 듯한 감각을 만들어 낸다고 설명한다. 이는 영상 감상 경험이 지니는 심리적인 차원을 드러낸 것이다. 그런데 나는 이를 실제 경험의 차원에서 물리적으로 구현하고 싶었다. 실제와 가상이 함께하는 공간에서 관객들이 소요逍遙하는 경험을 만들어 내고 싶었다. 그리하여 천장에 하얀 직물 천으로 된 리본 테이프를 수백 개 매달았다. 빽빽이 늘어진 리본 테이프들로 일정한 규모의 공간적 깊이를 만들고, 천장 위에 숨겨 둔 선풍기와 에어컨 바람으로 그 리본 테이프가 살랑살랑 흔들리게 했다. 그리고 그 위에 바람에 흔들리는 버드나무 가지와 이파리들의 모습이 담긴 영상을 투사했다. 또 여름 풀숲에서 들려오는 풀벌레와 매미 소리도 더해졌다. 이러한 방식으로 가상과 실제의 레이어를 겹친 것이다. 관객은 갤러리 공간에서 우연히 마주한 버드나무 숲속을 한가로이 거닐며, 가끔 벽이나 바닥에 비친 자신의 그림자를 감상했다.

이현진, 〈버드나무〉, 2000

첫 개인전의 제목은《사이에서 맴돌다》라고 붙였다. 이는 가상과 현실 사이를 맴도는 나 자신, 그리고 실제로 버드나무 아래서 혹은 그 안에서 맴도는 관객들의 모습을 염두에 둔 제목이었다. 이 작업을 마친 후에 나는 내가 구상한 계획이 어느 정도 구현되었다고 느꼈다. 관객은 그들 스스로 영상 화면 속으로 걸어 들어왔고 자연스레 그 속에서 거닐었다. 나의 첫 번째 스크린 실험은 이 작업을 통해 매듭지어진 느낌이었다. 이제 개념적으로 한 차원 더 발전한 새로운 도전을 시작해야 할 것 같았다.

그즈음 막연히 떠오르기 시작한 아이디어는 이것이었다. '만약 영상 속으로 기꺼이 걸어 들어온 관객에게, 영상도 반응할 수 있다면 어떨까?' 그런 상상을 하던 나는 비디오 작업을 이어가면서, 비디오아트가 탄생한 해외에서 이를 더 깊이 배우고 싶다는 생각을 품게 되었다. 결국 미국 유학을 결심했고, 출국을 앞두고 첫 번째 캠코더보다 거의 세 배나 비싼 두 번째 캠코더를 장만했다. 방송용으로도 쓰이고 영화감독들도 사용한다는 프로페셔널한 장비였고, 꼬박 3년 동안 모은 돈을 과감히 투자했다. 그러나 결국 입학한 대학원에서는 전공이 조금 바뀌게 되었고, 그로 인해 한동안 이 캠코더는 가방 속에 고이 보관된 채로 남아 있게 되었다. 비디오 영상 분야만을 집중적으로 공부하기보다는, 인터랙티브 작업과 관련된 기술들을 배우고 익히는 쪽으로 방향이 달라진 것이다. 비디오아트를 본격적으로 전공할 수는 없었지만, 관객에게 직접 반응하는 영상 작업을 만들 수 있게 되어서 그것도 나름 괜찮았다.

8장

움직이는 스크린

스크린에 움직임을 더하다

나는 뉴욕대학교의 인터랙티브 텔레커뮤니케이션즈 프로그램ITP에서 석사과정을 밟았다. 학교는 뉴욕 맨해튼 한복판에 있는 티시 스쿨 오브 아트Tisch School of Arts 건물의 4층을 통째로 썼다. 이 건물에는 영화와 드라마 스쿨도 함께 있었는데, 항상 북적거리는 인파로 생기가 넘쳤다.

프로그램 이름에 들어 있는 '텔레커뮤니케이션즈'라는 용어가 낯설 수도 있겠다. 사실 나도 그랬다. 학교 다니는 내내 입에 붙지 않았고, 솔직히 졸업한 지 한참이 지난 지금도 여전히 어색한 단어다. 왜 그럴까 생각해 보면, 이 용어에 익숙해질 기회가 없었던 탓이 아닐까 싶다. 내가 뭔가를 배우고 경험한 기억을 떠올릴 만한 대여섯 살 무렵부터는 우리 사회에서 이 용어가 더 이상 빈번히 사용되지 않았다. 텔레커뮤니케이션즈는 1세대 이동통신을 떠올리게 한다. 1세대 이동통신은 1979년 일본 도쿄에서 처음 시작되어 전 세계에 도입되었는데, 아날로그 주파수를 변조하여 음성 통화를 가능하게 했다. ITP 프로그램도 전화나 라디오를 통한 커뮤니케이션이 활발해진 1979년에 시작되었다. 초대 학장 레드 번즈는 당대 기술의 사회적 사용 가능성을 살피며 텔레비전 네트워크와 개인용 비디오, 다큐멘터리 등을 실험하고, 이 분야의 후학을 양성하기 위해 이 프로그램을 오픈했다. 1970년대 뉴욕대의 대안미디어센터 수장이기도 했던 그녀는 이곳에서 뉴욕 시니어 시민들에 의한 그리고 그들을 위한 쌍방향 텔레비전, 미국에서의 첫 현장 시험 송출teletext field trials[2] 등 여러 텔레커뮤니케이션즈 프로젝트를 디자인하고 감독했다. 미국의 뉴미디어와 창의 산업creative industry 분야에서 입지전적인 인물이었던 것이다. 결국 ITP의 이름에 '텔레커뮤니케이션즈'가 포함된 데는 이런 배경이 있었다.

ITP 이름에는 전통의 기운이 물씬 풍기지만, 그 교육 내용은 시대의 흐름에 발맞춰 빠르게 업데이트되었다. 각 분야에서 활약하는 강사들을 초빙하여 급변하는 기술과 문화를 적극 수용하고 함께 호흡했다. 티시 건물은 가로로 길게 뻗은 형태였는데, 엘리베이터를 타고 건물 4층에 내리면 대니얼 로진 교수의 〈나무 거울Wooden Mirror〉 작품이 추르륵 추르륵 서보모터 회전 소리를 내며 학생들과 방문객을 맞이했다. 지금 생각해도 참 상징적인 경험이 아닐 수 없다.

ITP는 독립 프로그램이었는데, 한 해 100명씩 되는 신입생을 각 전공 분야에서 뽑았다. 대학원 과정이 보통 2년이기에 총 두 학년, 약 200명의 학생이 한 층에서 함께 수업을 듣고 작업하며 복닥거렸다. 처음에는 학생 수가 너무 많은 게 불만이었다. 그러나 북적이는 인파에서 뿜어져 나오는 열기와 경쟁적 에너지가 실로 어마어마했다. 게다가 뉴욕은 미국 전역은 물론 전 세계에서 예술에 큰 뜻을 품은 야심찬 학생들이 모이는 곳이 아니던가!

학교에서 점심을 먹을 때면, 4층 플로어에 있는 사람들끼리 음식을 주문 및 배달하곤 했는데, 동기 중 어떤 이는 음식뿐 아니라 프로젝트 제작을 위한 재료 구입 시에도 인터넷으로 함께 주문하고 배송비를 나누는 앱 시스템을 만들기도 했다. 미국은 배송료나 배달비가 꽤 비싸고 배달 기사에게도 팁을 줘야 하기 때문이다. 또한 플로어 한편에는 푸즈볼 게임 테이블foosball game table이 있었는데, 휴식할 때 이 게임을 즐기던 누군가는 경기 중 점수 결과를 자동으로 집계해 주는 피지컬 컴퓨팅physical computing[3] 장치를 만들어 이 테이블에 달아 놓기도 했다. 이처럼 ITP 플로어는 인구밀도가 높은 곳에서 창의적인 생각들이 많이 피어난다는 이론이 잘 들어맞는 곳이었다.

입학 후 나는 처음으로 코딩과 엔지니어링 기초를 배웠다. 멀티미디어 디렉터 링고 스크립트, 어도비 플래시 액션스크립트, 피지컬 컴퓨팅에서의 아두이노나 C언어를 사용한 코딩, MaxMSP/Jitter 등은 당시 수업에서 배운 프로그래밍 언어들이다. 첫 학기 수업에서는 '정수integer'나 '소수decimal number'와 같은 기초 영단어도 몰라 수업이 끝나면 집에 가서 사전을 일일이 찾으며 공부해야 했다. 첫 학기가 지나고, 나는 코딩에 좀 더 익숙해지고자 일부러 관련 수업들을 찾아 들었다. 지금은 사라져 버린 플래시 액션스크립트 수업에서는 웹사이트를 만들어 보았고, 스몰스케일 게임 프로그래밍 수업에서는 기말 프로젝트 팀 내에서 프로그래머를 자처하기도 했다. 조금이라도 프로그래밍에 친숙지려는 나름의 도전이었다. 그때는 하루 종일 코딩을 하다가 잠깐이라도 눈을 감으면 머리 위로 코딩 라인들이 떠다녔고, 자려 누웠다가도 안 풀리던 코딩 문제의 해결 방안이 떠오르면 자리를 박차고 일어나기도 했다.

그러나 내게는 늘 아쉬움이 있었다. 불과 얼마 전까지만 해도 수 톤의 폐신문지를 쌓아 영상 폭포 계곡을 만들고, 프로젝터 세 대로 버드나무 스크린 작업을 하다가, 이렇게 책상에 앉아 조그만 LED가 깜박거리는 것을 보며 기뻐하자니 영 성에 차지 않았던 것이다. 당시 내 수준은 서보모터와 연결된 꽃잎에 압력 센서를 달아 두고는 꽃에 물을 주면 잎이 활짝 피어나고, 물이 빠지면 꽃봉오리가 다시 오므라지는 식의 귀여운(!) 스케일이었다. 아무튼 그렇게 고대한 유학이었는데, 내가 학교를 잘못 택한 것인지, 내가 가려던 길이 이 길이 맞는 것인지 한동안 심각한 고민에 빠져 우울감마저 들었다. 더불어 이전까지는 혼자 작업하는 게 익숙했는데, 새로운 학교에서는 무조건 공동 작업을 하라고 몰아붙이니 이것도 영 불편하기만 했다. 나만 열심히 한다고 작업이 잘 진행되는 것도 아니고, 낯선 공동 작업에 이런저런 해소되지 않는 갈증이 계속 쌓여 갔다.

이처럼 힘든 공부와 고민 속에서 처음 두 학기를 간신히 버티며 여름 계절 학기를 맞았다. 그리고 '비디오아트' 수업이 개설된다는 반가운 소식이 들렸다. 곧 강의를 담당하는 티르자 이븐 교수님을 만났고, 그해 여름은 하루하루가 단비처럼 소중했다. 비디오아트 작가들에 대한 교수님의 흥미진진한 설명과 이론 수업은 가슴 벅차도록 만족스러웠다. 또 수업에 자극과 영감을 받은 학생들이 제작해 오는 작업들도 다양하고 재미있었다. 여러 작업을 함께 보고 비평다운 비평을 나누는 일은 마치 다시 예술 학교로 돌아온 듯한 기분을 들게 했고, 숨통을 트이게 해 주는 듯했다.

이 수업에서 만든 작품은 〈상응Corresponding〉이라는 싱글채널 비디오 작업이었다. 가상 이미지 속 인물의 움직이는 머리와 실제 스크린의 움직임이 맞물리며, 두 개의 레이어가 병합되고 약간 어긋나는 방식이 미묘한 감각을 자아내는 작업이었다. 이를 만드는 과정은 다음과 같았다. 먼저 한 인물이 좌우로 머리를 돌리는 모습을 촬영한 뒤, 이를 스크린에 투사한다. 이 스크린은 카드보드 전지 한 장을 양손으로 잡아 세운 뒤 프로젝터로 영상을 투사한 것인데, 투사한 이미지의 머리 돌리는 방향에 맞춰 카드보드 스크린도 함께 움직여 주었다. 그리고 이 전 과정을 다시 촬영한 뒤 사운드를 입힌 것이다. 이는 결국 화면 안에 또 하나의 스크린을 구상한 것이기도 한데 가상과 실제가 움직임을 통해 서로 합쳐지고 분리되는, 가상과 실제의 혼합에 대한 나름의 새로운 탐색이었다. 그 이전까지의 작업이 입체적 스크린에 대한 것이었다면, 이 작업은 스크린 자체에 입체감 대신 움직임을 더하는 새로운 방향의 실험이었다.

이 수업을 계기로 나는 비로소 ITP에 적응하고 마음을 붙일 수 있었다. 그 중심에는 티르자 교수님이 계셨다. 새로운 작업 아이디어가 떠오르거나 고민이 생길 때면 교수님께 면담을 신청했고, 그분은 언제나 진지하게 내 이야기를 들어주며 진심으로 격려해 주었다. 여름 학기 이후부터는 이런저런 고민할 겨를도 없이 졸업 프로젝트를 본격적으로 준비했다. 나는 인터랙티브 비디오설치 작업을 기획했고, 〈상응〉이란 작업에서 출발한 '움직이는 스크린'에 대한 아이디어를 '인터랙티브한 스크린' 개념과 합쳐 확장했다. 이는 그동안 익혀 온 피지컬 컴퓨팅과 프로그래밍, 그리고 제작 기술이 한데 어우러져야 완성할 수 있는 작업이었다. 이때의 작업들을 '움직이는 스크린' 시리즈라 이름 붙인 것은 비록 한참 후였지만, 이때부터 '틸팅 스크린tilting screen'과 '스피닝 스크린spinning screen'이라 부르는 작업을 본격적으로 만들게 되었다. '틸팅 스크린'은 말 그대로 스크린이 기울어지는 방식의 작업이고, '스피닝 스크린'은 관객이 스크린을 직접 돌리며 영상을 보고, 그 과정에서 영상과 상호작용할 수 있도록 한 작업이다.

스크린을 기울이고 돌리면

틸팅 스크린은 하나의 기둥 위에 부착된 스크린이다. 기둥과 스크린을 연결하기 위해 스크린과 받침대 기둥 사이에 샤워헤드shower head를 끼워 넣었다. 샤워헤드 덕분에 스크린은 어느 방향으로도 자유로이 움직일 수 있었다. 나는 이 틸팅 가능한 스크린 위에 가상의 구슬을 영상으로 올렸다. 관객이 이 스크린의 프레임을 잡고 움직이면 스크린은 어느 한쪽으로 기울어지는데, 이때 그 기울어진 코너로 구슬들이 쪼르륵 굴러가도록 영상을 제어했다. 그리고 구슬이 굴러가면 실시간으로 맑은 소리를 내도록 만들었다. 두 번째 만든 틸팅 스크린에는 스크린과 받침대 연결 부위에 굵은 쇠 스프링을 달았다. 부품의 사소한 차이에도 상호작용의 결과는 크게 달라졌다. 샤워헤드는 관객이 기울인 마지막 상태에 스크린을 남겨 두지만, 스프링 스크린은 탄성으로 인해 어느 한쪽으로 기울어지더라도 언제나 원위치로 되돌아왔다. 나는 두 번째 버전의 스크린에 가상의 구슬 대신 가상의 인물(토드)을 올렸다. 그리고 인터랙티브 영상 제어 기술을 활용해, 이 인물이 관객의 스크린 조작에 따라 화면 위에서 움직이도록 만들었다. 관객이 스크린을 기울일 때마다, 화면 속의 그 작은 친구는 깜짝 놀라며 기울어진 방향으로 미끄러져 내려갔다.

그다음에 만든 스피닝 스크린은 가운데 회전하는 기둥을 중심으로 얇은 LCD 스크린 두 개를 양면으로 설치한 구조였다. 두 스크린 모두 바깥을 향하도록 배치되었고, 360도로 자유롭게 회전할 수 있었다. 각 스크린에는 발레리나 또는 발레리노의 영상이 재생되었는데, 관객이 스크린을 돌리면 영상 속 무용수들도 함께 회전했다. 관객들은 무용수의 섬세한 동작을 보기 위해 스크린을 천천히 돌리기도 하고, 무용수가 멈추지 않고 계속 회전하도록 있는 힘껏 빠르게 돌리기도 했다.

ITP를 졸업한 후에는 조지아 공과대학의 디지털 미디어 프로그램 박사과정에 진학했다. 그곳에서는 '신에스테틱 미디어 랩Synaesthetic Media Lab'(줄여서 'SynLab'이라고 불렀다)에 들어갔는데, 당시 지도교수는 막 박사 학위를 받고 부임한 알리 마잘렉이라는 분이었다. 마잘렉 교수는 MIT 미디어 랩의 탠저블 컴퓨팅 랩Tangible Computing Lab과 시네마틱 그룹Cinematic Group에서 각각 석박사 학위를 받고, 인터랙티브 테이블탑Interactive Tabletop을 만들어 인터랙티브 내러티브 스토리가 펼쳐지는 가능성을 탐구해 온 컴퓨터 공학자였다. 나 역시 스크린 작업을 이어 오고 있었기에, 당시 프로그램 디렉터인 재닛 머레이 교수는 첫 면담에서 마잘렉 교수를 찾아가 보라고 안내해 주었다. 그렇게 나는 SynLab의 첫 연구원이 되었다. 새로 오픈한 랩에는 책걸상 몇 개만 덩그러니 놓여 있었는데, 지도교수는 내가 ITP에서 만든 틸팅 스크린과 스피닝 스크린을 이 연구실에 가져다 놓고 연구를 이어 가도 좋다고 말했다.

공대의 랩 생활에 익숙해지는 데는 한참 걸렸다. ITP는 그래도 예술 디자인 교육 프로그램이었기에 협업과 피지컬 컴퓨팅, 코딩 등 인터랙티브 미디어 기술을 배우고 익혀 이들을 예술 창작에 자유롭게 접목할 수 있었다. 그러나 조지아텍은 이와 달리 공학 분위기가 훨씬 짙었다. 내가 들어간 디지털 미디어 프로그램은 메인 캠퍼스의 LCCLiterature Communication and Culture 빌딩에 위치해 있었는데, 이곳에서는 미디어 이론과 관련된 인문학적 수업이 열렸다(간혹 프로그래밍과 같은 학제간

이현진, 〈크로스비잉: 토드Cross-Being: Todd (틸팅 테이블)〉, 2004

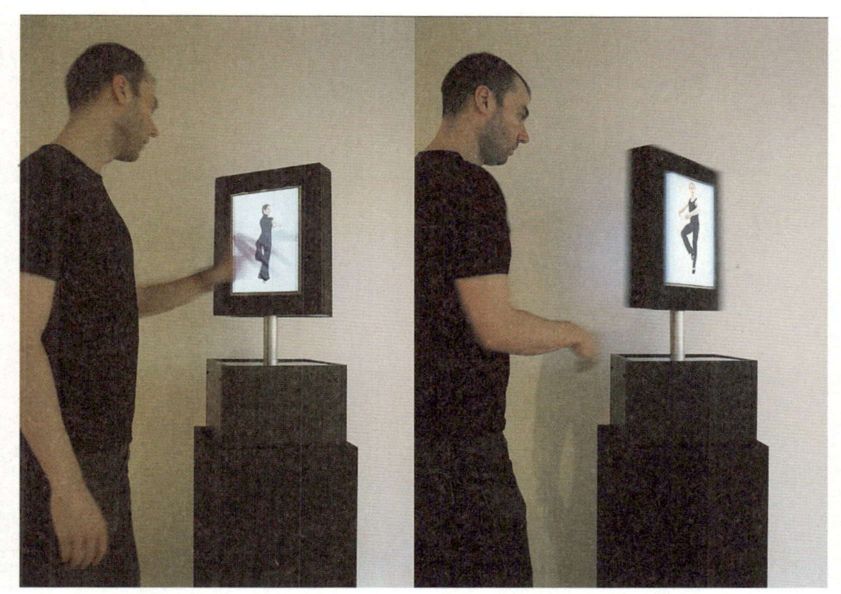

이현진, 〈크로스비잉: 댄서Cross-Being: Dancers (스피닝 스크린)〉, 2004

수업도 이곳에서 진행되었다). 또 이곳에 있던 박사연구실 한 구석에는 나만의 책상이 있었기에 책을 쌓아 두고 마음껏 읽을 수 있었다. 이에 반해 SynLab은 '테크 스퀘어Tech Square'라고 하는, 메인 캠퍼스에서 조금 걸어 나와야 하는 곳에 있었다. 이곳에는 GVU Graphic Visualization and Usability 센터가 있었는데, 여기에 수많은 공학기술 연구실이 모여 있었다. 엔지니어링 랩들도 있었고, 특히 우리 랩이 있던 층에는 휴먼센터드 컴퓨팅Human-Centered Computing, HCC 랩들이 가득했다. AR, AI, 헬스케어, 애니메이션 알고리즘 연구실 등 컴퓨터 공학 연구실들이었다. 이곳에서의 생활은 말 그대로 공대 연구실의 생활이었다. 나는 이렇게 하루에도 몇 번씩 캠퍼스를 이동하며 인문학과 공학 연구실 사이를 왔다 갔다 생활했다.

한두 학기가 지나고 나서야 체득하게 되었지만, 공대 연구실은 뭐니 뭐니 해도 일정한 주기로 시간이 흐르고 연구가 돌아가는 공장과도 같은 곳이었다. 1년 내내 각 연구실에서는 연구원들이 연구 내용을 교수와 동료들에게 보고하고, 도움과 공유가 필요한 부분을 서로 논의하고, 그 결과를 연구에 다시 적용하고, 또 그렇게 얻은 소정의 성과를 전공 분야와 관련 있는 학회에 논문으로 제출, 발표하는 시스템이 루틴처럼 돌아갔다. 혹 작년에 논문을 성공적으로 제출하지 못했다면 이를 보완하여 그다음 해에 다시 도전하거나 새로운 학회를 찾아 나선다. 그러한 연구실에서 나는 반은 예술창작자이자 반은 방문자의 마음으로 주간 미팅에 참여하곤 했다. 동료 연구원들의 공학적 논의를 귀동냥하던 어느 날, 지도교수가 내게 논문 작성을 제안했다. "제가요? 제가 무슨 논문을 쓸 수 있을까요?" 순간 당황스러웠지만, 교수님의 제안으로 나는 틸팅 스크린과 스피닝 스크린에 관한 논문을 쓰기 시작했다. 그 경험은 나에게 공대생처럼 사고하고 적응하는 전환점이 되었다.

스크린과 사용자

박사과정 동안 SynLab에서는 스크린 제작과 인터페이스, 그 활용 가치에 대한 논문을 작성했다. 논문을 제출할 만한 학회가 공학 계열이다 보니, 당연히 예술 작업의 맥락보다는 UI User Interaction or User Interface/UX User eXperience적 관점에서 논의를 풀어나갈 수밖에 없었다. 연구실 동료들과 함께 틸팅 스크린에 구글 지도 탐색 인터페이스를 올려 보기도 하고, 이를 '바이오 브라우저Bio-Browser'라는 이름의 자연사 박물관 전시용 인터페이스로 확장해 보기도 했다. 스피닝 스크린도 전시 대상물을 360도 돌려볼 필요가 있을 때 사용할 수 있는 박물관용 인터페이스로 발전시켰고, 이후에는 여러 참여자가 함께 자료를 활용할 수 있는 공유형 컴퓨터 디스플레이 애플리케이션으로도 개발해 보았다. 이 연구는 당시 사무실용 가구 회사인 스틸케이스Steelcase에서 연구비 지원을 받아 진행되었다. 이들은 내가 제작한 스크린을 하드웨어 인터페이스로 삼아 새로운 소프트웨어 애플리케이션을 더해 확장 가능성과 활용 가치를 탐색하는 연구였다. 이런 경험은 스크린 인터페이스를 여러 각도로 바라볼 수 있는 발판을 마련해 주었다. 앞서 언급했듯, 스크린 기술이 발전하고 다양한 형태의 스크린이 개발되면서, 이에 대응하는 UI/UX 연구 역시 함께 발전할 필요가 생겨났다.

앞서 인터페이스란 두 개의 서로 다른 대상이 마주하는 입면 혹은 접면을 의미하는 용어라고 설명한 바 있다. 그리고 스크린은 가상과 실제가 만나는 경계로서, 그 사이에서 상호작용이 이루어지고 시각화되는 인터페이스라고 볼 수 있다. 다른 기기들과 마찬가지로 스크린 인터페이스 역시 하드웨어와 소프트웨어 인터페이스로 나누어 접근할 수 있으며, 이에 대한 연구는 이 두 측면을 모두 포괄해야 했다.

이러한 관점에서 볼 때, 일반적으로 컴퓨터와 사용자 간의 상호작용은 스크린을 통해 직접적으로 이루어지는 것은 아니다. 기존의 컴퓨터 스크린은 사용자가 입력하거나 어떤 작업을 요청했을 때 그 결과를 보여 주는 역할, 즉 디스플레이 장치로서의 기능에 한정되어 있었기 때문이다. 대신 이 시기 컴퓨터와의 인터랙션은 대체로 키보드와 마우스를 통해 이루어졌다. 이 중 키보드는 타자기에서 발전된 입력 장치다. 또 1968년 더글러스 엥겔바트가 마우스를 발명하면서 '그래피컬 유저 인터페이스Graphical User Interface', 일명 GUI가 생겨나고 비로소 컴퓨터 화면상에서 인간이 컴퓨터와 직관적으로 상호작용할 수 있는 바탕이 마련되었다. 그런데 당시 키보드와 마우스를 통한 인터랙션은 입력input과 출력output이 일대일로 대응되는 방식이었다. 가령 사용자가 텍스트 문서를 만드는 소프트웨어 앱(이를테면 MS워드나 아래아한글 등)을 사용해 작업할 때 키보드에서 누른 결과가 스크린의 가상 파일에 반영되어 글자가 형성되고 단어가 조합되는 식이다. 마우스를 움직일 때도, 그 이동 경로는 하나하나의 좌표값으로 처리되어 화면의 커서 위치로 반영된다. 이처럼 컴퓨터 인터페이스는 매 순간 정보를 다루고 그 결과를 바로 아웃풋한다. 이들은 매우 빠르게 처리되기에 우리 눈에는 실시간으로 반영되는 듯 보인다(그러나 실제로는 하나하나씩 순차적으로 반영되는 것이다). 따라서 스크린과 관련된 인터랙션 기술이나 디자인을 연구할 때는 하드웨어와 소프트웨어가 복합적으로 얽힌 인터페이스 구조를 함께 고려해야 한다. 이러한 기술적 기반을 바탕으로, 정보 디스플레이와 사용자 인터랙션은 HCI(인간-컴퓨터 상호작용) 및 UX 관점에서 유기적으로 연계되어야 한다.

노트북 컴퓨터에서 지도상의 정보를 찾기 위해 스크린 위를 스크롤한다고 가정해 보자. 우리는 스크롤을 통해 지도상의 북쪽과 남쪽 지역을 왔다 갔다 하며 탐색할 것이다. 일반 노트북이나 데스크탑 스크린에서는 스크롤 방향과 지도의 이동 방향이 직관적으로 매핑되어 있어 사용자는 그 움직임을 자연스럽게 수행할 수 있다. 하지만 틸팅 스크린에서 같은 작업을 수행한다면 어떨까? 사용자가 스크린을 마주한 상태에서 스크린을 바깥쪽(즉, 사용자로부터 멀어지는 방향)으로 기울이는 것과 안쪽(사용자를 향하는 방향)으로 기울이는 것—이 두 인터랙션 사이에서 지도상 북쪽과 남쪽 정보를 어떻게 매핑해야 할까?

지도를 올려놓고 여러 실험을 해 보니 이 매핑 문제는 그리

간단치 않았다. 먼저 우리 연구팀원들끼리도 매핑에 대한 의견이 서로 일치되지 않았다. 그리고 실제로 틸팅 스크린에 구글맵을 얹은 후에 사용자 테스트를 진행하니 더욱 예상치 못한 반응이 나왔다. 일부 사용자는 우리가 매핑해 둔 인터랙션 인풋과 정보 사이의 관계가 자연스럽게 느껴진다고 답한 반면, 일부 사용자들은 이와는 정반대의 의견을 낸 것이다. 다시 말해, 사용자가 스크린을 자신 쪽으로 기울일 때 지도가 북쪽을 더 보여 줘야 하는지, 남쪽을 더 보여 줘야 하는지를 두고 의견이 팽팽히 갈렸다. 어떤 이들은 스크린이 남쪽으로 기울어진 상태—즉, 스크린의 북쪽이 위로 올라간 상태—이므로, 이 동작은 북쪽으로 이동하고자 하는 의도로 해석되어야 한다고 주장했다. 따라서 이 경우, 인터랙션의 결과로 지도의 북쪽 정보가 점차 더 많이 노출되어야 한다는 것이다. 이때 사용자가 스크린을 기울이는 행위는 지도에서 자신이 가고자 하는 방향을 조작하기 위한 일종의 제스처가 되며, 스크린의 기울기 각도는 지도를 스크롤하는 속도나 새로운 영역을 노출시키는 속도와 매핑될 수 있다. 반면, 어떤 이들은 스크린을 자신 쪽으로 기울이는 행위가 남쪽 방향으로 이동하고자 하는 제스처로 해석되는 것이 더 자연스럽다고 주장했다. 이미 지도의 동서남북 방향이 고정되어 있는 상황에서 사용자가 스크린을 자신 쪽으로 기울였다는 것은 곧 지도 화면의 아래쪽, 즉 남쪽으로 이동하겠다는 의도의 표현이라는 것이다. 따라서 지도 앱 역시 남쪽을 더 많이 보여 주는 방식으로 반응해야 한다고 보았다. 이 경우에도 마찬가지로, 스크린의 기울기 각도는 새로운 지도 영역이 노출되는 속도와 연결되어 매핑된다. 이처럼 상반된 의견들은 끝내 명확한 결론에 이르지 못한 채 팽팽하게 대립했다.

이러한 스크린상에서의 인터페이스 문제는 일반적인 테이블탑 디스플레이의 경우에도 적용되었다. 테이블탑 컴퓨팅은 기존의 컴퓨팅 시스템과 유사하면서도 약간 다른 면이 있다. 그 차이는 컴퓨터 디스플레이를 테이블 상판처럼 눕혀 두면서 시작된다. 이는 단지 수직으로 세워져 있던 스크린을 수평으로 놓은 간단한 변화가 아니다. 눕혀진 사각형의 커다란 테이블탑 디스플레이 주변에 사용자가 둘러앉아 있다고 가정해 보자. 테이블탑 디스플레이는 그 형태상 다수의 사용자가 함께할 수 있는 컴퓨팅 경험을 추구한다. 이러한 테이블탑 컴퓨팅은 다수가 동시에 컴퓨터를 사용하는 환경을 지원하도록 개발된다. 그렇다면 디스플레이에서는 각 사용자에게 정보를 어떻게 적절히 제시해야 할까? 여러 사람이 테이블에 둘러앉아 각자 자신의 앞에 놓인 컴퓨터에 동시에 무언가를 입력하는 상황을 상상해 보자. 특히 두 사용자가 밀리세컨드[4] 단위까지 일치하게 입력을 했을 경우, 시스템은 이를 어떤 방식으로 인식하고 반응해야 할까? 테이블탑 디스플레이는 어느 한 사용자를 기준으로 정보를 처리하고 반응해야 할까, 아니면 사용자 각각의 맥락을 고려해야 할까? 이러한 질문은 곧 컴퓨터가 멀티터치를 어떻게 인식하고 처리해야 하는지에 대한 문제로 이어진다. 단지 디스플레이가 하나 눕혀졌을 뿐인데, 이러한 단순한 변화만으로도 다양한 디자인 및 인터랙션 이슈가 새롭게 발생한다. 예를 들어, 최근 출시된 투명 디스플레이는 사용자가 서로 마주

볼 때 좌우가 분명히 구분되는 문자나 이미지 등의 시각 정보를 어떻게 표현할지에 대해 UI/UX 측면에서 큰 고민을 안겨주고 있다.

이처럼 스크린을 통한 정보 제시는 방향성 문제와 함께 사용자 수가 늘어나거나 위치에 따라 방향이 달라지는 상황에서 쉽게 해결할 수 없는 새로운 인터페이스 문제를 발생시켰다. 우리 연구팀은 이러한 과정을 통해 사용자들의 반응이 그들의 성장 배경, 즉 사회문화적 배경과도 연결될 수 있다는 사실을 알게 되었다. 사람마다 문화적·인지적 사고방식, 행동양식, 그리고 습관이 서로 다르기 때문에, 인터페이스 설계에서도 이러한 차이를 반영한 UI/UX 적용이 필요하다는 점을 인식하게 되었다. 물론 스크린 인터페이스에 개인별로 맞춤화된 설정을 선택할 수 있도록 디자인하는 것은 가장 간단하고 효과적인 해결 방안일 수 있다. 그러나 우리는 좀 더 표준화되고 일반화된 인터랙션 방식이 존재할 수 있는지에 대해 계속해서 고민할 필요가 있다고 보았다. 또한 이번 경험을 통해 타인이 반드시 나와 같은 방식으로 지각하고 행동할 것이라고 단정해서는 안 된다는 중요한 교훈도 얻었다. 따라서 스크린 인터페이스를 설계할 때, 사용자들이 각기 다른 문화적 배경과 사고방식을 지니고 있음을 반드시 고려해야 한다. 이후 나는 신기하게도 이러한 관점과 유사한 지점을 고민하고 논의하는 문화심리학적 연구를 만났다.

미국의 사회심리학자 리처드 니스벳은 그의 저서 『생각의 지도』에서 대부분의 사람들이 다른 이들 또한 자신과 같은 방식으로 사고하고 지각한다고 믿는 경향이 있다고 말한다. 그러나 그는 여러 연구를 통해 문화권이 다르면 사고 과정도 다르다는 것을 발견했다. 특히 그는 동양(한국, 일본, 중국)과 서양(유럽 및 북미문화권) 사람들의 생각의 차이를 파헤쳤는데 그중 '범주를 중시하는 서양'과 '관계를 중시하는 동양'을 나눠 비교, 분석하는 부분이 매우 흥미롭다. 한 실험에서는 피험자에게 곰, 원숭이, 바나나 그림을 보여 주고, 이들 중 두 개를 임의로 묶어 보라고 요청했다. 대부분의 서양인은 곰과 원숭이를 함께 묶은 반면, 동양인은 원숭이와 바나나를 묶는 경향을 보였다. 니스벳은 이에 대해 서양인은 '동물'이라는 범주를 기준으로 사물을 구분하고 분류하는 데 익숙하기 때문에 곰과 원숭이를 함께 묶었으며, 동양인은 사물 간의 관계에 기반해 사고하는 방식에 익숙하기 때문에 원숭이와 바나나를 함께 묶었다고 설명한다.[5] 즉, 원숭이와 곰보다 원숭이와 바나나가 더 밀접한 '관계'를 갖는다고 판단한 것이다.

이런 사고의 차이는 또 다른 실험에서도 살펴볼 수 있다. 가령, 하나의 꽃이 실험대상군으로 제시되고, 이와 조금씩 다른 형태를 지닌 두 그룹의 꽃이 비교대상군으로 제시된다(두 그룹에서 꽃들의 잎과 줄기는 그 형태가 조금씩 다르다). 앞의 실험처럼 이번에도 각 문화권 피험자들이 어떤 선택을 하는지 지켜

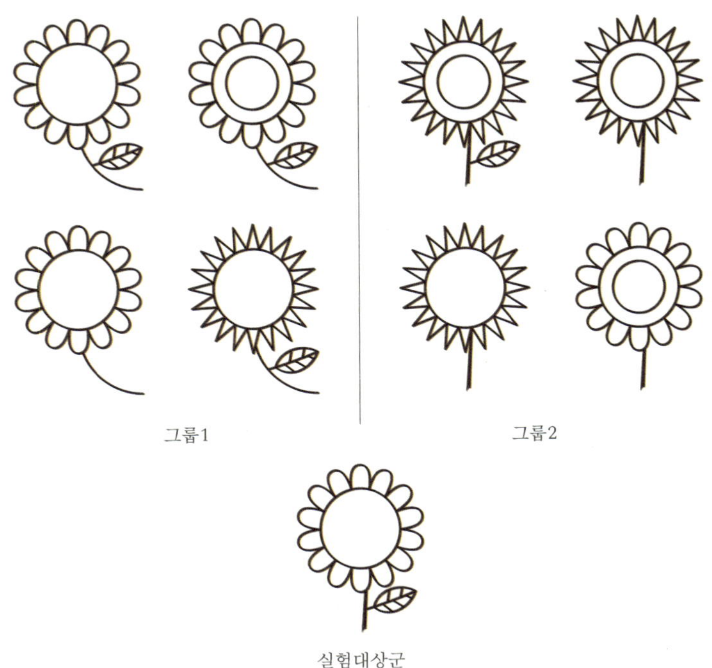

리처드 니스벳의 실험6

본 결과, 꽃잎과 줄기의 분류에서 서로 다른 카테고리에 주목한다는 사실이 밝혀졌다. 즉, 실험대상군의 꽃잎에 주목한 사람들은 그룹1을 선택한 반면, 실험대상군의 줄기에 주목한 사람들은 그룹2를 선택했다. 니스벳은 이 결과를 두고 그룹1을 선택한 이들은 '가족유사성family resemblance'을 중시한 반면, 그룹2를 선택한 이들은 '룰rule'을 중시했기 때문이라고 분석한다. 나아가 전자는 인과관계의 귀속 여부나 맥락을 중시한 반면, 후자는 형식 논리를 중시한 것이라 설명한다. 이는 문화적 차이에 의한 관점 차이와 연결된다. 대부분의 동양인은 그룹1을 선택했고, 서양인은 그룹2를 선택했다는 것이다. 니스벳은 동양인은 감각적이고 개념적인 영역에 주목하는 경향이 있어서, 대상들 사이의 관계와 그 사이에서의 변화를 살피는 데 익숙하다고 말한다. 반면 서양인은 하나의 룰이나 형식을 바라보는 데 익숙하다고 보았다. 니스벳은 이 실험을 통해, 동양인은 세상을 '관계' 중심으로 파악하는 반면, 서양인은 사물을 하나의 범주, 즉 '카테고리'로 묶을 수 있는지를 중심으로 인식한다는 점을 확인했다. 이 실험은 문화에 따라 세상을 바라보는 방식과 관점이 어떻게 달라질 수 있는지를 잘 보여 주는 사례이기도 하다.

2015년 방영된 EBS 다큐프라임 〈동과 서〉에서도 이와 비슷한 실험을 다룬 적이 있다. 실험에서는 피험자에게 왼쪽의 그림을 보여 주고, 어떤 사물이 앞쪽에 있는 것처럼 보이는지 물었다. 피험자 중 동양인은 대부분 제일 아래 있는, 제일 큰 사물 A가 앞에 있다고 답한다. 반면, 많은 서양인은 그림 맨 위의 C가 제일 앞에 있다고 답했다. 이 결과에 대해 연구진은 서양인은 대부분 일인칭 시점과 시각 중심의 사고에 익숙하며, 자신을 관찰자의 위치에 두고 사고하는 경향이 있기 때문이라고 설명한다. 즉, 자신의 시선을 기준으로 보았을 때 가장 멀리 있는 물체가 가장 앞에 있다고 인식하는 것이다. 서양인은 자신의 시점에서 대상을 객관적으로 바라보는 데 익숙하다. 반면, 동양인은 관계를 중시하는 사고방식을 갖고 있어 관계망 속에

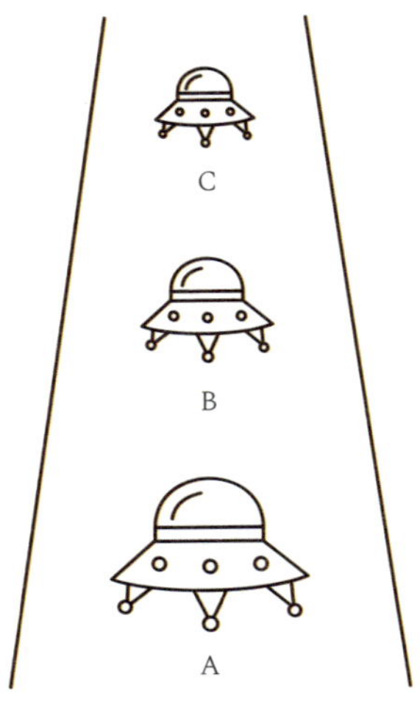

어떤 것이 앞쪽에 있을까?

EBS 다큐프라임 〈동과 서〉에서 진행한 동양인과 서양인의 인식 실험

서 대상들을 이해하고 해석하려는 경향이 있다. 이러한 차이는 실험에서도 드러난다. 동양인들은 그림 속 A, B, C 중 A가 가장 크기 때문에 앞에 있다고 인식한다. 크기가 곧 거리의 근접성을 의미한다고 판단하는 것이다. 이는 관찰자로서의 '나'의 입장보다는, 사물들 간의 관계를 중심에 두고 사고하기 때문에 나타나는 결과이며, 동양인의 인지가 보다 맥락적 사고에 기반하고 있음을 보여 준다.

나는 틸팅 스크린과 지도에 대한 반응 역시 사용자가 '자신'을 중심에 두고 인식하는가, 혹은 스크린의 상태와 지도라는 맥락적 관계를 중심에 두고 인식하는가에 따라 시각적 차이가 발생하는 것이 아닐까 생각하게 되었다. 이러한 차이는 곧 사고와 행위가 인터페이스에 어떤 영향을 미치는지, 그리고 그에 따라 정보와 이를 디스플레이하는 인터페이스가 어떻게 매핑되어야 하는지에 관한 문제로 이어진다. 이 주제에는 '어느 것이 옳다'는 정답은 존재하지 않는다. 단지 관점의 차이가 있을 뿐이다. 실제로 당시 연구실에서도 이 주제를 하나의 정답으로 결론 내리기보다는 하드웨어 스크린과 콘텐츠, 그리고 사용자 인터페이스 디자인이 상호 연결되어 있다는 연구 결과를 공유하며 논의를 마무리했다. 우리가 틸팅 스크린과 스피닝 스크린 등 '움직이는 스크린' 연구를 통해 얻은 가장 큰 깨달음은 스크린 자체에 대한 기술 개발이 중요함은 물론, 스크린의 형식이 다양해질수록 이에 연결된 인터페이스 및 인터랙션 문제 또한 함께 확장하며 지속적으로 탐색되어야 한다는 점이었다.

접고 말고… 스크린의 진화

당시 내가 구상하던 움직이는 스크린에 대한 아이디어 중에는 비록 구현되지 못했으나 '맬리어블 스크린malleable screen'이라는 형식도 있었다. 이는 사용자가 자유롭게 구부리고 휘어 사용할 수 있는 스크린으로, 그 안에 디스플레이되는 영상 역시 사용자의 움직임에 따라 유기적으로 변형되는 방식을 상상한 것이었다. 이 형식의 스크린은 오늘날 등장한 폴더블foldable 스크린 혹은 폴딩folding 스크린과도 폭넓게 연결된다. 이런 배경 덕분

인지 박사과정 중 한국에 잠시 들어왔을 때, 모 전자기업 내 소규모 연구 그룹에 초대되어 관련 아이디어를 발표한 적이 있었다. 당시 나와 회사 측은 이러한 스크린이 개발되었을 때, 그 위에(혹은 속에) 어떤 콘텐츠를 담을 수 있을까에 관해 고민했었다. 스크린의 형태가 다양하게 확장되더라도 기본 기능은 유지되어야 하며, 그에 맞는 적절한 콘텐츠도 함께 효과적으로 제시되어야 한다.

폴더블 스크린은 삼성보다 LG에서 먼저 출시되었다. 좀 더 정확히 말하자면, LG에서 만든 것은 롤러블rollable 스크린이라 해야 맞을 것이다. 이 스크린은 두루마리 그림처럼 한쪽에 말려 있다가, 화면을 펼치면 점점 확장되는 형식을 취한다. 그러나 LG는 이 기종을 출시한 지 얼마 지나지 않아 스마트폰 사업에서 철수했다(롤러블 스크린은 세상에 잠시 등장했다가 금세 사라졌고, 그 희소성 때문인지 최근에는 중고시장에서 높은 가격에 거래되고 있다는 기사도 보았다. 또한 중국에서 2025~2026년경 롤러블 스크린을 탑재한 스마트폰이 출시될 예정이라는 뉴스도 있었다). 이러한 이유로, 오늘날 우리가 종종 접할 수 있는 스크린 기반 스마트폰은 대부분 삼성의 '폴더블 스크린' 기종이다. 폴더블 스크린은 화면을 접더라도 스크린 자체의 전체 부피는 그대로 유지되며, 대신 디스플레이가 차지하는 영역만 유동적으로 재편성되는 방식이라는 점에서 롤러블 스크린과 차이가 있다.

폴더블 스크린은 오늘날 우리나라에서 꾸준히 개발되고 있다. 2020년 처음 출시된 삼성 갤럭시 Z 플립도 계속해서 좋은 반응을 얻고 있다. 최근 애플도 곧 폴더블 디스플레이 제품 출시를 앞두고 있다는 기사가 연이어 쏟아지고 있다. 그러나 이전의 LG도, 지금껏 삼성도 화면을 말았다 넓히거나 접었다가 펼치는 것과는 별개로 눈에 띄는 소프트웨어나 콘텐츠상에서의 아이디어를 보여 주지 않고 있다. 스크린 형식에 걸맞은 새로운 애플리케이션(앱)과 콘텐츠가 함께 제시된다면, 이는 시장에서 훨씬 더 큰 반향을 일으킬 수 있을 것이다. 이러한 관점에서 기술과 콘텐츠 간의 유기적 연계는 중요하다.

현재 출시되고 있는 다양한 형식의 스크린을 볼 때면, 가끔 내가 과거에 구현하지 못했던 맬리어블 스크린이 생각나곤 한다. 당시 이를 기술적으로 구현하지 못했다는 점보다 콘텐츠적으로 참신한 아이디어를 구상하거나 기획하지 못했던 점이 더 아쉽게 남는다. 그 후 시장에 등장한 다양한 스크린과 인터페이스가 어떻게 활용되는지를 지켜보며, 그 아쉬움은 점점 더 깊어졌다. 스크린의 하드웨어 인터페이스가 특수해져도 그 안에 '일반적인' 소프트웨어뿐만 아니라 특수한 소프트웨어까지 함께 담길 수 있는 방법이 없을까? 만약 누군가 획기적인 활용 아이디어를 제안하고 대중의 호응을 얻어 일상적으로 사용되게 된다면, 지금보다 훨씬 더 신기하고 실험적인 스크린들도 계속해서 등장할 수 있지 않을까? 스티브 잡스가 애플의 아이폰을 통해 터치 스크린의 패러다임을 바꾸었던 것처럼, 또 하나의 새로운 스크린이 '신인류'의 등장을 가능케 할 정도의 혁신을 일으킬 수 있을지 누가 알겠는가.

9장

터치 스크린

멀티터치 기술

스티븐 스필버그의 영화 〈마이너리티 리포트〉를 보면, 톰 크루즈가 허공에서 손을 휘저으며 공간에 떠 있는 투명 스크린상에서 여러 파일을 탐색하는 장면이 나온다. 2054년을 배경으로 한 이 영화에서 주인공 존(톰 크루즈 분)은 살인을 사전에 예측해 막는 최첨단 범죄 예방 시스템인 '프리크라임Pre-crime' 부서에서 일한다. 살인을 예지하는 자들로 구성된 예방 시스템에서 범죄가 일어날 시각을 불과 몇 분 앞두고 예비 살인자 명단이 발표되면, 존은 그 짧은 시간 내에 범인과 범죄가 일어날 장소를 특정하고 이를 저지하기 위해 출발한다. 따라서 살인 예지자 머릿속에 떠오른 여러 장면을 매우 빠른 속도로, 꼼꼼하게 살펴야 한다. 존은 허공에 떠 있는 스크린상에 여러 시각 이미지를 펼쳐 두고 파일을 이리저리 뒤지고 조합하기 위해 손을 급박하게 움직인다. 이는 우리가 스마트폰 스크린 위에서 스크롤하고 줌인-줌아웃하는 행위와 크게 다르지 않아 지극히 자연스러워 보인다. 그러나 이 영화가 2002년에 개봉된 것을 떠올리면 결코 예사롭게 넘길 장면은 아니다. 투명 스크린, 공간 스크린, 터치 스크린, 3D 스크린 등 당시로서는 미래인 오늘날의 스크린 모습을 다양하게 예시하고 있기 때문이다.

SF 영화 속 첨단 과학기술은 아직 상상 속에만 존재하는 미래의 이미지를 보여 준다. 그런데 그 모습이 모두 과장되거나 허황되었다기보다는, 많은 경우 있을 법하게 느껴지기도 한다. 그것들은 실제로 연구 중인 과학적 사실이나 개발 중인 기술을 바탕으로 고증을 거쳐 제작되기 때문이다. 예를 들어 크리스토퍼 놀란 감독의 영화 〈인터스텔라〉에 등장하는 웜홀 역시 이론 물리학자 킵 손의 자문을 바탕으로 과학적으로 설계된 장면이다. 〈마이너리티 리포트〉 또한 마찬가지로, 가상현실 기술의 선구자 중 한 명인 실리콘밸리 엔지니어 재런 레이니어를 포함한 여러 전문가의 자문과 기술적 고증을 통해 완성되었다.

'고증考證'이란 어떤 대상이나 내용을 옛 물건이나 문헌에 기초해 증거를 세우고, 이를 통해 이론적으로 밝힌다는 뜻이다. 따라서 SF에서 다루는, 미래에 있을 법한 기술적 대상물에 기초해 이론을 세운다는 표현은 다소 어색하게 들릴 수 있다. 그러나 〈마이너리티 리포트〉에 등장한 위 장면은 당시 연구 중이던 다양한 멀티터치 기술을 상당히 정확하게 반영한 사례라고 볼 수 있다. 2007년경에 나는 TEI Tangible, Embedded and Embodied Interaction 학회 키노트 연설에서 〈마이너리티 리포트〉의 기술 자문을 맡았던 연구자로부터 인상적인 이야기를 들었다. 톰 크루즈가 허공에서 손을 움직이며 조작하던 동작이 오늘날 우리가 스마트폰 스크린 위에서 손가락을 움직이는 방식과 유사하게 느껴졌다면, 그것은 바로 그 장면이 당시 개발 중이던 멀티터치 스크린 인터랙션 기술을 잘 고증한 덕분이라는 이야기였다.

오늘날 멀티터치 스크린은 우리에게 이미 친숙하다. 지난 20여 년 사이에 태어나고 자란 아이들은 스크린을 보면 무조건 손부터 가져다 댄다. 모든 스크린을 터치 스크린으로 인식하는 것이다. 태어날 때부터 스마트폰과 태블릿 PC, 노트북 패드에 노출된 아이들이니 그런 행동이 자연스러울 법도 하다. 그런데 스크린이 터치 스크린으로 바뀌고, 멀티터치가 가능해진 것은 그리 오래된 일이 아니다. 2007년 애플이 아이폰을 출시한 이래 본격적으로 상용화되었다고 봐도 좋다. 수많은 사람이 아이폰이 세상을 바꿔 놓았다고 말한다. 핸드폰을 개인용 컴퓨터로 만들고자 한 스티브 잡스의 발상 자체가 획기적이었지만, 무엇보다도 획기적인 것은 애플 제품의 미니멀한 인터페이스 디자인이다. 이는 단순하면서 직관적이다. 그리고 그 디자인이 가능했던 것은 그 이면 기술로 개발된 멀티터치 덕이 크다.

멀티터치 스크린은 오늘날 쉽게 볼 수 있지만, 그 개발 과정은 결코 쉽지 않았다. 인간과 컴퓨터의 상호작용 분야의 선구자인 더글러스 엥겔바트는 컴퓨터 마우스를 발명했다. 컴퓨터 과학자 이반 서덜랜드는 라이트 펜을 사용해 실제 공간에서 글을 쓰거나 그림을 그린 결과가 모니터에 실시간으로 나타나는 그래픽 사용자 인터페이스GUI인 '스캐치패드Sketchpad'를 개발했다. 이러한 기술 하나하나가 오늘날 우리가 일반적으로 생각하는 컴퓨터 인터페이스에 대한 하드웨어 및 소프트웨어적 기술 장치의 근간이 되었다. 앞에서도 말했지만 인간과 컴퓨터 사이의 인터랙션은 키보드 혹은 마우스 등의 인풋을 통해 시작될 수 있으나, 그 입력은 동시에 처리될 수 없었다. 이를테면, 두 개의 키보드를 동시에 누르거나 화면의 두 지점을 동시에 클릭하는 게 불가능했다(컴퓨터에 마우스를 두 개 연결시키지 않는 이유다). 혹시라도 동시 입력처럼 보이는 것도 컴퓨터가 밀리세컨드 단위의 시차를 두고 입력을 순차적으로 인식한 것이지 두 개의 인풋을 정확히 동시에 인식한 것은 아니다. 따라서 그동안의 컴퓨터 인풋은 매 순간 '싱글 인풋single input' 인식과 처리를 기반으로 했다.

오늘날 '터치 스크린'이라 부르는, 손가락 터치를 입력으로 받아들이는 스크린은 말 그대로 스크린과 마우스 역할을 함께 하는 장치다. 한마디로 디스플레이와 인풋이 스크린 기능 속에서 일체화된 것이다. 터치 스크린의 대표적인 용례로는 대형 쇼핑몰에서 상점 위치나 현재 위치를 안내하는 단말기, 또는 은행 ATM과 같은 키오스크 등을 들 수 있다. 그러나 이러한 터치 스크린 기술이 오늘날 스마트폰이나 스마트패드, 서피스 노트북 등에 그대로 적용된 것은 아니다.

싱글 터치 기반의 터치 스크린 기술에 혁신이 일어난 계기는 애플의 아이폰 출시에서 비롯되었다. 아이폰은 터치 스크린을 채택했을 뿐 아니라, 특히 멀티터치 기능을 기반으로 한 점에서 기존 기술과 차별화되었다. 아이폰은 2007년 처음 출시되었을 때부터 홈 버튼을 제외한 모든 입력이 액정 화면에서 이루어지도록 설계되었다. 사용자가 스크린의 크기를 최대한 활용할 수 있도록 모든 버튼을 화면 속에 배치한 것이다. 아이폰이 출시되기 전까지만 해도, 사람들은 피처폰이라 불리는 초기 세대의 휴대전화를 사용했다. 피처폰은 작은 디스플레이 화면과 여러 개의 입력 버튼으로 구성된 하드웨어를 갖추고 있었으며, 통화 기능 외에도 사진을 촬영할 수 있는 카메라 등의 기본 기능을 탑재하고 있었다.

이 시기의 화면은 주로 카메라로 찍은 이미지를 확인하거나 문자 메시지를 읽는 용도로 사용되었다. 그러나 당시 피처폰의 디스플레이는 화면 자체가 매우 작고 해상도도 낮았다. 이에 비해 아이폰은 출시 초기부터 다양한 성능을 갖춘 획기적인 디바이스였다. 사진 촬영은 물론, 애플이 이미 출시했던 음악 재생 기기인 아이팟iPod의 기능, 그리고 휴대용 조명, 계산기 등 여러 도구들이 하나의 장치에 통합되어 있었다. 아이폰은 단순한 '전화기'라기보다는 소형 '컴퓨터'에 가까웠으며, 무엇보다 인터넷 접속이 가능하다는 점에서 기존 휴대폰과는 본질적으로 다른 사용 경험을 제공했다.

애플은 디바이스가 다양한 기능을 갖추면서도 한 손에 쥘 수 있을 만큼 작게 만들기 위해 많은 노력을 기울였다. 당시에는 작고 가벼운 것이 모바일 디바이스의 핵심 경쟁력이었다. 하지만 중요한 것은, 그렇게 제한된 크기 안에 다양한 인풋과 아웃풋 기능을 어떻게 효과적으로 담아낼 것인가였다. 그 결과, 디스플레이 스크린이 다양한 기능을 통합적으로 수행할 수 있도록 디자인되었고, 기기 본체에는 홈 버튼 하나만 남긴 채 대부분의 복잡한 입력 기능을 화면 위에서 직접 수행할 수 있도록 구성했다. 텍스트 입력은 작은 화면 속 가상 키보드를 터치하는 방식으로 이루어졌고, 텍스트가 작게 보이거나 이미지나 사진을 확대해 보고 싶을 때는 스크린 위에 엄지와 검지를 동시에 올린 후 간격을 넓히는 제스처를 사용했다. 이러한 동작은 소위 '줌인'과 '줌아웃'을 수행하는 대표적인 멀티터치 제스처다. 또한 사진 앱에서 촬영한 사진들을 찾아볼 때는 나열된 이미지 섬네일thumbnail들을 스크롤하는 방식으로 탐색했는데, 이 역시 손가락을 화면 위에서 자연스럽게 움직이며 조작했다. 이처럼 멀티터치 스크린 위에서 손가락 제스처만으로 다양한 콘텐츠를 조작하는 인터랙션은 지금은 너무나 당연하게 여겨지지만, 사실은 정교한 공학 기술과 UX 디자인 연구, 수많은 테스트와 시행착오를 거쳐 완성된 결과물이다.

사실 기술적으로 스크린 위 상이한 위치에 있는 두 인풋점을 동시에 인식 및 처리하는 방식은 기존의 마우스와 키보드를 통한 싱글 입력과는 완전히 다른 이야기다. 꼬마전구 같은 LED나 아날로그 센서 등을 부착하고 이들을 제어해 본 사람이라면 익히 알겠지만, 센서나 LED를 두어 개 작동시키는 것과 열 개 이상 혹은 수백, 수천 개를 제어 및 작동시키는 것에는 엄청난 차이가 있다. 제어 대상의 수가 많아진다는 것은 하드웨어 및 소프트웨어적으로 연결 및 처리할 일이 수없이 늘어난다는 뜻이기 때문이다. 다시 말해 개발 난이도가 급격히 달라진다. 그 기술적 난도는 단계적으로 높아지는 게 아니라 갑자기 가파르게 높아지기도 한다. 특히 싱글터치 스크린에서 멀티터치 스크린으로의 전환은 그러한 기술적 난도의 급격한 상승을 대표적으로 보여 주는 사례였다. 이 과제를 해결하기 위해 오랜 시간에 걸친 연구와 공학자들의 집단적인 노력이 필요했다.

멀티터치를 인식하기 위해서는 기본적으로 두 개 이상의 포인터를 인식하고 그 포인터들 사이의 거리는 물론 그것들이 움직이는 방향도 실시간으로 가늠해야 한다. 이를 위해 초기 기술에서는 초음파 센서나 적외선 카메라를 활용한 센싱 방식을 사용해, 스크린 사면에서 손가락의 터치 지점을 감지하고 이를 실시간으로 계산했다. 또한 스크린 바로 밑면에 자기장 매트를 깔아 터치가 발생하는 곳의 자기장 변화를 통해 해당 지점의 온오프 터치를 감지하는 방식이 시도되기도 했다. 그러나 이러한 방식들 모두 각기 다른 한계점을 지니고 있어 보편화되기에는 어려움이 있었다. 스크린은 본래 디스플레이 기능을 우선적으로 수행해야 하지만, 센서 등의 물리적 요소가 배치되는 과정에서 공간적 제약이 발생해 기술적 구현이 쉽지 않았던 것이다. 그리하여 점차 스크린 위에서 디스플레이 기능과 손가락 움직임 센싱을 동시에 구현할 수 있는 기술로 카메라를 활용하는 방식이 유력한 대안으로 떠오르게 되었다.

당시 뉴욕대의 개발자 제프 한은 하드웨어 기술뿐만 아니라 여기에 적용될 UI/UX를 개발하던 실력자로 이름이 알려져 있었다. 그의 기술은 비전 인식을 사용해 두 개 이상의 손가락 터치와 이동, 움직임을 추적할 수 있었다. 그는 다양한 인풋 제스처를 추적, 인식하는 알고리즘을 개발했다. 그가 멀티 터치 기술을 세상에 발표할 즈음에 마이크로소프트 리서치 그룹의 수석 연구원이었던 앤디 윌슨도 멀티터치 인터랙션 기술을 개발 중이었다. 윌슨이 개발한 기술은 이후 서피스 테이블탑Surface Tabletop 컴퓨터 제품으로 출시되었다. 테이블탑 컴퓨터는 시장에서 큰 재미를 보지는 못했지만, 얼마 지나지 않아 마이크로소프트에서 나온 서피스 노트북은 그러한 집약 기술이 어떻게 상용화되고 상품화되는지를 또 다른 방식으로 보여 주었다.

서피스 테이블탑 컴퓨터의 탄생

나의 박사과정 지도교수였던 마잘렉 교수는 테이블탑 스토리텔링 시스템을 주제로 박사 학위를 받은 젊은 공학도였다. 나는 마잘렉 교수가 오픈한 Synlab의 첫 번째 연구원이자 수업 조교로서 방학 때마다 그녀를 도와 다음 학기 수업을 준비했다. 디지털 미디어나 HCI 전공 석사생들을 대상으로 한 피지컬 컴퓨팅 수업을 위해 나와 교수님은 LED나 저항resistor과 같은 재료 하나하나까지 직접 구입하며 준비했다. 스크린 디스플레이 연구가 랩의 중점 연구 주제다 보니, 다른 석박사 동료 연구원들도 테이블탑 멀티터치 디스플레이를 중심으로 한 하드웨어 및 소프트웨어 애플리케이션 연구를 진행했다.

그때가 2005~2006년경이었으니, 돌이켜 보면 아이폰이 출시되기 바로 직전이었다. 지금에야 깨닫게 되지만, 나는 곧 전 세계를 바꿀 혁신적인 제품이 나오려던 때에 스크린 관련 연구실에 있었던 것이다. 당연히 그때는 멀티터치 스크린, 테이블탑 디스플레이 등 새로운 디스플레이 기술에 대한 학계와 산업계의 관심이 최고조에 달해 있었다. 이런 공학기술계의 관심은 2007년에 열린 제1회 테이블탑 국제 컨퍼런스나 제1회 TEI 컨퍼런스 등을 통해서도 알 수 있었다. 이 시기에 테이블 컴퓨팅, 탠저블 컴퓨팅 관련 학회들이 잇따라 새롭게 조직되고 개최되었다.[7] 이는 그만큼 해당 분야에 대한 관심이 급격히 높아졌을 뿐만 아니라, 각자 개발한 기술과 연구 결과를 적극적으로 공유하려는 열망이 커졌음을 보여 주는 사례이기도 하다. 당시 학회에서도 멀티터치 디스플레이는 핵심적인 관심사 중 하나였고, 관련 개발자와 디자이너들이 대거 모여 활발한 논의와 교류가 이루어졌다.

나도 지도교수를 따라 몇 차례 학회에 참석했다. 학회가 열리는 내내 지도교수와 함께한 덕분에 다른 연구자들과의 점심 식사에도 따라갈 수 있었다. 식자 자리에는 역사적인 인물들이 있었다. 멀티터치 신기술 발표를 코앞에 둔 마이크로소프트 리서치 그룹의 윌슨도 있었다. 스무 명은 족히 넘는 사람들이 윌슨 주변에 모여 앉아 혹시 기술적인 비밀 하나라도 주워들을 수 있을까 싶어 귀를 쫑긋하고 있었다. 모두가 궁금해하던 것은 단연 그가 개발 중인 테이블탑 디스플레이에서의 제3의 카메라였다. 모두들 그 존재는 대강 알고 있는 눈치였는데, 그 카메라가 실제로 어디에 위치하고, 또 어떤 역할을 하는지 몹시도 궁금한 모양이었다. 당시 윌슨은 현재 개발 중인 기술에 대한 주변 이야기들을 한참 들려주다가, 정작 모두가 가장 궁금해하던 핵심 내용 앞에서는 "그건 비밀이에요!"라며 말을 아꼈다. 회사 기밀이었을 테니 당연히 알려 줄 리 만무했지만, 모두들 기대가 높았던 만큼 실망하는 눈치가 역력했다. 그리고 머지않아 마이크로소프트에서 서피스 테이블탑 컴퓨터가 출시되었다.*

초기 이 컴퓨터의 시판가는 상당히 높았다. 가격 부담이 큰 탓에 일반 가정에서 사용하기에는 적합하지 않았고, 대부분의 연구자들에게도 쉽게 접근할 수 있는 장비는 아니었다. 마이크로소프트는 기술 및 하드웨어·소프트웨어 개발과 관련해 자사의 디자인 저작권을 철저히 보호하는 것으로 업계에서 잘 알려져 있다. 이 때문에 연구비 여건이 넉넉하지 않은 대학 연구실에서는 이 제품의 하드웨어를 분해하거나 관련 기술을 해킹해 보는 것도 결코 쉽지 않았다. 우리 연구실도 사정은 마찬가지였다. 새로운 형태의 컴퓨터에 대한 궁금증, 그 이면의 기술을 탐색하고자 하는 열망은 날로 커졌지만, 현실적인 제약 속에서 속만 태우는 날들이 이어졌다. 그러던 중 반가운 소식이 들려왔다. 스페인 바르셀로나의 폼페우파브라대학교 뮤직 테크놀로지 그룹에서 '리액터블ReacTable'이라는 장치를 개발했다는 소식이었다. 더욱이 이들은 그 장치의 제작 기술을 일반에 무료로 공개해 곧 우리 연구실에서도 멀티터치 테이블을 직접 제작하고, 이를 기반으로 다양한 애플리케이션과 UI/UX 실험을 진행할 수 있는 환경이 마련되었다.

리액터블의 테이블탑

리액터블은 본래 악기 장치로 개발된 시스템이다. 개발자들 역시 음악 연구자이자 연주자(퍼포머)로, 이 시스템은 실시간 디지털 음악 연주를 위해 고안되었다. 사용자가 피치, 볼륨, 음색 등 다양한 음악적 속성을 조절하며 실시간 즉흥 연주를 할 수 있도록 구현된 일종의 악기이자 공연용 인터페이스였던 것이다. 음악적 요소들을 조작하기 위한 인터페이스는 테이블탑 위에 놓인 여러 개의 정육면체 박스 형태의 오브젝트들이었다. 이 박스들은 테이블 위에서 일종의 노브knob 역할을 하며, 연주자는 이를 돌리거나 위치를 옮김으로써 볼륨, 피치, 리듬, 멜로디 등의 음악 요소를 실시간으로 조절할 수 있다. 이러한 기능을 가능하게 하기 위해 각 박스의 면에는 '피듀셜 마크fiducial mark' 센서가 부착되어 있었다. QR 코드와 유사한 이 마크는 각 오브젝트가 어떤 ID를 가지고 있는지, 현재 테이블 상 어디에 놓였는지, 그리고 어떤 면이 어떤 방향으로 배치되었는지를 AR 방식으로 인식할 수 있도록 설계되었다. 리액터블 인터페이스는 테이블탑 디스플레이 아래쪽에 적외선 카메라를 배치해, 테이블 위의 오브젝트들을 실시간으로 추적하고 인식하는 시스템을 사용하였다.

리액터블이 학계에서 널리 유명해진 것은 시중에서 어렵지 않게 구할 수 있는 재료들로 쉽게 따라 만들 수 있도록 조립법부터 하드웨어 제작 기술까지 공유했기 때문이다. 또한 하드웨어와 소프트웨어의 연결을 위한 입출력 통신 프로토콜과 샘플

소프트웨어 코드까지 공개했다. 많은 연구자는 이들이 제공한 오픈소스를 다운받아 테이블탑 인터페이스를 만들고, 이를 기반으로 한 다양한 애플리케이션은 물론 관련 UI/UX 개발에도 박차를 가했다.

결국 테이블탑 컴퓨터는 컴퓨터 역사 속에서 스쳐 지나간 기술처럼 보인다. 현재 시중에서는 이러한 형태의 컴퓨터를 거의 찾아볼 수 없기 때문이다. 2007년 11월 세상에 나온 마이크로소프트의 서피스 테이블탑 컴퓨터도 얼마 지나지 않아 시장에서 조용히 사라졌다.[8] 그러나 이 기술들이 완전히 사라진 것은 아니었다. 서피스 테이블탑보다 앞선 2007년 1월, 애플은 이러한 기술을 흡수해 아이폰을 출시했고, 그 기술은 아이폰을 통해 수많은 사람의 일상 속에서 비로소 본격적으로 꽃피우기 시작했다.

아이폰이 바꾼 세계, 새로운 인류

"우리는 이 버튼들을 모두 없애고 거대한 화면을 만들었습니다." 2007년 스티브 잡스는 아이폰을 세상에 내놓으며 이같이 발표했다. 하지만 애플의 아이폰이 가져온 변화는 버튼이 없는 거대한 스크린만이 아니었다. 잡스가 프레젠테이션에서 "[앞으로 사람들은 이 기기로] 전화도 하고, 아이팟도 듣고, 사진도 찍고, 인터넷도 합니다"라고 말하자 관중은 환호했다. 아이폰은 그야말로 세상을 혁신적으로 바꿔 놓은 기기였다. 그 변

2007년 아이폰의 출시를 알리는 스티브 잡스의 맥월드 기조연설

화를 '혁신'이라 표현하는 것은 결코 과장이 아니다. 전화, 음악 재생기, 카메라, GPS 내비게이션 등 다양한 기능이 손안의 작은 컴퓨터 속에 통합되면서, 인류는 이전과는 전혀 다른 존재로 거듭났다. 그래서 사람들은 이러한 신인류를 '포노사피엔스' 또는 '포노족'이라 부르기도 한다.[9]

스마트폰의 등장과 함께 인터넷 문화도 웹 2.0 소셜미디어 문화로 급변했다. 과거 웹 1.0 시대에는 일방향적 소통만이 가능했다. 소비자는 누군가가 제공한 정보나 콘텐츠를 찾아가 수동적으로 이용하는 방식이었다. 반면 웹 2.0 시대에는 생산자와 소비자 간의 양방향 소통이 가능해졌다. 소비자는 다양한 플랫폼을 통해 정보를 이용하는 데 그치지 않고, 스스로 콘텐츠를 생산하고 적극적으로 공유하기도 했다. 한마디로 웹 2.0

은 좀 더 개방적이고 참여적이며 공유를 기반으로 한 자율적인 소통이 가능한 문화 환경으로의 전환이었다.

지금은 메타Meta로 이름을 바꾼 페이스북과 인스타그램, 카카오톡, 유튜브 등은 이런 소셜미디어 시대의 대표 플랫폼이다. 유튜브는 누구나 영상을 찍어 올릴 수 있는 동영상 플랫폼으로, 이를 활용해 수익도 창출할 수 있다. 카카오톡은 채팅방에서 일대일 혹은 다수와 소통하는 대표적인 한국 플랫폼이다. 인터넷 상거래도 소셜미디어를 통해 더욱 활성화되었고, 개인별 맞춤형 광고도 뜨고 있다. 여기에 넷플릭스, 디즈니플러스, 티빙, 왓챠와 같은 영상 플랫폼 앱들이 등장하면서 보고 싶은 드라마나 영화를 VOD Video On Demand나 OTT Over The Top 방식으로 손안의 스마트폰에서 볼 수 있다. 이는 일상적인 소통과 업무, 그리고 여가 생활을 모두 바꿔 놓았다. 사람들은 이러한 변화를 두고 '아이폰 이전before iPhone과 이후after iPhone'라고 표현한다.[10]

아이폰 출시 이후 변화된 사용자의 모습은 게임 문화를 통해 역으로 이해할 수 있다. 덴마크의 게임학자 예스퍼 율은 『캐주얼 혁명: 비디오게임과 플레이어의 재창조*A Casual Revolution: Reinventing Video Games and Their Players*』라는 저서에서 게임 문화가 기존의 '하드코어 게임' 문화에서 '캐주얼 게임'을 즐기는 문화로 바뀌었다고 말한다('캐주얼casual'이란 용어는 율이 기존의 하드코어 게임이나 하드코어 게이머들과 비교하기 위해 사용한 것이다). 율에 의하면, 캐주얼 게임은 수많은 비非게이머를 진지한 게이머로 흡수하는 결과를 가져왔다. 그들 중에는 한때 하드코어 게임을 즐겼으나, 직장과 가정 내의 늘어나는 역할로 인해 게임을 즐길 여유를 잃어버린 이들도 있었다. 그렇다고 해서 이들이 게임에 대한 흥미를 완전히 잃은 것은 아니었다. 출퇴근 시간이나 집에서의 짧은 여유 시간에 가볍게 게임을 즐기는 이들도 적지 않았다.

율의 분석에 따르면, 이런 빈틈을 메우며 등장한 것이 캐주얼 게임이다. 캐주얼 게임은 기존 게임과 달리 사용자의 일상생활에 서서히 침투되도록 디자인되어 점차 크게 흥행할 수 있었다. 그가 분류하는 캐주얼 게임에는 두 종류가 있다. 먼저 닌텐도사의 위Wii와 같은 '미메틱 캐주얼 게임mimetic casual game'이다. '미메틱'은 '(다른 것의 행동·모습을) 모방하거나 모사하는'이란 뜻을 가진 단어인데, 위 테니스 혹은 위 골프처럼 '위'라는 게임의 하드웨어 인터페이스가 그런 예라고 할 수 있다. 이런 종류의 게임은 사람들이 익히 아는 실제 스포츠를 가상으로 모사하여, 실제와 유사하게 행동할 수 있도록 만든다. 게임 규칙과 행동도 실제 세계와 크게 다르지 않아서 진입 장벽도 높지 않다. 또 다른 형식으로 '다운로더블 캐주얼 게임downloadable casual game'이 있다. 스마트폰에서 비교적 저렴하게 구입할 수 있으며, 파일 사이즈도 작아서 바로 다운로드하여 실행할 수 있는 앱 형식의 게임이다. '애니팡'이 그 대표적 예다. 한 줄이 다 맞춰지면 팡팡팡! 터지면서 신나는 사운드와 함께 큰 점수가 쌓인다. 이러한 게임들은 플레이의 임무가 어렵지 않고, 칭찬 가득한 피드백과 만족스러운 보상으로 게임하는 즐거움을 선사한다.

이러한 캐주얼 게임은 사용자가 게임을 진행하다가 잠시 멈춰도 전혀 문제가 없도록 설계되었다는 특징을 가진다. 가령 게임을 하는데 누군가로부터 전화가 왔을 때, 사용자는 먼저 통화를 한 다음에 다시 이탈한 게임 화면으로 돌아가도 전혀 문제될 것이 없다. 이런 디자인은 게임을 자연스럽게 이어나갈 수 있도록 한다. 이는 너무 당연한 이야기처럼 들릴 것이다. 그러나 과거에는 그렇지 않았다. 플레이를 멈출 때마다 직접 저장해야 했고, 다시 시작할 때는 저장된 데이터를 불러오는 번거로운 과정을 거쳐야 했다. 이에 비하면 캐주얼 게임은 보다 편리하고 자연스럽게 플레이를 이어 갈 수 있도록 발전한 셈이다.

바로 이러한 사용자 경험의 차이가 바쁜 현대사회에서 과거의 플레이어였던 지금의 성인들을 다시 게임 세계로 끌어들이는 원동력이 되었다. 이뿐만이 아니다. 캐주얼 게임은 MMORPGMassive Multiplayer Online Role Playing Game처럼 복잡한 게임 규칙을 익히는 데 많은 시간이 필요한 방식이 아니라, 남녀노소 누구나 쉽게 접근할 수 있도록 직관적으로 설계되었다. 또한 소셜미디어와 연동되어 친구들에게 방금 세운 최고 기록을 자랑하거나, 여러 사람과 경쟁할 수 있는 기능도 제공된다. 율은 이러한 캐주얼 게임의 특성이 게임 산업과 게이머 모두에게 '혁신적'인 변화를 가져왔다고 말한다.

나는 이러한 게임의 변화 역시 결국 스마트폰이 이끈 혁신의 연장선상에 있다고 본다. 오늘날 OTT 서비스도 게임 문화처럼 자연스럽고 빈틈없는 연결성으로 변화를 만들어 가고 있다. 퇴근길 지하철에서 스마트폰으로 보던 드라마를 집에 도착하자마자 큰 TV 화면에서 이어 볼 수 있다. 이러한 경험 뒤에는 고도화된 네트워크 기술과 정교한 UX 설계 및 디자인이 자리하고 있다. 이제 사람들은 스마트폰이나 컴퓨터 같은 디지털 기기에서 한시도 벗어나기 어려운 시대에 살고 있다. 언제 어디서나 항상 기기와 연결되어 있어야 하는, 이른바 '유비쿼터스 연결성ubiquitous connectivity'의 시대가 도래한 것이다. 그리고 이러한 연결을 통해 수집된 방대한 정보는 다시 소셜미디어 앱을 통해 사용자에게 되돌아온다. 디지털 기기와 정보는 물론, 사람과 사람 사이의 관계 또한 더욱 긴밀하게 연결되고 있다. 이러한 환경 속에서 사람들은 눈을 뜨는 순간부터 잠들 때까지 스마트폰을 손에 쥐고 세상과 끊임없이 소통한다. 스마트폰 하나면 언제 어디서든 고해상도의 사진과 동영상을 찍을 수 있고, 출퇴근길 지하철이나 버스 안에서도 게임을 즐기거나 자신의 일상을 공유하고, 타인의 일상을 들여다볼 수 있다. 이제 스마트폰의 스크린은 '디지털 보철물digital prosthetics'처럼 점점 신체의 일부가 되어 가고 있으며, 이처럼 스크린은 우리의 삶 깊숙이 침투하고 있다.

2007년 아이폰의 등장을 기점으로 스마트폰 기술은 비약적인 발전을 거듭해 왔다. 지금 이 순간에도 기술은 멈추지 않고 계속 진화하고 있다. 삼성과 애플을 비롯한 주요 제조사들은 매해 새로운 버전의 스마트폰을 선보이며 경쟁을 이어 가고 있다. 특히 애플은 자사 광고에서 'more than ever'와 같은 문구를 사용하며 타사 제품은 물론, 자사의 이전 모델과의 차별화를 강조하는 전략을 펼치기도 했다.

그런데 이러한 매혹적인 광고 이면에 숨겨진 자본주의적 경영 전략과 디자인의 논리도 살펴봐야 한다. 아마 오늘날 대부분의 사람들도 이런 사실을 모르지는 않을 것이다. 새로운 버전의 기기가 출시된다는 것은, 그 이전 버전들을 자연스럽게 '구식'으로 인식하게 만든다는 의미이기도 하다. 애플은 신제품을 통해 단순한 기술적 혁신뿐만 아니라, 자사의 제품과 브랜드에 열광하는 '신도'들을 끊임없이 만들어 냈다. 소위 '애플빠', '스티브 잡스의 노예'라는 표현은 애플의 기술과 디자인 생태계에서 벗어나지 못하는 자신을 자조적으로 표현함과 동시에 비슷한 취향을 지닌 사람들과 유대감과 동료애를 느끼기 위한 방식이기도 하다. 이러한 현상의 이면에는 늘 새로운 버전의 기기가 제공하는 매끄러운 사용 경험이 자리 잡고 있다. 다시 말해, 관련 제품을 구입하고 사용할 때 느끼는 감각적 경험과 밀접하게 연결되어 있는 것이다.

빈틈없이 매끄럽다는 것

문화심리학자 김정운은 『창조적 시선: 인류 최초의 창조 학교 바우하우스 이야기』에서 애플이 크게 성공한 이유는 감각을 혁신적으로 편집했기 때문이라 분석한다. 특히 그는 인간이 기계를 만지고 쓰다듬을 수 있도록 해 줬다는 것에 주목한다. 만지고 쓰다듬는 것은 지극히 인간적인 상호작용이기 때문이다. 애플은 인간이 기계와도 그토록 친밀하게 상호작용할 수 있음을 보여 주었다.

접촉의 감각, 즉 촉각적 경험은 일차적으로 스마트폰의 표면 기술에서 비롯된다. 스마트폰의 표면은 매끄럽다. 이는 제품의 케이스, 포장을 통해서도 은유된다. '애플' 하면 가장 먼저 새하얗고 미니멀한 디자인이 떠오른다. 이는 수석 디자이너였던 조너선 아이브와 그를 고용한 스티브 잡스의 선택과 전략에 따른 것이다. 월터 아이작슨이 쓴 스티브 잡스의 자서전을 보면, 잡스가 처음에 소니의 디자인을 흉내 내려다가 브라운의 디터 람스 디자인을 뒤따르는 아이브를 만나면서 오늘날과 같은 애플의 시그니처 디자인을 창안했다는 대목이 나온다(애플은 소니의 블랙 중심 디자인과 차별화하기 위해 의도적으로 하얀색을 선택한 것으로 전해진다).[11] 애플은 제품 표면부터 그 포장까지 깨끗하고도 부드럽고 매끈한 촉각적 감각을 층층이 쌓아 전달한다.[12] 박스를 열면 새 기기는 그야말로 지문이나 얼룩 하나 없이 완벽하게 깨끗하고 매끈하다. 애플의 신제품은 때때로 과대포장처럼 느껴지기도 하지만, 바로 이러한 감각적 경험이 소비자들로 하여금 그 순간을 그리워하게 만들고, 결국 후속 제품에도 기꺼이 지갑을 열게 만든다.[13]

신제품의 매끄러움은 상처 없는 표면에서 발현된다. 이와 같은 매끄러움의 감각은 새로운 버전일수록 배가된다. 그러한 감각이 외관뿐만 아니라 기술적 인터페이스에도 반영되기 때문이다. 기술 제품의 새 버전이 출시될 때는 사양이 이전보다 하나라도 더 개선되고, 외관적으로도 좀 더 화려하거나 부드러운 측면이 있어야 한다. 새 버전의 기기는 가격도 전보다 좀 더 비싸지기 마련인데, 소비자들은 가격에 아랑곳하지 않고 그러한 기술적이고 디자인적인 업그레이드를 기대하고 기다린다(오늘날 신자유주의 사회에서는 무엇 하나라도 제대로 업그레이드돼야 소비자의 지갑을 열 수 있다. 그리고 그래야만 기업은 다국적 자본주의와 신자유주의 시장이라는 경쟁적 생태계 속에서 도태되지 않고 살아남을 수 있다).

한편 애플의 새 기기는 언박싱 직후 사용자가 처음 사용할 때 '환영합니다'라는 인사말을 하도록 설계되어 있다. 마치 램프의 요정 '지니'가 주인을 맞이하듯 말이다. 이는 단순해 보이지만 사용자에게 마치 이 기기의 주인이 된 것 같은 느낌을 전한다. 이후 기기는 사용자가 스스로 맞춤 설계하도록 친절히 안내한다. 특히 요즘 기기들은 스마트폰이든 노트북이든 간에 기존 기기를 새로운 기기 옆에 놓아두기만 해도 자동으로 사용자 세팅이 된다. 기기의 안내에 따라 몇 번의 터치와 손쉬운 조작으로 빠르고 매끄럽게 세팅이 완료되는 것이다. 이는 하드웨어 기기 이면의 기술 덕분이다. 하지만 또 다른 측면에서 보면 이는 크게 새로운 기술은 아니다. 클라우드 컴퓨팅 세계에서 아이디를 넣고 접속하기만 하면, 서로 다른 기기일지라도 기기 간에 사용자 맞춤형 세팅값이나 데이터가 공유되며 매끄럽게 연결되는 것과 유사한 원리이기 때문이다. 나 또한 꽤 오래전부터 집과 학교 연구실, 각각의 공간에 서로 다른 컴퓨터를 놓고 사용한다. 하지만 두 대 이상의 컴퓨터를 사용하려면 기기 간의 작업 연속성이 보장되어야 한다. 전날 집에서 작업한 문서가 다음 날 아침 연구실 컴퓨터에서 자동으로 동기화되어야 하는 것이다. 다시 말해, 애플 신제품의 초기 세팅이 와이파이든 블루투스든 간편하게 마무리되는 '매직'은 실상 놀라운 신기술은 아니다. 그럼에도 불구하고 이전 기기의 정보와 설정이 새로운 기기로 물 흐르듯 자연스럽게 이전되는 장면을 직접 마주하게 되면 여전히 놀라움과 감탄을 자아내는 '마법 같은' 순간처럼 느껴진다.

우리는 이러한 순간을 '심리스seamless하다'고 표현한다. 'seam'은 '빈틈'이나 '솔기' 등을 뜻하고, 'less'는 '없다' 또는 '적다'라는 뜻의 접미사다. 따라서 '심리스하다'는 말은 빈틈이 없다는 뜻이다. 기술과 디자인에서는 이런 심리스한 특성이 중시된다. 스마트폰, 노트북, VR 고글과 같은 고가의 기술 장비들은 점점 더 모든 면에서 '심리스한' 세계를 지향하며 진보하고 있다. 그런데 잠깐, 이처럼 매끄럽고 완벽해 보이는 표면 뒤에 무언가 감춰져 있는 것은 아닐까? 혹시 우리가 놓치는 뭔가가 있는 건 아닐까?

터치 스크린의 얼룩

『터치 스크린론: 디지털 디바이스와 감정들*Touch Screen Theory: Digital Devices and Feelings*』의 저자 미셸 화이트는 문화심리학자 김정운처럼 터치 스크린의 촉각적인 면을 주의 깊게 살핀다. 그녀는 터치 스크린에 인간의 감정은 물론 체화된 감각과 인지가 서로 밀접히 관계한다고 분석하며 터치 스크린을 피부skin에 비유한다.[14] 특히 그녀가 스마트폰 스크린과 피부의 친연성親緣性을 말하는 대목은 흥미롭다. 스마트폰을 새로 구입했을 때 순백의 포장 상자와 그 속의 부드러운 포장 종이, 그리고 거기에서 꺼낸 스마트폰의 터치 스크린은 마치 아기의 속살처럼 연약해 보인다. 그래서 새 스마트폰을 손에 넣은 사람들은 혹시라도 떨어뜨려 흠집을 낼까 봐 그 대상을 더없이 조심스럽고 소중하게 다룬다. 그리고 스마트폰을 위한 각종 스킨(실제 우리는 이러한 보호용 커버를 흔히 '스킨'이라고 부른다)과 액정 스크린을 보호하기 위한 필름을 함께 구입한다. 이들은 폰 자체의 찌그러짐이나 표면에 생기는 상처를 미연에 방지하기 위한 액세서리 용품이다. 지문이나 기름때 등으로부터 스마트폰이 오염되지 않도록 배유성 코팅 처리가 되어 있는 경우도 있다.

재미있는 것은 폰의 보호용 커버를 '스킨'이라고 부르는 동시에 보호막이나 커버 없는 폰을 '네이키드 디바이스naked device', 즉 '벗겨진 장치'라고 부른다는 사실이다. 이처럼 기기를 생물처럼 간주하는 은유적 표현이 꽤 흥미로운데, 이는 스크린에 생기는 상처나 파손을 매우 부정적인 심리적 감정과 연결짓는 것과도 관련이 있다. 깨끗하고 매끈한 스크린이 일종의 추앙의 대상이 되는 반면, 스크린에 남은 얼룩이나 흠집은 마치 더러운 오물처럼 인식된다. 심지어 이런 흔적은 '실패'와 연결되기도 한다. 폰을 떨어뜨려 스크린이 깨졌다면, 그것은 나의 부주의함과 침착하지 못함을 드러내는 실수이자 실패로 받아들여진다. 더러워진 폰은 사용자의 게으름을 반영한다고 여겨져 부끄럽고 창피한 감정으로 이어지기도 한다. 반대로 깨끗한 신제품은 정돈되고 세련된 옷이나 구두, 반짝이는 매니큐어처럼 자신을 가꾸고 표현하는 하나의 방식이 되기도 한다.

그러나 아무리 깨끗하고 화려했던 스마트폰도 시간이 지날수록 그 반짝임은 서서히 사라진다. 기기는 점점 낡아 가고, 스크린 위에는 오염이 쌓이면서 처음에 애지중지하던 마음도 어느새 희미해진다. 그리고 우리는 또다시 새 제품을 갈망하게 된다. 이러한 흐름을 단순히 현대인의 소비지향적 심리로만 설명할 수 있을까? 미디어생태학자 유시 파리카는 디지털 기기에 '계획적 진부화' 혹은 '계획적 노후화' 프로그램이 내장되어 있을 가능성을 강하게 의심한다. 4~5년 정도 지나면 디지털 기기의 운영 속도가 현저히 떨어지도록 프로그램화되어 있다는 주장이다.[15] 이는 음모론 아닌 음모론(?)이기도 한데, 실제로 많은 사용자가 기기의 성능과 정보 및 동작 처리 속도가 급격히 감소하는 것을 체감하고 비슷한 문제를 제기하고 있기 때문이다. 그러나 이러한 의심이 들 때쯤이면 사람들은 새 기기로 바꾸는 것이 불가피하다고 느낀다. 기기의 느려진 성능이 곧 자신의 일과 삶에서 생산성을 크게 저하시키는 요인이라 생각하기 때문이다. 결국 사람들은 기기를 교체함으로써 생산성을 높이고, 그로 인해 더 행복해질 것이라 스스로를 합리화한다.

또한 파리카는 쓸모없어진 구식 기기를 '좀비 미디어'라 지칭하기도 한다.[16] 쓸모를 다한 좀비와 같은 기기는 집에 방치되거나 고철물 쓰레기로 버려지고 묻힌다. 그는 이처럼 버려진 디지털 기기가 생태학적으로 지구에 또 하나의 적층을 만들어 낸다는 점도 지적한다. 우리는 디지털 기기 및 디지털 문화가 0과 1이라는 비트로 이루어진 가상 정보, 가상 데이터라고 믿는다. 그러나 이는 환상일 뿐이다. 이처럼 낡고 버려진 구식 기기들은 '디지털은 비물질적'이라는 막연한 환상을 무색하게 만든다. 비록 디지털 세계 속 정보는 비물질적이더라도, 정보를 생산하고 저장하고 검색하기 위해 쉼 없이 돌아가는 서버는 물질적이며 에너지를 필요로 하고 이산화탄소를 배출한다. 비가시적 데이터 뒤에는 어마어마한 서버 장치들이 있다.

터치 스크린과 배제당한 사람들

아이폰이 처음부터 매끄럽게 인식됐던 것은 아니다. 단 하나의 버튼만 남긴 채 전면을 터치 스크린으로 바꾼 변화는 기존에 있던 각종 입력식 버튼이 사라졌음을 의미한다. 이는 피처폰에서 블록 형태의 키패드, 즉 누르는 방식의 버튼이 모두 터치 스크린상의 가상 키보드로 대체되었음을 뜻한다. 사람들이 이러한 변화를 익히는 데는 시간이 필요했다. 처음에는 작은 화면의 가상 키보드에서 타이핑을 하자니 오탈자가 많이 나왔다. 그 결과 이모티콘과 약호, 축약어가 등장했고, 생소한 경험들에 사람들은 서서히 적응해 갔다. 그리고 오늘날 디지털 네이티브들은 엄청난 속도로 문자를 입력하는 엄지족이 되었다. 하지만 시각장애인들에게 스마트폰의 터치 스크린은 큰 제약으로 작동한다. 어떤 키가 눌렸는지 화면만으로는 알 수 없기 때문이다. 이후 기술이 발전하면서 터치 스크린 내용을 읽어 주는 보조 인터페이스가 등장했지만, 시각장애인들에게는 오히려 이러한 '혁신적인' 변화가 또 다른 소외감을 안겨 주었다.

미셸 화이트는 앞서 언급한 책에서 터치 스크린이 불러온 젠더 불평등에도 주목한다. 터치 스크린이 손톱을 가꾸는 여성들에게 결코 친화적이지 않다는 지적이다. 나는 이러한 비판을 지엽적인 문제로 치부할 것이 아니라, 하나의 상징과 은유로 파악해야 한다고 생각한다. 그녀는 일반 남성 중심의 권력이 이러한 기술 디바이스 디자인에 별 문제 없이 반영되었으며, 소수자들의 불평과 비판은 무시되고 있다고 말한다. 기술 디바이스 디자인에서 '모든 이everyone'라 불리는 대상은 '백인 남성'인 경우가 많다. 예를 들어 2009년경 세계 최대의 PC회사 중 하나인 휴렛팩커드Hewlett-Packard Company, HP에서도 인종차별 논란이 있었다. HP가 웹카메라를 내장한 개인용 컴퓨터를 출시했는데, 이때 카메라가 인간 동작과 안면을 인식하고 자동으로 움직이거나 초점을 맞추도록 함께 배포한 소프트웨어가 문제였다. 이 소프트웨어가 백인 사용자의 얼굴과 동작은 잘 인식하면서도 흑인 사용자의 얼굴과 동작은 잘 인식하지 못한다는 사실이 드러난 것이다. 이에 대한 불만과 비판이 일자, HP는 카메라가 설치된 환경의 조도 때문에 상황마다 다르게 반응할 수 있다는 원론적인 답을 내놓았다. 하지만 이는 기술이 소수자들을 얼마나 쉽게 배제하는지 단적으로 보여 주는 사례다. 화이트는 이러한 문제를 통해 '젠더 스크립트'가 암묵적으로 문화적·기술적 표준을 강요하고 있으며 학계, 문화계, 기술계 모두가 이러한 소외의 스크립트를 너무나 쉽게 당연시하면 안 된다고 경고한다.

이 외에도 오늘날 출시되는 터치 스크린 디스플레이는 손이 작은 사람들을 배제하는 측면이 있다. 예를 들어, 엄지손가락으로 화면을 길게 스크롤해야 하거나 스크린 숏을 찍기 위해 위아래 또는 양옆의 버튼을 동시에 눌러야 할 때, 손이 작은 사용자에게 이 동작은 매우 불편하거나 경우에 따라 아예 실행 불가능하기도 하다. 이처럼 스마트폰 스크린은 반짝이고 매끄럽지만, 그 이면에는 수많은 제약과 보이지 않는 차별, 친환경적인 것과 반대되는 시장 논리를 감추고 있기도 하다. 현대사회에서 급속히 개발되고 보편화되는 기술이 젠더뿐만 아니라 장애와 인종 혹은 신체적 차이 등 여러 측면에서 소수자를 배제하는 것은 아닌지 고려해 볼 필요가 있다.

무뎌지는 터치 감각

〈터칭 리얼리티Touching Reality〉•는 현대미술가 토마스 허쉬혼의 비디오 작업이다. 작업은 터치 스크린상에서 전쟁이나 테러 등으로 잘려 나간 사람의 팔과 다리 등 일련의 끔찍한 이미지들을 줌인-줌아웃하며 들여다보고 조작하는 손을 보여 준다. 인물의 손동작은 화면에 보이는 이미지에 대해 친숙한 동시에 한없이 무심하다.

미술비평가 클레어 비숍은 디지털 디바이스가

밝고 선명한 디스플레이와 인터넷 네트워크, 그리고 높은 해상도의 카메라를 통해 이미지를 생생하고 직접적으로 전달하지만, 터치 스크린 위 우리의 손끝은 그 이미지가 보여 주는 현실에 한없이 무덤덤하다고 말한다.[17] 우리는 이미지를 습관적으로 확대하고 축소하며, 일부를 자르고 변형시키는 데 익숙해졌다. 이는 신체 이미지를 다룰 때도 마찬가지다. 〈터칭 리얼리티〉에서처럼 시신 이미지조차, 사용자에 의해 무심하게 조작되거나 '참수'되기까지 한다. 비숍은 이러한 태도가 우리가 별다른 생각 없이 가족사진이나 친구 사진 같은 사적인 이미지를 공유하고 주고받는 방식에서 비롯되었다고 분석한다. 무의식적으로 이미지를 대하고 처리하는 태도가, 우리가 끔찍하게 느끼고 경각심을 가져야 할 대상에게도 그대로 적용된다는 것이다. 그녀는 또한 이러한 태도가 스크린 터치로도 자연스럽게 이어지며 이미지 다루기에 점점 더 익숙해지고 가까워지는 동시에, 고통스럽고 충격적인 이미지에도 감정적으로 충분한 거리를 둘 수 있는 모순된 심리적 경험을 익히게 된 것이라 말한다.

〈터칭 리얼리티〉는 한 번 사용하고 쉽게 버려지는 이미지와 파일들을 다루는 표피적 경험에 대해 발언한다. 비숍의 분석처럼 허쉬혼의 작업은 터치 스크린과 발전하는 기술을 통한 인간의 달라진 감각과 인식을 조용히, 그러나 단도직입적으로 가시화시킨다. 이러한 작업은 터치 스크린이 인간의 감정을 감추고 평평하게 다듬어, 그것을 무덤덤하고 비생산적인 것으로 바꾸고 있는 것은 아닌지 되묻게 한다. 한편 이러한 분석은 뉴스 매체와 소셜미디어를 통해 타인의 고통이 담긴 이미지들이 쏟아지는 현실 속에서, 수전 손택이 우려했듯 지구 반대편의 전쟁을 단지 이미지로만 접할 때 우리가 인간적 연민이나 책임감을 느끼는 대신, 무의식적으로 도덕적 거리두기를 하게 된다고 경고했던 것을 떠올리게 한다.[18] 손택은 타인의 고통에 대한 방관과 무시가 어떤 진지함의 가능성마저 비웃는 잔인함으로 이어지는 것은 아닌지 따끔하게 질문한다. 터치 스크린을 마주하며 우리도 손택의 질문과 경고를 다시 떠올릴 필요가 있다.

미디어 비평가 폴 비릴리오도 우리가 스크린 너머의 실제 세계에 점점 무감각해지고 있다는 점을 지속적으로 우려해 왔다. 그는 과거의 시각 체계가 '작은 광학small optics', 즉 기하학적 원근법을 기반으로 직접 보는 방식이었다면, 오늘날의 시각 체계는 '큰 광학big optics'으로 바뀌었으며, 이는 네트워크 기술과 실시간 원격 시각화에 기반하고 있다고 설명한다.[19] 그러나 이 광학의 차이가 감각의 변화에 가져오는 차이는 상상 외로 크다. 오늘날 우리는 단지 스크린을 통해 원거리의 상황을 '보고', 단순한 클릭으로 미사일을 발사할지 말지를 결정하는 전쟁의 현실을 마주하고 있다. 이러한 감각의 위협은 게임 제작자이자 이론가인 곤잘로 프라스카가 2001년 벌어진 9.11 테러 사건을 토대로 제작한 게임 〈9월 12일September 12th〉에서도 드러난다. 플레이어는 클릭 한 번으로 민간인 마을에 미사일을 발사하는데, 이는 단순한 게임이라기보다는 무통한 감각 속에서 이루어지는 행위에 대한 반성적 성찰을 유도하는 작품이다.[20] 스크린으로 매개된 접촉과 선택이지만, 이는 원거리 접촉이 가져오는 감각의 거리감의 폐해이자 위협이기도 하다. 허쉬혼의 〈터칭 리얼리티〉도 이들과 다르지 않다. 스크린을 통한 터치의 감각이 가깝고도 먼 거리에 대해 성찰하도록 이끈다.

오늘날의 미디어 기술 환경은 현실을 가깝고 생생하게 보여주는 동시에, 그 현실로부터 거리 두게 만드는 역설적인 힘을 지닌다. 우리는 화려하고 선명한 이미지, 투명하고 매끈한 스크린 속에 갇혀 스크린 밖의 고통스럽고 안타까운 실제 세계를 외면하려 한다. 당장 내 눈앞에 있는 기기 표면에 흠집이 나거나 얼룩이 묻으면 불쾌해하고 부끄러워하지만, 정작 우리가 걱정해야 할 것은 그 매끈한 방탄막처럼 점점 무감각해져 가는 우리의 감정과 태도가 아닐까.

10장

VR, AR, MR 스크린

VR, AR, MR이란

이 책에서는 지금까지 스크린 속에서 펼쳐지는 세계 혹은 스크린을 통해 관객이 시각적·심리적 혹은 신체적으로 머물고 체험할 수 있는 세계를 가상 세계라 일컬었다. 또 넓은 의미에서 영상 스크린뿐만 아니라 회화 캔버스 속에 펼쳐지는 세계도 가상 세계라 지칭했다. 한편 디지털 기술의 맥락에서 논할 때 가상 세계는 컴퓨터를 통해 만들어지는 환경을 말하기도 한다. 이는 우리가 서 있고 감각하는 '실제' 세계, 즉 물리적 세계와 대조된다. 정보와 환영적 공간으로 구성된 디지털 가상 세계는 물리적인 실제 세계와 혼합되어 가상현실VR, 증강현실AR, 혼합현실MR 등 다양한 관계를 구성하기도 한다. 이들은 각각 무엇을 뜻하며 서로 어떻게 구분할까? VR, AR, MR은 현실과 가상이 어떻게 섞이느냐에 따라 각각 스크린 체험의 양상이 조금씩 달라진다. 따라서 이러한 기술에 대한 정확한 이해는 우리가 경험할 수 있는 다양한 스크린 환경을 상상하고 실제로 구현해 내는 데 중요한 토대가 된다.

VR은 가상현실Virtual Reality을 의미하며 이는 특별한 시공간적 표현 형식이자 기술이다. VR은 몇 가지 방식으로 제작되는데, 먼저 실제 세계의 구석구석을 360도로 찍어 담는 방법이 있다. 이를 실사 VR이라 한다. 하지만 360도를 한 번에 찍을 수 있는 카메라는 흔하지 않기 때문에 일반적으로는 두세 대의 카메라로 부분 촬영한 뒤, 각 화면을 이어 붙여 하나의 360도 영상으로 만든다. 이때 화면의 경계(엣지)를 자연스럽게 연결하는 작업을 '스티칭stitching'이라고 한다. 이렇게 재조합된 화면은 HMD라고 불리는 VR 헤드셋 스크린 안에서 360도 공간으로 재생된다. 또 다른 방식은 실사 촬영이 아닌, 처음부터 컴퓨터 그래픽으로 3D 가상공간을 시뮬레이션하여 제작하는 방법이다.

AR은 증강현실Augmented Reality을 뜻하는데, 말 그대로 실제 현실 위에 가상의 정보 레이어가 한 겹 더 덧입혀진 것이다. 즉, 현실 세계가 가상의 요소에 의해 한층 더 확장되고 보강된 상태를 의미한다. 헤드셋을 쓰면 실제 세계가 차단되는 가상현실과 달리, 증강현실은 실제 세계 속 환경이나 대상 위에 가상 요소가 놓여 실제 환경과 가상 정보(또는 가상 오브젝트)가 긴밀하게 상호작용한다. 이때 가상의 정보층을 이루는 요소는 많은 경우 시각적이지만, 그 외에 청각 또는 다른 감각의 정보가 동원되기도 한다.

MR은 혼합현실Mixed Reality로 가상과 현실, 가상과 실제가 섞인 것을 말한다. 때때로 MR 환경에서는 물리적 주체와 그의 아바타, 즉 디지털 주체가 함께 존재하고 상호작용한다. 최근에 MR은 확장현실eXtended Reality, 이하 XR과 혼용되기도 한다. 이는 가상과 현실 세계의 모든 요소를 혼합시키며, 이러한 혼합을 통해 현실 경험이 확장되는 측면을 강조한다.

그런데 VR과 AR 혹은 MR은 서로 확연히 구분될까? 이들의 관계를 이해하고자 할 때 참고할 만한 유용한 논의가 있다. 바로 미국의 컴퓨터 과학자인 로널드 아즈마가 그의 논문에서 인용해 널리 알려진 폴 밀그램의 '실제-가상의 연속체Reality-Virtuality Continuum' 개념이다.

현실과 가상의 복잡한 관계들

밀그램은 현실과 가상을 서로 상반된 존재로 보고, 이를 하나의 선 위에서 양 극단에 위치시킨다. 그리고 이 두 극단 사이의 모든 영역을 혼합현실이라고 부른다. 즉, 혼합현실은 연속적으로 이어지는 스펙트럼이라는 것이다. 그리고 이러한 스펙트럼 위에 증강현실과 증강된 가상이 놓인다. 이는 실제와 가상이 연속체 개념임을 잘 보여 준다. 연속체를 뜻하는 'continuum'을 옥스퍼드 영어 사전에서 찾아보면 다음과 같은 뜻으로 풀이

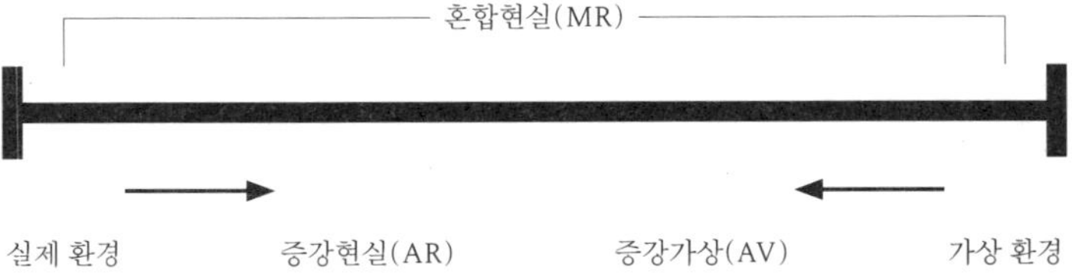

폴 밀그램의 '실제-가상의 연속체'

된다. "인접한 요소들이 서로 눈에 띄게 다르지 않지만 양극단은 매우 뚜렷하게 구별되는 연속적인 시퀀스." 이는 우리가 무지개를 인식하는 방식과 비교해 생각해 보면 좋을 듯하다. 우리는 어릴 적부터 무지개를 '빨주노초파남보' 일곱 가지 색깔로 표현해 왔다. 이는 학습된 결과다. 실제 하늘에 떠 있는 무지개를 보면 빨강부터 보라까지 각 색이 끊이지 않고 이어진다. 서로 오묘하게 넘나들며 명확하게 구분되지 않는다. 실제-가상의 연속체도 가상과 현실 사이에서 스펙트럼처럼 펼쳐진다. 그래서 그 사이 수많은 가상과 현실이 더 오묘하고 다양하게 조합될 수 있다.

이처럼 현실과 가상 사이의 스펙트럼은 스크린 경험의 가능성을 다채롭게 상상할 수 있는 틀을 제공한다. 특히 어느 지점에 위치한 경험인가에 따라 가상성이 더 강할 수도, 혹은 현실감이 더 풍부할 수도 있다. 스크린 경험은 이러한 가상과 현실이라는 두 극단 사이를 진동하듯 오가며 새로운 감각의 영역을 탐색하게 한다. 무지개를 일곱 가지 색으로 인식하는 문화가 있는가 하면, 무려 200가지가 넘는 색조로 나누는 문화권도 있듯이 가상과 실제가 뒤섞인 스크린 경험 또한 기술의 발전과 예술적 상상력에 따라 무한히 확장될 수 있는 영역이다.

가상과 실제의 조합은 단순히 시각적 경험에만 국한되지 않는다. 이러한 혼합현실 환경은 청각적 요소와 결합될 때 더욱 풍부하고 몰입감 있는 경험을 만들어 낼 수 있다. 요즘 극장에 가면 돌비 애트모스Dolby Atmos 상영관을 종종 볼 수 있다. 이곳은 영화를 더욱 입체적인 서라운드 사운드로 감상할 수 있도록 설계된 공간이다. 영화 장면과 함께 미리 구성된 사운드 데이터, 즉 특정 위치에 저장된 음향 정보가 극장 안에 배치된 여러 스피커를 통해 효과적으로 재생되며, 이를 통해 관객은 몰입감 있는 입체 음향을 경험하게 된다. 따라서 애트모스 영화관에서는 스크린 쪽, 즉 전면 스크린에서 들리는 소리와 머리 뒤편에서 들리는 소리가 다르다. 또한 영화관 안을 둘러싼 스피커들을 통해 방향성을 가지고 움직이는 사운드도 느낄 수 있다. 알폰소 쿠아론 감독의 영화 〈로마〉나 조너선 글레이저 감독의 〈존 오브 인터레스트〉는 입체적인 청각 경험을 통해 단순한 가상적 몰입을 넘어서, 감독의 섬세한 영화적·예술적 의도까지 효과적으로 전달한다.

그런가 하면 개별 감상자에게 입체 음향을 정밀하게 전달하기 위해 머리 전달 함수Head-Related Transfer Function, HRTF라는 기술이 사용되기도 한다. 이 기술은 소리의 방향성을 인식하도록 돕는 방식으로, 소리를 전방위에서 발생시켜 방향에 따른 주파수 반응을 측정하고, 이를 3차원 함수로 정리한 것이다. 이러한 기술은 HMD 등의 장비에 적용되어 현실감 넘치는 청각적 몰입을 유도한다. 이처럼 청각적 경험 또한 시각 못지않게, 현실과 가상의 경계를 더 촘촘하게 연결해 줌으로써 스크린 경험을 더욱 풍부하고 입체적으로 확장시켜 준다.

VR 기기의 발달 과정

가상현실은 현실과 유사한 체험을 가능하게 하는 새로운 가상 환경을 만드는 기술이다. 디스플레이를 활용해 360도로 확장된 공간을 구현하고, 시청각 기반의 인식 기술을 통해 사용자의 감각을 자극하고 확장시킨다. 이를 통해 사용자에게 신체적이고 감각적인 몰입 경험을 제공한다. VR은 1980년대에 비행 조종사들을 훈련할 목적으로 개발되었다. 그리고 오늘날 VR에서의 기초 제반 기술, 특히 VR 헤드셋 기술은 컴퓨터 마우스를 개발한 미국의 컴퓨터 과학자 이반 서덜랜드에 의해 발명되었다.• 그는 마우스의 전신이자 GUI의 시초라 할 수 있는 라이트펜light pen으로 도형을 그리거나 수정할 수 있는 '스케치패드'를 개발했다. 이후 「궁극의 디스플레이The Ultimate Display」라는 논문을 발표했는데, 여기서 그는 컴퓨터 그래픽이 궁극적으로 현실을 재구성할 수 있다는 비전 아래, 그로부터 2~3년 뒤인 1968년에 발표될 투구형 디스플레이 장치에 대해 소개한다. 이는 오늘날의 VR HMD의 기본적 구조와 기초적 이론을 마련했다('스케치패드'와

• 

「궁극의 디스플레이」는 컴퓨터를 시공간적 사고의 연장으로 어떻게 상상했는지 알려 주는 중요한 연결 고리를 제시한다).

서덜랜드가 만든 초창기 투구형 디스플레이에는 사용자의 머리 움직임을 추적하는 센서가 부착되어 있다. 디스플레이 속 두 눈앞에는 스크린이 있고, 양안을 통해 입체적인 환경에 관람자가 서 있는 듯한 느낌을 준다. 이로써 사용자가 현실에서처럼 시각적으로 자유롭게 둘러볼 수 있게 되었다. 그러나 이 모든 기능을 담아내려니 장치가 크고 무거워졌다. 그래서 천장에 매달아 둔 장치에 사용자가 머리를 집어넣는 형식으로 개발되었다. 사용자는 몸을 움직이는 데는 제약이 있었지만, 머리를 회전하면서 시야를 확보할 수 있었다. 이와 관련된 사진을 보면, 사용자의 머리 위에 설치된 장치가 외형상 조각가 루이즈 부르주아의 거대한 거미 작품(〈마망Maman〉 시리즈)의 다리를 떠올리게 한다. 당시 사람들도 이 장치를 '다모클레스의 검'이라며 조롱하기도 했다. 다모클레스의 검은 그리스 신화 속 디오니소스와 다모클레스에 관한 이야기다. 디오니소스는 왕좌를 탐하는 다모클레스를 의자에 앉힌 뒤, 그의 머리 위에 있는 말총처럼 가느다란 실 하나에 칼을 매달아 놓았다. 이는 왕의 자리가 막강한 권력과 함께 무겁고 막중한 책임과 위험이 뒤따르는 자리임을 일깨우기 위한 것이었다. 사람들은 가상현실 장치가 머리 위에 매달린 검과 같이 위험하고 부자연스럽다고 희화화했다. 그럼에도 불구하고 해당 장치의 구현 기술과 디스플레이 원리는 오늘날 가상 디스플레이 기술의 기반을 마련했으며, 영상 재생 방식 또한 현재와 비교해도 큰 차이가 없을 정도로 선구적인 것이었다.

오늘날 HMD라 불리는 VR 헤드셋은 부르주아의 거미 다리와는 비교할 수 없을 만큼 가볍고 작아졌다. 하지만 VR을 감상하려면 헤드셋을 써야 한다는 사실은 지금도 변함없다. 또한 사용자 눈앞에 여전히 가상 환경을 펼쳐내는 2~3인치 크기의 조그만 고해상도 디스플레이가 존재하여 이들이 사용자의 시야를 덮는 것도 변함없다. 서덜랜드가 구현한 가상현실 디스플레이는 실제 헤드셋 내 디스플레이를 렌즈 초점거리보다 가깝게 고정시켜 이미지가 실제보다 더 멀리 있는 것처럼 느끼도록 유도한다. 또한 광학 엔진으로 이미지를 투사하여 마치 원거리에 놓인 100인치 이상의 가상 스크린과 90도 이상의 넓은 시야각을 갖는 허상 이미지를 보는 것과 같은 환영을 제공한다. 양안 시차가 있는 이미지는 렌즈를 통과하면서 왜곡되지만, 디스플레이는 이를 보정한 뒤 렌더링하여 사용자의 눈으로 재투사한다. 우리 뇌는 이 이미지들을 통합하여 3차원적 공간감과 입체감을 형성한다. 결과적으로 VR HMD를 착용하면 사용자는 마치 실제 스크린이 사라진 것 같은 느낌을 받는다. 이는 이미지가 사용자의 시야 전체를 완전히 덮어 버리기 때문이다. 사용자는 실제 자신의 눈에서 약간 떨어져 있는 직사각형의 평평한 표면을 바라보고 있을 뿐이지만, 완전히 다른 공간에 자리 잡는 듯한 느낌을 받는다. 나아가 자신이 위치한 실제 물리적 공간이 가상의 시뮬레이션 공간과 일치하는 것처럼 느끼게 된다.

오늘날 VR HMD의 기본 원리는 위와 같으나, 그 세부 형식은 다양하다. 현재 시중에 나와 있는 HMD로는 Oculus

Quest, Meta Quest, HTC Vive 시리즈 등을 들 수 있다. 이들 장치는 독립형 VR이라 불리는 방식으로, 사용자가 영화 관람하듯 한자리에 앉아 360도 VR 영상을 머리를 움직이며 감상하는 형태를 제공한다. 또한 HTC Vive처럼 관객의 위치와 움직임을 트래킹하는 센서를 주변에 설치해 관객이 주어진 공간 안에서 돌아다닐 수 있게 만든, 활동의 자유도와 이를 통한 인터랙션을 좀 더 폭넓게 허락하는 방식도 있다. 이 두 방식은 핸드 컨트롤러hand controller를 통해 가상 세계 속 개체나 대상과 보다 적극적으로 상호작용할 수 있도록 선택적으로 옵션을 추가해 프로그래밍할 수 있다.

스크린 자체가 사라지고 공간화되어 인식된다는 점에서 VR은 일종의 공간 스크린으로 볼 수도 있다. 이러한 스크린이 주는 공간적 감각은 파노라마 스크린이나 1980년대 초 등장한 CAVE 형식의 VR 환경 등을 통해 구현되었다. 그 사이에는 아이맥스 스크린이나 몰입형 전시 환경도 개발되며 점차 확장되었다. 하지만 VR은 서덜랜드의 장치가 개발된 이후 지속적인 기술 발전을 거쳐 오늘날 일반 대중이 사용할 수 있는 형태로 보급되기에 이르렀다. 이는 파노라마 스크린, CAVE, 아이맥스와 비교했을 때 상대적으로 저렴하면서도(비록 여전히 VR 장치가 고가이긴 하나) 가장 강력한 몰입형 스크린 환경을 구현하는 방식이라 할 수 있다.

VR이 가져온 새로운 경험과 사유들

VR이란 용어는 1980년대 후반 미국의 개발자 재런 래니어가 처음 고안했다고 알려져 있다. 그런데 누군가는 이 용어를 듣고 가상은 현실과 반대되는 개념이 아닌가 생각할 수도 있다. 그렇다면 '가상현실'이라는 말이 모순처럼 들릴 것이다.

실제 이들의 연결을 모순이라고 비판한 이가 있다. 영국 출신의 영상예술가 말콤 르 그리스다. 그는 '가상현실'을 '동어 반복적인 모순'이라고 표현한다. 그는 최신 VR 기술이 움직임에 대한 반응, 소리, 촉각 등 감각 표현 방식을 확장하고 이를 새로운 방식으로 연결한다고 말한다. 그럴수록 우리는 '실재reality'와 '환영illusion'의 경계를 명확히 인식할 필요가 있다. 르 그리스에 따르면, 우리가 VR 속 가상 경험을 실제처럼 느끼는 이유는 내러티브 구조, 즉시성, 그리고 상호작용성이 작동하기 때문이라고 한다. 이 중 내러티브와 즉시성은 기존 영화 감상에서도 익숙하게 발견되는 경험이지만 상호작용성, 즉 행위를 통해 함께한다고 느끼는 것은 VR에서 새롭게 추가된 경험이다. 여기서 상호작용성은 공간을 가로지르고 가상의 환경이나 대상과 관계를 맺으며 상황 속에 묘사된 내러티브적 사건을 변화시키는 능력을 갖추는 것이다. 이는 가상공간 속 현전presence과 환영illusion의 경험으로 확장된다. 그래서 그는 VR에서는 시각적인 환영보다 행위의 환영이 더 근본적인 요소라고 말한다. 하지만 그는 동시에 이러한 환영이 아무리 경험을 실감나게 만들고 시뮬레이션된 공간에서 실제 효과를 낸다 하더라도, 그것은 현실 세계에서의 행위와는 결코 동일할 수 없다고 본다. 결국 르 그리스에게 현실이란 '(시간이나 행위 혹은 결정의) 되돌릴 수 없는 결과의 장에 참여하는 것'이라고 정의되기 때문이다. 실제 현실에서는 행위의 원인과 결과가 인과관계로서 시간의 흐름 속에 펼쳐진다. 이러한 관점에서 그는 현실과 환영이 서로 대립적으로 구별되는 것이 아니며, 단지 지위status의 차이를 가질 뿐이라 말한다. 그리고 VR '예술' 작품은 이러한 현실과 환영에 대한 지위를 통합하는 가운데 이들을 적절하게 평가할 수 있도록 돕는 문화적 언어를 지속적으로 제공해야 한다고 말한다.[21]

르 그리스의 말에 모두 동의하지 않는다 하더라도, 이를 가상과 현실을 재사유하는 기회로 삼을 필요는 있다. 가상과 현실은 기술을 통해 그 경계가 점차 모호해지기 때문에 이때 우리의 사유와 행위, 그리고 우리 사회가 어떻게 변화할지 생각해 볼 수 있기 때문이다. 어쩌면 이들은 기술 문제가 아니라 예술과 철학이 답해야 할 문제인지도 모른다. 오늘날 VR, 홀로그램, AR 등의 기술은 가상과 현실 사이의 관계를 더욱 복잡하고 다면적으로 만들고 있으며 SNS를 통한 가상 경험 역시 현실 세계에 지대한 영향을 미치고 있다. 우리는 가상과 현실을 명확히 구분하기 어려운 상태에 점점 더 깊숙이 몰입하고 있는 것이다. 따라서 이러한 기술이 오늘날 사회에 어떤 새로운 의미를 던지고 있는지, 또 우리가 그것을 단순한 몰입의 도구로만 소비할 것이 아니라 새로운 시선과 관점을 확장하는 계기로 삼을 수 있을지 고민해야 할 시점이다.

VR 매체를 활용한 예술 작품들

서덜랜드 이후 VR 기술이 대중적으로 상용화된 것은 2017년 무렵이다. 1965년 휴대용 비디오카메라 소니 포타팩Sony Portapak이 세계 최초로 나왔을 때, 백남준을 비롯한 일부 예술가들은 이 새로운 매체를 예술적 실험의 도구로 받아들여 적극적으로 활용했다. VR 기술에서도 마찬가지 모습을 찾을 수 있다. 예술가들은 VR 매체가 보급되자 '지금 여기'라는 직접성을 해당 매체의 속성으로 파악하고 이에 가장 빠르게 반응했다. 즉, VR 경험이 어떠한 매체도 거치지 않은 것처럼 느껴지는 비매개적 감각을 제공한다는 점에 주목했고, 이를 새로운 예술적 표현의 가능성으로 적극적으로 활용하고자 한 것이다.

VR 매체의 이러한 직접성은 VR HMD를 쓴 관객에게 가상 공간 속 다른 이들과 그곳에 '함께' 존재하는 듯한 느낌을 받게 만든다. '한 공간에 함께하는 느낌'은 3인칭의 간접 체험을 1인칭의 주관적 체험으로 인식하게 해 준다. 즉, 타인의 시선을 나의 시선처럼 받아들이는 대리적 체험을 가능하게 하는 것이다. 2017년을 전후해 VR의 이러한 특성이 반영된 예술 작품이 다수 등장한 것은 예술가들이 이 새로운 매체에 대해 빠르게 파악하고 철학적으로 탐색한 결과라고 할 수 있다.

미국의 디지털 아티스트 크리스 밀크는 VR 다큐멘터리 〈클라우즈 오버 시드라Clouds Over Sidra〉를 통해 시리아 난민 문제를 좀 더 많은 이에게 알리고자 했다. 특히 유엔이나 다보스포럼 등 국제 정책을 결정하고 재정적으로 지원하는 데 영향력 있는 사람들이 이 VR 다큐멘터리를 통해 난민 문제를 좀 더 깊이 있게 체험함으로써 함께 공감할 수 있도록 유도했다. 미국의 저널리스트 노니 데 라 페냐도 VR을 활용하면 뉴스와 세상의 사건들을 좀 더 생생하게 전달할 수 있다는 가능성에 주목했다. 그녀는 뉴스가 단순한 정보 전달을 넘어서, 지금 이 순간 실제로 벌어지고 있는 사건에 대해 시청자의 감정과 관심을 깊이 이끌어 낼 수 있기를 원했다. 이러한 문제의식에서 출발해 그녀는 'VR 저널리즘'이라는 새로운 장르를 개척하고 발전시켰다. 따라서 그녀 역시 VR의 '지금 여기'의 속성을 적극 활용한 경우라 할 수 있다. 밀크나 데 라 페냐 모두 VR 미디어가 어떻게 대리적 시선을 통해 '공감 기계empathy machine'가 될 수 있을지 실험한다.[22]

스페인 바르셀로나의 비어나더랩BeAnotherLab이라는 예술·기술 연구 집단은 여기서 한걸음 더 나아간다. 그들이 만든 〈타자가 되기 위한 기계The Machine To Be Another〉* 프로젝트는 한 세트의 VR HMD를 한 쌍의 관객이 서로 나눠 쓰면서 시작된다. 그들은 자신들의 VR 장치를 '임보디먼트 버추얼 리얼리티 시스템Embodiment Virtual Reality System, EVR'이라 부른다. 이 시스템에서 두 명의 사용자는 VR HMD를 각각 착용한 채 서로의 시선이 바뀐 상태로 상대방의 몸을 바라보게 된다.[23] 예를 들어, 다리가 불편해 휠체어에 앉은 사람이 그렇지 않은 사람과 시점을 교환해 상대방의 몸을 체험하거나, 여성과 남성 커플이 서로의 시선으로 타자의 몸을 경험할 수 있다. 물론 이 체험은 시선을 바꾸는 데 그친 제한

적인 방식이기 때문에 완전한 경험이라고 할 수는 없다. 그럼에도 관객들은 이를 통해 상대의 입장에 조금 더 다가가고 이해할 수 있는 기회를 얻게 되는 것이다. 이 작업은 겉으로 보기엔 사회학적이거나 심리학적인 연구 프로젝트처럼 보일 수도 있지만, 나는 미학적인 측면에서도 충분한 가치가 있다고 생각한다. 왜냐하면 이 체험은 세계에 대한 기존의 익숙한 시선에서 벗어나 전혀 다른 시각을 열어 주는 경험을 가능하게 하기 때문이다.

영화감독 김진아는 VR 영화 〈동두천Bloodless〉으로 2017년 베니스 영화제에서 '우수 VR 스토리Best VR Story' 상을 수상했다. 이후 그녀는 〈소요산〉과 〈아메리칸 타운〉을 이어 발표하며 기지촌 여성의 인권 문제를 다룬 3부작 시리즈를 완성했다. 이 글의 초고를 쓰던 2023년 10월경 마침 한국영상자료원에서 《당신의 침묵을 비추는 거울》이란 특별전이 열려 나는 한 자리에서 이 작품들을 모두 감상할 수 있었다. 영화는 성매매 여성에게 가해지는 폭력과 죽음이라는 사회 문제를 다룬다. 기지촌이나 낙검자 수용소 등은 지금은 사라졌거나 일반인이 접하기 힘든 소외된 공간이지만, 감독은 피해자들이 존재했던 시공간을 무심한 시선으로 관객 앞에 펼쳐 보인다.

김진아 감독의 VR 작업은 모두 사건의 흔적과 시공간적 자취를 느슨히 보여 줌으로써 관객이 스스로 그 사건을 느끼고 사유하도록 유도한다. 이는 영화 등 기존의 시각 중심 재현 매체와는 달리, 보이지 않던 것들을 신체 감각적으로 체험하게 만드는 방식이다. 관객은 해당 공간과 상황을 자신의 눈으로 직접 마주하는 듯한 경험을 하게 되고, 피해자가 어떤 감정과 심정으로 그 자리에 있었을지를 상상하게 된다.

감독은 영화 매체가 사건과 대상에 대해 어느 정도 심리적 거리감을 유지하면서 자칫 '시각적 탐닉'으로 향할 가능성을 내포한다면, VR 매체는 공감 장치로서 '함께 있음'의 체험을 만드는 데 유리하다고 강조한다. 이를테면 〈동두천〉에서는 사용자를 사건 현장으로 데려가 성폭력으로 무참히 살해당한 여성의 마지막 순간을 함께하도록 한다거나, 〈소요산〉에서처럼 성병에 감염되었다고 추정되어 낙검자 수용소에 고립된 기지촌 여성들의 삶을 살피면서 그들의 공포와 아픔에 한 걸음 더 가까이 다가가는 식이다. 이처럼 VR 매체는 단순한 시각적 스펙터클이나 감각적·향유적 몰입을 넘어서, 인지적이고 공감적인 체험을 가능하게 하는 방향으로 발전하고 있다. 또한 사용자가 자기만의 관점을 넘어서 타자와 세계를 이해하려는 시도로 확장되고 있다. 그 결과 VR 스크린은 단순한 체험의 장을 넘어 세상과 자신을 더 깊이 성찰할 수 있는 '거울'로 진화하고 있다.

AR 글라스와 구글

박사과정에 다닐 때 내가 속한 랩과 같은 건물에 '맥락적 컴퓨팅 그룹Contextual Computing Group'이라고 불리는, 태드 스타너 교수가 운영하는 웨어러블 컴퓨팅wearable computing 연구 랩이 있었다. 스타너 교수는 항상 안경을 쓰고 다녔는데, 그의 한쪽 안경알 앞에는 작은 스크린이 하나 더 부착되어 있었다. 수년간 그 모습을 봐 왔기 때문에 가끔은 그와 마주보고 대화하면 어떤 기분일까 궁금해지곤 했다. 그러던 어느 날, 엘리베이터에서 우연히 그와 가볍게 대화할 기회가 생겼다. 예상대로 그의 눈동자는 스크린을 따라 이리저리 계속 움직였고, 그 짧은 순간조차도 그가 나에게 집중하고 있다는 느낌은 들지 않았다. 심지어 그는 작은 장치를 손에 쥔 채 끊임없이 손가락을 움직이고 있었고, 그 모습은 마치 대화 도중에도 인터넷을 검색하거나 이메일을 작성하는 것처럼 보였다. 그 순간 나는 그가 나와의 대화에 온전히 몰입하지 않는 듯한 인상을 받으며 조금은 섭섭한 감정이 들었다.

이 랩의 석박사 연구원들 중에는 그가 들고 있던 이 장치를 UI/UX적으로 연구하는 이들도 몇몇 있었다. 이는 눈앞의 스크린 정보를 조작하기 위한 입력 장치(인풋 디바이스)로, 게임 컨트롤러처럼 손안에 감싸 쥘 수 있는 형태의 소형 키보드였다. 그들은 이 장치를 '세계에서 가장 모바일한 키보드', 즉 '트위들러Twiddler'라고 불렀다.[24] 트위들러에는 여러 버튼이 있는데, 사용자는 이들을 엄지와 나머지 네 손가락만으로 조작한다. 말하자면 일반적인 컴퓨터 키보드에서 입력할 수 있는 대부분의 기능을 이 작은 장치를 통해 구현해야 하는 셈이다. 이처럼 한 손으로도 조작이 가능해야 이동 중에도 정보 입력, 검색 등 다양한 컴퓨터 작업을 원활히 처리할 수 있기 때문이다.

스타너 교수는 이상한 안경뿐만 아니라 검은 크로스백도 항

웨어러블 글라스를 착용한 태드 스타너 교수(왼쪽에서 세 번째)

상 메고 다녔는데, 그 안에는 안경 스크린, 트위들러와 연동되는 소형 컴퓨터도 들어 있었다. 웨어러블 컴퓨팅 시스템으로 운영되는, 인터넷이 가능한 컴퓨터 말이다. 지금은 누구나 스마트폰, 소위 스마트컴퓨터를 손에 들고 돌아다니면서 자유로이 인터넷을 검색할 수 있는 세상이지만, 당시는 스마트폰이 나오기 전이었다. 이는 비록 한 단면이지만 당시 웨어러블 컴퓨팅, 모바일 컴퓨팅은 이렇게 연구되고 있었다. 그렇다면 스마트폰이 나온 후 웨어러블 컴퓨팅은 어떻게 되었을까?

스크린이 달린 안경과 크로스백. 스타너 교수의 독특한 외양은 거기서 끝나지 않았다. 그는 학교에 군복을 입고 나타나는 일도 잦았는데, 주변에 물어보니 군軍으로부터 연구비를 지원받고 있어서라고 했다. 생각해 보면 많은 기술이 군사적 목적 아래에서 개발되어 왔고, 그 흐름은 지금도 계속되고 있다. 한때 나는 그런 기술이 과거 전쟁 시대에나 존재하던 이야기인 줄 알았다. 그런데 오늘날처럼 첨단 기술을 앞세운 전쟁이 실시간으로 벌어지는 현실을 마주하며, 이러한 군사 기반 기술이 여전히 진화하고 있다는 사실을 새삼 실감하게 되었다. 스타너 교수의 그 조그만 스크린에 대한 기억을 희미하게 다시 떠올린 적이 또 한 번 있었는데 그건 바로 2011년 5월경의 일이었다. 미국에서 9.11 테러 사건이 발생한 지 10년이 지난 2011년, 오바마 대통령은 이에 대한 복수로 알 카에다의 오사마 빈 라덴을 저격하기 위해 그의 생가를 급습했다. 후에 백악관은 당시 대통령과 군 실무 장성들이 대형 스크린을 통해 현장 상황을 함께 보며 실시간으로 군사 작전을 논의하는 사진을 공개했는데, 그 화면은 아마도 현장에 투입된 특수 요원들이 착용한 웨어러블 바디캠이나 컴퓨팅 송수신 장치를 통해 전송된 영상이었을 것이다. 바로 그 순간, 스타너 교수의 웨어러블 글라스가 다시 떠올랐다. 그동안 이 장치들이 이러한 목적을 위해 조용히 개발되어 왔던 것인가? 그로부터 얼마 지나지 않아 그의 웨어러블 글라스 기술이 구글 글라스에 통합되었다는 뉴스를 접하게 되었다(랩실 한편에서 조용히 그러나 분주히 연구되던 기술은 이렇게 예기치 않게 세상 앞에 '훅' 등장해 버릴 때가 있다).

스타너는 조지아텍에 오기 전 MIT에서 웨어러블 컴퓨팅 프로젝트를 시작했다. 그는 이곳에서 당시 대학원생이었던 래리 페이지와 세르게이 브린을 만나 함께 웨어러블 컴퓨팅의 미래를 논하며 눈동자로 정보를 용이하게 검색하면 좋겠다는 이야기를 나누곤 했다. 스타너 교수는 이 웨어러블 컴퓨팅 기술이 실질적으로 활용되기 위해서는, 사용자가 원하는 검색 결과가 리스트의 상위 두세 개 안에 노출되는 것이 핵심이라고 보았다. 작은 스크린을 통해 눈동자만으로 정보를 탐색해야 하기 때문에, 검색 결과가 빠르고 정확하게 제공되어야 사용자가 만족스러운 경험을 할 수 있기 때문이다. 이는 곧 강력하고 정확한 검색 엔진이 필수적이라는 뜻이었다. 이후 그들은 각자의 길을 걷게 된다. 스타너 교수는 스마트 안경과 입력 시스템 같은 하드웨어 개발에 집중했고, 래리 페이지와 세르게이 브린은 더 나은 검색 엔진을 만들기 위해 노력한 끝에 마침내 구글의 공동 창업자가 되었다.

2010년 스타너 교수는 이들에게 연락해 다시 한 번 그들의 프로젝트를 연결해 보자고 제안했다. 그는 이제야말로 자신의 웨어러블 글라스, 그리고 세계 최고의 검색 엔진과 안드로이드폰을 보유한 구글이 하나로 결합되기에 가장 적절한 시기라고 판단한 것이다. 이러한 제안이 바로 '구글 글라스'가 탄생하게 된 배경이다. 그러나 구글 글라스는 2023년 초 갑작스레 판매가 종료되었다. 정확하게는 '산업용 AR 스마트 글라스'라고 알려진 구글 글라스 엔터프라이즈 에디션Google Glass Enterprise Edition의 판매가 중단된 것이다. 그 이유가 공식적으로 밝혀지지는 않았지만, 개인 정보와 프라이버시 침해, 저작권 보호, 그리고 안전 문제 등이 주된 원인이었을 것으로 짐작된다. 이는 마치 스마트 콘택트렌즈 착용자가 상대를 몰래 촬영할 수 있다고 가정할 때, 그로 인해 발생할 불안감과 사회적 우려, 각종 윤리적·법적 문제와도 유사하다고 볼 수 있을 것이다.

구글 글라스는 AR 글라스다. 'AR'은 앞서 설명했듯 '증강현실'을 뜻한다. 현실은 그대로 둔 채 그 위에 디지털 정보 레이어를 한 겹 덧씌워 증강시키는 기법이 일반적이다. 구글 글라스는 일반 안경처럼 눈앞의 현실을 투명하게 보여 주되 그 위에 인터넷으로 찾은 정보를 한 겹 더 올린다. 구글 글라스 판매가 중단된 현재 AR 디스플레이 중 마이크로소프트의 '홀로렌즈HoloLens'는 가장 먼저 상용화된 선발 주자다. 그리고 2024년 애플도 '비전 프로Vision Pro'를 출시했다. 이들은 HMD 형식으로 AR과 VR 디스플레이를 합친 형태다. 물론 2018년 방영되었던 드라마 〈알함브라 궁전의 추억〉에 등장했던 현빈의 망막 스크린이 AR 스크린의 궁극의 기술이 될 수 있겠다(현빈의 망막 스크린은 바로 다음 장에서 더 자세히 다룰 것이다). 하지만 망막 스크린을 갖기까지는 아직 더 기다려야 한다.

현재 개발 중인 비전 프로나 홀로렌즈 등은 AR과 VR의 기능을 교차시키는 방향으로 발전하고 있다. 사실 이러한 가상적 경험이 실생활에 긴밀하게 스며들기 위해서는 AR과 VR 두 영역이 지금보다 더 자연스럽고 원활하게 융합되어야 한다. 또한 망막 스크린처럼 시각 경험에 모빌리티가 갖춰져 게임 중에도 일상생활의 순간순간이 물 흐르듯 자연스럽게 개입될 수 있어야 한다. 그래야 현실 세계와 가상 세계가 서로 쉽게 넘나들 수 있다. 다시 캐주얼 게임이나 소셜미디어 등이 성공한 이유를 상기해 볼 필요가 있는 이유다. 그들은 가상 경험이 일상과의 접점을 놓치면 안 된다는 교훈을 주었다. VR이나 AR 공간 속 경험이 일상 속 현실의 경험으로 넘어가고 되돌아오는 과정에서 HMD를 썼다 벗었다 반복하는 건 영 불편하다. 최대한 그 전환을 자연스럽게 만드는 게 관건이다.

AR과 VR의 혼합, 애플 비전 프로

애플 비전 프로는 현실과 가상 사이를 자연스럽게 연결하는 것을 목표로 2024년에 출시된 하드웨어다. 그동안 유튜브를 통해 관련 기기에 대한 설명은 많이 접할 수 있었지만, 나는 지인을 통해 직접 체험해 볼 기회를 얻었다(백문불여일견이라고, 역시나 한 번의 체험은 설명을 100번 듣는 것보다 값졌다).

비전 프로 헤드셋을 써 보니 위에서 말한 AR과 VR 사이를 연결하고 전환시키는 부분이 가장 인상 깊게 다가왔다. AR 모드에서는 나의 헤드셋 너머로 앞에 앉아 있는 공간 속 인물들과 사물들이 보였다. 안경처럼 대상이 투명하고 선명하게 보이는 것은 아니었지만 말이다. 이는 투명 창으로 앞을 투영시키기보다는 기기 전면에 있는 카메라가 실시간으로 헤드셋 앞쪽을 촬영하고 그 이미지를 헤드셋 속 디스플레이에 뿌려 주는 방식으로 구현한 것이었다. 한편 헤드셋 착용자의 눈은 헤드셋 속에 위치한 카메라로 찍어 이 역시 실시간으로 헤드셋 바깥으로 향하는 디스플레이에 보여 주는 기능도 있었다. 헤드셋 착용자 바깥에 있는 사람들에게도 착용자의 눈 껌벅거림이나 시선 움직임 등이 보일 수 있도록 한 것이다. 이는 아주 단순해 보이는 기능이지만, AR/VR 체험자와 현실 세계에 있는 주변인들 사이를 시각적·심리적으로 더욱 밀접하게 연결해 준다는 점에서 의미 있다. 즉, 이러한 시선의 노출만으로도 체험자 앞에 있는 사람들은 헤드셋 착용자가 우리가 발 딛고 있는 현실 세계와 분리되어 있다고 느끼지 않게 된다(스타너 교수 앞에서 섭섭함을 느낀 나를 떠올리면 이해할 수 있을 것이다). 그러나 아직은 헤드셋을 착용한 체험자의 눈을 촬영해 이를 디스플레이에 투사하는 방식이 다소 미흡하다. 무엇보다도 눈이 매우 뿌연 상태로 비춰지기 때문에 그것이 디지털로 매개되고 있다는 사실을 강하게 인지하게 된다. 눈과 눈동자의 움직임과 이를 통한 시선 교류도 분명 반영되고는 있지만 불투명한 막을 사이에 둔 것처럼 둔탁하고 어색했다. 하지만 향후 디스플레이 해상도가 획기적으로 향상된다면, 이러한 문제도 자연스럽게 해결되지 않을까 기대된다.

일반적으로 HMD에서는 착용자가 시선을 디스플레이 내부 인터페이스에 있는 특정 아이콘이나 버튼에 고정하면, 이를 선택할 수 있다. 시선을 통한 인터랙션이다. 착용자는 선택된 대상을 향해 손을 뻗어 손가락으로 클릭할 수도 있다. 이는 오래된 인터페이스이지만, 이러한 형식의 수행은 비전 프로에서 좀 더 부드러워졌다고 느껴졌다. 시선을 통해 AR과 VR 모드 사이를 전환시키는 방식도 훨씬 탁월해졌다. 사용자가 콘텐츠를 보다가 눈을 위로 치켜뜨면 시스템이 이를 인식해 다른 모드로 전환시킨다. 말하자면 눈동자의 위치 이동으로 근경과 원경 사이를 전환하는 것이다. 이러한 눈동자 인식은 내 예상보다도

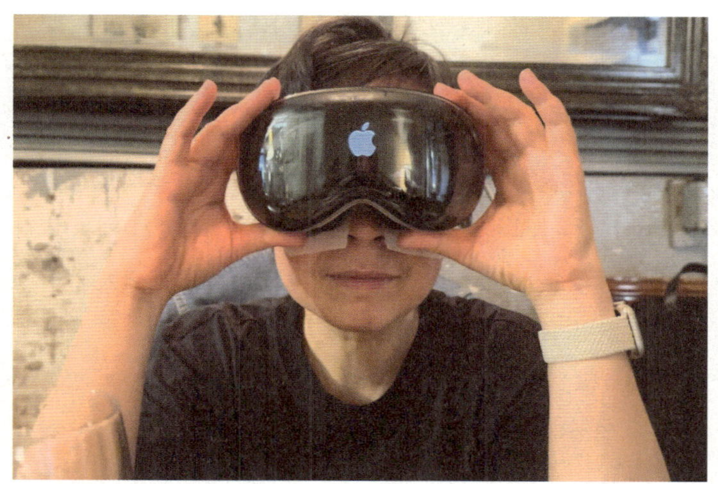

애플의 비전 프로를 착용한 저자

훨씬 자연스럽고 부드러웠다. AR에서 VR 모드로 넘어가는 과정에서는 AR 모드에서 전면을 비추는 실제 이미지들이 순간적으로 어두워지며 VR 모드로 넘어가 스크린이 눈앞을 감싸듯 펼쳐지는 변화가 만들어졌다.

눈동자 위치를 통한 모드 전환은 마치 아이폰이 얼굴을 인식해 자동으로 로그인되는 기능과 유사하다. 사용자와 기계가 서로의 반응과 변화를 충분히 학습하고 익숙해지면, 사용자의 의도는 물 흐르듯 자연스럽게 동작의 결과로 이어지게 된다. 나는 다른 것보다도 기기가 요구하는 손동작에 금세 익숙해지지 않았다. 이러한 손동작 인식은 기존 스마트폰에서 AI가 스스로의 학습을 통해 얼굴이나 지문을 인식하듯, 헤드셋 사용자에게 맞춤형으로 학습된다고 한다. 즉, 사용자뿐만 아니라 기기에게도 학습 시간이 필요한 것이다. 이러한 측면은 만약 서로 다른 사람들이 HMD를 함께 사용하는 상황이라면 다소 불편한 환경이 될 수 있어 보였다. 하나의 컴퓨터나 스마트폰을 여럿이 함께 사용하는 경우를 떠올려 보면, 지문이나 얼굴 인식 설정이 더 복잡해지는 것과 비슷하다. 반면 HMD를 개인이 단독으로 사용할 경우, 이러한 설정은 오히려 사용자에게 편리하게 작용할 수 있다. 이러한 기술이 적용된 것을 보면 애플이 향후 HMD를 '1인 1 디바이스' 형태, 즉 개인용 헤드셋이 필요한 세상을 염두에 두고 판매 전략을 기획하고 있는 것으로 해석할 수 있다. 오늘날은 클라우드 기반의 하나의 아이디로 여러 디스플레이 디바이스를 연결하는 시대이며, 각자의 디바이스에 개인용 이어폰이나 헤드폰을 연결하는 것도 일반적이다. 애플의 비전 프로는 앞으로 AR/VR 헤드셋 역시 이러한 개인화된 방향으로 발전해 갈 가능성을 보여 주는 사례라고 할 수 있다. 이는 넷플릭스 시리즈 드라마 〈삼체〉에 등장하는 사용자 맞춤형 VR 헤드셋을 떠올리게 한다. 극 중에서는 다른 사람의 헤드셋을 착용하고 게임에 접속하면, 허락되지 않은 방문자로 간주되어 곧바로 내쫓긴다. 실제로 그런 식으로 내쫓기지는 않더라도, 이제는 기기가 사용자를 인식하고 자신의 주인(?)에게만 서비스를 제공하는 시대로 접어들고 있는 듯하다.

한편 비전 프로의 VR 체험에서는 디스플레이가 눈앞의 시야를 360도 모두 감싼 게 아니라 일부만을 에워싸고 나머지 양 끝 부분은 실제 세계를 보도록 남겨 놓은 디자인이 인상적이었다. 이런 결정은 VR에서 굳이 시야 전체를 감싸지 않아도 충분히 콘텐츠에 대한 몰입감을 줄 수 있다고 판단했기 때문일 것이다. 이는 VR에서 AR로 혹은 그 반대로 전환될 때 언제든 발생할 시야의 급격한 변화와 그 변화가 가져올 어색함을 지양하기 위한 전략일 수도 있겠다.

AR과 VR 시스템이 스마트폰이나 웨어러블 디바이스처럼 1인 1 디바이스 시스템으로 가기까지는 아직 넘어야 할 산이 많아 보인다. 우선 둔탁하고 무거운 헤드셋이 문제다. 하지만 이 역시 언젠가는 기술 발전을 통해 충분히 극복될 수 있을 것이다. 이러한 변화는 웨어러블 디바이스의 사례에서도 이미 경험한 바 있다. 나는 한동안 웨어러블 디바이스 사용에 꽤나 보수적이었고, 웨어러블 시계가 처음 등장했을 때 크고 무겁고 외관상 거추장스러운 모습에 전혀 매력을 느끼지 못했다. 누가 저런 걸 굳이 차고 다닐까 싶었다. 그러나 제품이 점차 업그레이드되면서 나 역시 지금은 스마트 워치를 차고 있다. 비전 프로 역시 현재는 개선해야 할 부분이 많아 보이지만, 기술이 진화하고 가격도 점차 낮아진다면 상용화 가능성은 충분하다고 생각된다.

그런데 곧 2024년 출시된 비전 프로의 판매가 예상보다 부진하고 환불 사태까지 이어지면서 결국 생산이 중단되었다는 소식을 들었다. 불과 한두 달 전까지만 해도 많은 이들의 기대 속에 선주문이 몰렸다는 기사를 접했기에, 이러한 상황이 다소 의아하게 느껴졌다. 제품을 구매한 사용자들이 해당 디바이스에 최적화된 맞춤형 애플리케이션이 부족하다는 불만을 제기했고, 그러한 평가가 입소문을 타며 부정적인 여론으로 확산된 것이 아닐까 싶다. 폴더블 디스플레이, 홀로그램 디스플레이 혹은 투명 디스플레이 등 여타 새롭게 개발되는 하드웨어 디스플레이와 하드웨어 스크린에서도 마찬가지로, 소프트웨어 앱이 한두 가지밖에 개발되지 않으면 하드웨어의 활용도는 그만큼 떨어진다. 반복해서 이야기하지만, 애플의 비전 프로나 AR/VR 디바이스 등이 향후 활발히 이용되려면 그와 관련한 애플리케이션도 함께 다양해져야 한다.

앞으로 넘어야 할 문제들

한편 AR 글라스가 당면한 윤리와 보안, 안전 문제는 비전 프로도 쉽게 피해 갈 수 있는 문제가 아니었을 것이다. 이에 대한 법과 제도도 시급히 보완되어야 한다. 이러한 제반 상황과 기술·사회적 환경의 생태계가 함께 발전해 나간다면, 구글 AR 글라스든 비전 프로든 혹은 그 외의 어떤 AR/VR 장비든 머지 않아 우리의 일상 속에 자연스럽게 받아들여질 것이다.

AR과 VR이 자연스럽게 결합되고, 서로의 방식을 자유롭게 넘나들 수 있는 MR 혹은 XR은 근미래의 핵심 스크린 기술로 발전하고 있다. 아직 스크린이 망막 스크린처럼 완전히 간소화되지는 않았지만, 그 예상 시나리오는 분명하다. 우리는 그 안에서 게임과 영화를 즐기고, 인터넷과 소셜미디어를 활용하며, 줌 회의나 수업, 업무 등 거의 모든 생활을 영위할 수 있는 미래를 향해 나아가고 있다. 어쩌면 스마트폰이 손의 연장이 된 것처럼, 머지않아 우리는 눈의 연장으로 디스플레이를 착용하며 살아가는 인류가 될지도 모른다. 그때가 되면 오늘날 거리에서 무선 이어폰을 착용하듯 AR 스크린을 머리나 눈앞에 자연스럽게 쓰고 거리를 걷거나 수업을 듣는 모습이 일상이 되어 있을 것이다.

스마트 글라스를 넘어 망막 스크린, 그리고 이를 넘어 망막과 시신경을 직접 연결하려는 연구도 현재 어딘가에서 진행되고 있을 것이며, 어느 순간 우리 눈앞에 현실로 등장할지도 모른다. 스타너 교수 역시 이러한 미래를 내다보며 20여 년 동안 매일 그 작은 스크린을 안경 앞에 달고 다녔을 것이다. 최근에는 이러한 AR 글라스에 AI 기술, 특히 음성 인식이 결합되면서 더욱 강력한 기능을 갖출 것이라는 소식도 들려오고 있다. AI를 활용한 검색 기능과 개인 비서 수준의 효율적인 일처리 가능성은 음성 인식 기술의 발전과 스마트 글라스와 같은 디스플레이의 융합을 통해 현실화되고 있다. 예를 들어, 최근 메타에서 출시한 레이밴Ray-Ban AI 안경과 알리바바의 쿼크Quark AI 스마트 안경은 이미 이러한 시도를 상품화한 사례이며, 구글 역시 자사의 구글 글라스를 기반으로 자체 개발한 제미나이를 결합해 음성 언어 기반 인터페이스로 작동하는 새로운 AR 디바이스를 곧 선보일 예정이라고 한다. 이처럼 AR/VR/XR 기술에 AI가 접목되면서 가상과 현실의 결합은 더욱 강력하고도 정교해지고 있으며, 이러한 기술들은 우리 삶 속으로 점점 더 깊숙이 침투하고 있다.

11장

투명 스크린

해리 포터의 투명 망토

영화 〈해리 포터와 마법사의 돌〉에는 투명 망토에 대한 이야기가 여러 차례 등장한다. 호그와트의 덤블도어 교장 선생님은 크리스마스 선물로 해리 포터에게 투명 망토를 건네주는데, 이는 원래 해리의 아버지가 남긴 물건이었다. 잘 알려진 대로, 이 망토는 착용자를 보이지 않게 만들어 준다. 이후 해리 포터는 투명 망토를 걸치고 출입이 제한된 도서관에 들어가 금서를 읽고선 비밀 단서를 찾아내기도 하고, 호그와트 구석구석을 누비며 여러 위기에서 탈출한다. 나도 가끔씩 투명 망토가 있으면 싶을 때가 있다. 몰골이 후줄근하여 남들의 시선을 피하고 싶은 날이나 주변을 의식하지 않고 자유롭게 돌아다니고 싶을 때

해리 포터의 투명 망토가 떠오른다.

투명 망토를 갖고 싶어 하는 마음은 아마 누구에게나 있을 것이고, 실제로 많은 과학자들이 이를 개발하고 있다. 나는 물리학자가 아니므로 이 투명 망토에 대한 설명은 다른 과학자들의 이야기에 기대어야겠다. 먼저 물리학자 김상욱에 따르면 2006년 존 펜드리 박사가 빛의 원리를 이용해 투명 망토를 구현했다고 한다. 다만 그의 투명 망토는 마이크로파 영역에서만 작동하기 때문에 아직 '완전한 성공'이라고 보기는 어렵다. 빛은 주파수에 따라 마이크로파, 전파, 적외선, 자외선, 가시광선, 엑스선, 감마선 등으로 나뉘며, 이 중 인간의 눈은 오직 가시광선만을 볼 수 있다. 그런 점에서 펜드리 박사의 연구는 절반의 성공에 그쳤다고 볼 수 있다.[25]

그럼 우리가 볼 수 있는 가시 세계에서 투명 망토가 구현되려면 어떤 원리가 적용되어야 할까? 빛이 물체와 만나면 그 빛은 물체에 반사되거나 투과되거나 흡수된다. 우리가 어떤 물체를 본다는 것, 물체의 형태나 색을 인지한다는 것은 물체에 반사된 빛을 우리 눈이 인식했다는 뜻이다. 만일 물체가 빛을 모두 투과시키면 그 물체는 투명하게 인식되는데 이것이 바로 투명 망토의 원리다. 다만 빛을 완전히 투과시키는 것만으로는 충분하지 않다. 투명체를 완벽하게 구현하기 위해서는 해당 물질의 굴절률이 주변 환경을 구성하는 물질들의 굴절률과 정확히 같아야 한다. 그래야만 그 존재가 시각적으로 완전히 사라질 수 있다.

그러나 이처럼 빛을 완전히 투과시키면서도 물질의 굴절률이 주변 세계의 물질들과 정확히 일치하는, 즉 완벽한 굴절률을 만들어 내는 물질은 아직 존재하지 않는다. 그런데 최근 과학자들이 '메타물질'이라 불리는 새로운 물질을 개발하고 있다고 한다. 일반적인 자연계의 물질은 양의 굴절률을 가지며 빛에 반응하지만, 메타물질은 음의 굴절률을 통해 빛을 강하게 휘게 만드는 원리를 이용한다. 이렇게 굴절된 빛은 반사되는 빛을 없애 주어, 마치 우리 눈앞에서 물체가 사라진 것처럼 보이게 만든다. 2014년 연세대학교 김경식 교수 연구팀은 빛의 굴절률 분포가 자동으로 은폐되도록 변형되는 스마트 메타물질을 만드는 데 성공했으며, 2017년에는 서울대학교 박남규 교수 연구팀이 메타물질의 물성을 원하는 값으로 정밀하게 제어할 수 있는 이론을 제안하고 이를 실험적으로도 입증했다.[26] 이처럼 투명 망토에 관한 다양한 연구 성과들을 접하고 나니, 언젠가 우리도 투명 망토를 실제로 착용해 볼 수 있는 날이 머지않은 듯하다.

위와 같은 투명 망토 원리를 과학적으로 이용한 것은 아니지만, 투명한 스크린의 아이디어를 개념적으로 이용한 자동차 광고가 있다. '보이지 않는 메르세데스Invisible Mercedes'라는 2012년도 광고 캠페인이다.• 10년도 더 지난 광고이며, 사용된 기술도 오늘날 기준으로 보면 그리 첨단이라고는 할 수 없다. 그럼에도 여전히 흥미롭고 창의적인 측면이 있다. 이 광고에서는 자동차 표면을 LED 매트릭스로 감싼 뒤, 차량 뒤편에 설치된 카메라로 자동차가 가리고 있는 배경을 촬영하고, 그 영상을 실시간으로 LED

• 

화면에 전송해 차량 표면에 그대로 재현하는 방식을 사용했다. 이로 인해 차량이 뒤의 배경과 시각적으로 동일하게 보이게 되어 마치 자동차 자체가 사라진 듯한 착시 현상을 유도한다. 이는 우리 뇌가 '빛은 일직선으로 진행한다'는 전제 아래, 눈앞에 보이는 사물의 모습을 자동으로 재구성한다는 시각 인지의 원리를 활용한 사례이기도 하다.

이 광고의 마지막 장면에서는 "Invisible to the environment. F-Cell with 0.0 emissions(환경에 보이지 않는 배출가스 0.0의 F-Cell)"이라는 문구가 등장한다. 당시 메르세데스-벤츠는 자사가 개발 중이던 수소연료전지차 버전인 'GLC F-Cell'의 친환경성을 강조하고자 이 광고 캠페인을 기획했다. 비록 2020년 개발 비용 부담 등의 이유로 해당 차량의 개발은 중단되었지만, 이 광고는 차량이 도심을 돌아다녀도 마치 존재하지 않는 것처럼 환경에 어떠한 공해도 유발하지 않는다는 '깨끗한 자동차'의 이미지를 부각한 기획이었다. 이는 스크린적 상상력을 통해 캠페인의 메시지와 의도를 효과적으로 전달한 사례라 할 수 있다.

세계 최초의 가상 시위

앞의 광고와 기술적으로는 다르지만, 디스플레이 방법론에서는 유사해 보이는 캠페인이 있다. 2015년 4월 10일, 스페인 마드리드에 위치한 스페인의회 건물 앞에서 홀로그램 시위가 벌

세계 최초의 홀로그램 시위
스페인의회 앞에서 수천 명이 시위 금지법에 반대하는 가상 행진을 벌였다.

¡LIBERTAD DE EXPRESIÓN!
RDAZA
no SOMOS DELITO

어졌다. 이 시위는 2014년 12월, 스페인 정부 여당인 시민당이 발의한 '스페인 시민안전법La Ley Mordaza, 일명 Gag Law'을 계기로 촉발되었다. 이 법안은 표면적으로는 시민의 안전을 명분으로 내세웠지만, 실제로는 권력 기관과 정부가 비판을 억누르고 집회를 통제하려는 의도가 깔려 있었다. 예를 들어, 경찰에게 모욕적인 언행을 하거나, 정부의 사전 허가 없이 국회, 대학, 병원 등 공공기관 앞에서 집회를 개최하거나, 그 장면을 사진이나 동영상으로 촬영해 인터넷에 게시하는 행위가 모두 '국가에 대한 모독 또는 공격'으로 간주되어 처벌받을 수 있도록 규정되었다. 사실상 표현의 자유를 심각하게 침해하는 악법이었던 셈이다. 대다수 시민과 야당은 이에 강하게 반발했으나, 그럼에도 불구하고 이듬해 스페인 하원은 해당 법안을 통과시켰고, 위반 시 최대 60만 유로(한화 약 10억 원)의 벌금을 부과할 수 있도록 했다. 또한 경찰관에게 무례한 언행을 할 경우 600유로(약 100만 원), 경찰을 촬영할 경우 최대 3만 유로(약 5,200만 원)의 벌금이 부과되는 조항도 포함되었다.

물리적인 시위가 불가능해지자 시민사회 조직인 '우리는 범죄자가 아니다NoSomosDelito'는 시민들에게 웹캠으로 자신의 모습을 촬영한 영상을 보내 시위에 참여해 줄 것을 요청했다. 이에 1만 7천 명이 넘는 시민들이 응답했다. 이 단체는 시민들이 보낸 영상을 편집해 홀로그램 기술로 변환한 뒤, 약 한 시간 동안 2천 개 이상의 프로젝션을 통해 의회 앞에 시연했다. 이를 통해 시민들은 법의 규제를 피해 현실에서는 누리지 못하는 표현의 자유를 가시화했고 정부는 이에 대해 명확한 처벌 근거를 찾지 못했다. 이 시위는 '자유를 위한 홀로그램Holograms for Freedom'이라는 제목으로 세계적으로 알려졌으며, 스페인 정부에 대한 시민들의 창의적 대응 사례로 주목받았다. 이처럼 기술은 사회운동의 메시지를 새롭고 혁신적인 방식으로 전달하는 수단이 되고 있다. 홀로그램이든 투명 망토든 스크린을 통한 상상력은 이제 물질성을 넘어서 가상과 현실의 경계마저 넘나들며 끊임없이 확장되고 있다.

투명 스크린이 가져올 미래

홀로그램 시위가 있기 1년 전인 2014년 초에 나는 한국과학기술원KIST 실감교류로보틱스센터 연구팀과 함께 투명 스크린 연구 프로젝트에 외부 연구원으로 참여한 적이 있다. KIST 연구팀은 LG 디스플레이와 함께 투명 터치 디스플레이를 개발하고자 했다. 이는 대형 유리 스크린의 앞뒤에 프로젝터로 이미지를 구현하는 동시에 스크린을 직접 터치하여 상호작용할 수 있는 디스플레이였다. 나는 석사과정 연구원 두 명과 함께 투명 디스플레이 하드웨어와 이에 적용할 새로운 소프트웨어 콘텐츠를 제작하고 구현하는 역할을 맡았다. 당시 투명 디스플레이는 이미 MIT 미디어 랩이나 카이스트 등 여러 대학 연구실에서 제작되었고, 여기에 적용할 수 있는 애플리케이션도 몇몇 발표되던 상황이었다. 당시 다른 연구팀들은 투명 디스플레이를 매장에서 상품과 함께 관련 정보를 동시에 보여 주는 진열 디스플레이로 사용하거나, 여러 사용자가 마주보며 게임을 즐길 수 있는 형태로 활용하고자 했다. 반면 우리 팀은 기존 응용 사례들과는 다른 새로운 방식의 애플리케이션을 만들고자 했다.

우리는 투명 디스플레이의 활용 시나리오 구성에 앞서 예상되는 인터랙션 제약 조건부터 점검했다. 먼저 둘 이상의 사용자가 디스플레이 앞뒷면에서 스크린을 조작할 경우에는 서로 마주보게 되는데, 한쪽 스크린에 띄운 텍스트나 이미지가 건너편에서는 뒤집혀 보이는 것이 큰 문제였다. 이는 테이블탑 디스플레이에서 똑같이 거론되는 방향성의 문제다. 텍스트나 이미지뿐만 아니라 디스플레이에 나타나는 기타 콘텐츠들 역시 좌우 방향성이 뚜렷한 경우에는, 디스플레이의 투명도를 영역별로 정교하게 제어하지 않는 이상 하나의 디스플레이로 모든 콘텐츠를 나눠 보여 주는 것은 적절하지 않다고 판단되었다.

이 밖에도 사용자가 서로 마주보며 작업할 경우, 오랜 시간 동안 시선을 마주쳐야 하는 데서 오는 일종의 심리적 부담감이나 어색함 또한 예상되었다. 이는 각 사회·문화권의 정서적 특성과도 밀접하게 연관되므로 UI/UX 측면에서 별도의 연구가 필요했다. 예를 들어, 길을 걷다 낯선 이와 눈이 마주쳤을 때 자연스럽게 웃으며 인사하는 문화권과 달리, 서로 일정한 거리를 유지하고 내외하는 경향이 강한 우리나라와 같은 사회에서는 이러한 상호작용에서 오는 불편함을 미리 고려하고 효과적으로 대응할 필요가 있었다.

당시 우리 연구팀은 투명 디스플레이를 제작하고, 그 위에

KIST와 함께한 투명 디스플레이 UI/UX 연구

적용할 애플리케이션으로 협업적 리듬 게임도 만들었다. 이 게임은 함께 작곡하는 과정을 통해 플레이어 간에 마주보는 어색함을 빠르게 해소할 수 있도록 고려한 것이다. 사람이 움직이면 흔적을 남기며 따라다니는 시각적 연출이 있는 시나리오도 포함했다. 또한 시간 내 풍선 터트리기 게임처럼 마주보는 이가 서로 어색할 틈 없이 경쟁적으로 플레이할 수 있는 게임도 구상해 보았다. 스크린 사이의 어색함을 놀이의 맥락으로 극복하고자 한 것이다. 그러나 6개월 안에 하드웨어와 소프트웨어를 모두 완성하기에는 시간이 부족했다. 미디어 아티스트로 구성된 우리 팀의 강점을 살려 애플리케이션을 예술적으로 더욱 확장하고자 했지만, 시간과 아이디어의 부족으로 모든 가능성을 담아내지는 못했다. 분명 우리 팀의 한계였지만, 동시에 이는 디스플레이의 성격과 특성에서 비롯된 제약이기도 했다.

현재도 투명 스크린이나 투명 디스플레이는 계속해서 개발되고 있다. 예를 들어, 가끔 드라마를 보면 투명 디스플레이가 인테리어 요소로 활용되는 장면을 볼 수 있는데, 특히 회사에서 높은 지위에 있는 인물의 사무실 벽에 자주 등장한다. 평소에는 탁 트인 시야를 제공하는 투명한 벽처럼 보이지만, 때로는 팀원들과의 진지한 회의에서 복잡한 아이디어를 풀어내는 커다란 전자칠판 역할을 하기도 한다. 또한 비밀스러운 회의나 타인에게 보여 주기 민망한 상황—예를 들어 부하 직원을 혼내거나 사내 연애가 드러나는 순간 등—에서는 불투명한 벽으로 전환되어 프라이버시를 보호한다.

매년 미국 라스베이거스에서 열리는 CES Consumer Electronics Show는 세계 최대 규모의 정보통신기술 ICT 융합 전시회다. 2024년 CES에서 LG는 투명 디스플레이 기술 외에도, 주변에 위치한 컴퓨터로부터 블루투스 무선통신을 통해 데이터를 디스플레이로 전송할 수 있는 기술을 선보이며 큰 주목을 받았다. 앞서 언급했듯이 투명 디스플레이는 AR처럼 투명한 유리벽 뒤편에 실제 사물을 보여 주고, 그 위에 디지털 정보 레이어를 얹을 수 있다는 점에서 상업적 디스플레이로서의 가능성을 지닌다. 특히 내 관심을 끌었던 부분은 공간 한가운데 배치된 디스플레이가 평소에는 투명 상태로 유지되어 공간을 넓고 개방적으로 느껴지게 하거나 흐릿한 이미지를 띄워 인테리어 요소로 기능하는 방식이었다. 그러다가 특정 콘텐츠나 이미지를 보여 줘야 할 때 검은 막처럼 보이는 얇은 장막이 디스플레이 전체를 덮으며 한쪽 면만 일반 디스플레이처럼 사용하는 장면이 매우 인상적이었다. 한마디로 투명과 불투명이 마치 스위치를 켜고 끄듯 전환되는 방식이었다. 이는 콘텐츠의 방향성을 디자인적 감각으로 풀어낸 시도라 볼 수 있다.

투명 디스플레이는 향후 지하철, 고속철도, 관광열차의 유리창에도 적극적으로 활용될 것으로 기대된다. 투명성을 갖춘 OLED 스크린 등은 공간의 활용도를 높이고, 정보 전달과 미적 요소를 동시에 만족시킬 수 있다는 점에서 주목받고 있다. 특히 가까운 미래에는 자율주행 자동차가 도심 곳곳을 누비게 될 텐데, 테슬라를 비롯해 현대, 기아 등 주요 자동차 제조사들은 차량의 전면 및 측면 유리창을 투명 디스플레이로 전환하려는 시도를 이어 가고 있다. 실제로 최근 생산되는 자동차의 대시보드는 점차 투명 스크린으로 대체되고 있다. 자율주행 자동차 시대가 본격화되면서 사용자들은 더 직관적이고 확장된 내비게이션 경험을 원하고 있으며, 이에 따라 대시보드의 역할이 전면 유리창으로 옮겨 가고 각종 조작을 이 스크린을 통해 수행하는 방향으로 진화하고 있다. 다만 자율주행차의 경우, 기계가 오작동할 수 있는 만일의 상황을 고려해야 한다. 운전자가 직접 개입해 제어할 수 있도록 전면 일부는 여전히 투명하게 유지되어야 한다.

이처럼 전면 유리가 스크린으로 바뀌는 자율주행 시대에, 자동차 제조사들은 그 위에 어떤 콘텐츠를 제공하고 사용자들에게 어떤 경험을 선사할 수 있을지 고민하고 있다. 어떻게 하면 안전을 확보하면서도 전면 스크린의 남은 공간을 효율적으로 활용할 수 있을까? 또 운전에서 해방된 운전자와 탑승자들이 자동차 안에서의 이동 시간을 어떻게 보다 의미 있고 생산적으로 보낼 수 있을까? 예를 들어, 탑승자들은 투명 스크린을 통해 게임을 즐기거나, 드라마와 영화를 관람하고, 짧은 동영상이나 릴스를 감상하는 등 다양한 콘텐츠를 경험할 수 있을 것이다. 이러한 상상 역시 투명 디스플레이가 담아내야 할 근미래 모빌리티의 중요한 모습 중 하나다.

〈알함브라 궁전의 추억〉과 망막 스크린

자율주행 자동차의 전면 유리 스크린은 투명 디스플레이의 미래를 예측할 수 있는 좋은 예다. 투명 디스플레이는 스크린의 투명성으로 인해 앞에 펼쳐진 세계를 그대로 드러낼 뿐만 아니라 그 위에 디지털 레이어로서의 정보를 덧씌워 보여 준다. 이런 의미에서 투명 스크린, 투명 디스플레이는 증강현실 내지는 혼합현실 디스플레이와 겹치는 측면이 있다. 앞에서도 말한 영화 〈마이너리티 리포트〉에서 톰 크루즈가 조작한 인터페이스가 다름 아닌 투명 디스플레이이자 공간 디스플레이라고 볼 수 있다. 영화 〈아이언맨〉 시리즈에서 군수업체 스타크 인더스트리의 최고경영자 토니 스타크가 아이언맨 로봇 슈트를 만들 때 설계, 제작, 조립 테스트는 물론 구동, 업그레이드 등 수많은 일을 수행한 곳도 바로 투명 디스플레이였다. 인공지능 비서 자비스JARVIS의 도움으로 토니 스타크의 손짓과 음성 명령에 따라 작동되는 스크린도 3D 홀로그램 기반 투명 스크린이었다.* 이처럼 홀로그램 스크린이나 증강현실 스크린은 SF 영화나 드라마에서 먼저 구현되고 있다.[27] 이러한 콘텐츠들은 앞으로 등장할 증강현실 스크린의 모습을 미리 엿볼 수 있게 해 준다.

국내에서는 2018년 말 tvN에서 방영된 SF 스릴러 판타지 드라마 〈알함브라 궁전의 추억〉에서 증강현실 스크린이 등장했다.[28] 스토리는 주인공이 눈에 렌즈처럼 망막 스크린을 끼고 게임 속 가상 세계와 현실 세계 사이를 왔다 갔다 하며 전개된다. IT 투자회사이자 게임회사 대표인 주인공 유진우(현빈 분)가 투자해 개발하고 있는 게임은 이미 플레이가 가능하도록 오픈된 상태다. 다만 게임에 난도가 있어서 대다수 플레이어는 아직 초기 레벨 플레이를 진행 중이고, 도전정신 강하고 책임감 있는 대표가 먼저 상위 레벨에서 플레이하며 테스트를 진행하는 중이다.

이 게임은 사용자가 스마트 콘택트렌즈를 끼는 순간 자동 접속된다. 망막에 착용하는 렌즈 형식의 스크린이기 때문에 그 너머의 실제 세계가 맨눈으로 보듯 선명하게 보인다. 다만 이런 현실 공간에 또 다른 정보 레이어가 한 겹 더 포개져 게임 현실이 덧씌워질 뿐이다. 플레이어는 무기 등의 게임 아이템 목록이 뜨는 증강된 레이어에서 자신에게 필요하거나 싸움에 적합한 아이템을 고른다. 스크린 위에는 충전되거나 남은 HPHit Point, Health Point, 현재 플레이어의 게임 상황, 스테이지 레벨 등이 인터페이스 형태

로 표시된다.

그런데 스토리상에서 주인공은 증강현실에서 게임과 현실이 마구 뒤섞이는 상황을 겪는다. 게임 속에서 죽은 이가 현실 세계에서도 죽어 있고, 게임 속에서 다리를 다친 이가 현실 세계에서도 목발을 짚게 된다. 심지어 게임 속 주인공과의 결투에서 죽은 이의 망령이 계속 현실 속에 나타나 주인공을 따라다닌다. 게임 속 프로그래밍 버그 때문이었다. 버그bug란 프로그램의 설계나 코딩 과정에서의 결점, 결함 및 오류 때문에 해당 소프트웨어 프로그램이 오류나 오작동을 일으키는 것을 말한다. 버그를 해결할 사람은 게임 개발자뿐인데, 그는 현재 어떤 연유로 연락도 끊은 채 알함브라 궁전에 숨어 버렸다. 드라마는 주인공이 그를 직접 찾아 나서면서 고군분투하는 과정을 그린다.

물론 이는 가상과 현실이 정신없이 뒤엉킨 허구적 이야기다. 하지만 게임 속 스마트 콘택트렌즈 기술만큼은 실제로 구현 가능할 것으로 보인다. 그리고 만약 그것이 현실화된다면 훨씬 더 몰입감 있는 게임 경험을 가능하게 할 것이다. 현재 구글, 소니, 삼성, LG, UNIST 등 많은 기업과 연구 기관이 이러한 스마트 콘택트렌즈의 기술 구현에 힘쓰고 있다. UNIST와 한국전기연구원KERI 공동 연구진은 초미세 3D 프린팅 기술을 이용해 렌즈 디스플레이에 마이크로 패턴을 인쇄함으로써 AR을 구현할 수 있는 스마트 콘택트렌즈 기술을 개발하고 있다. 이 렌즈를 착용하면 눈앞에 내비게이션 정보가 펼쳐진다고 한다. 어디를 가든지 내비게이션에 의지(?)해야 하는 나 같은 길치에게는 더없이 매력적으로 들리는 기술이다.

가까운 미래에는 각종 초소형 센서가 내장된 스마트 콘택트 렌즈가 착용자의 건강 상태까지 모니터링하게 될 것이다. 예를 들어, 렌즈에 내장된 고감도 포도당 센서는 착용자의 눈물 속 포도당 농도를 감지해 LED 디스플레이를 통해 빛으로 그 데이터를 알려 주고, 안압을 측정해 녹내장이나 당뇨도 진단할 수 있다. 그러나 아직은 착용 시 눈에 이물감이 느껴져 장시간 사용이 어렵다는 한계가 있으며, 이를 해결하기 위해 다양한 재료가 렌즈 소재로 실험되고 있다. 어쩌면 우리도 머지않아 〈알함브라 궁전의 추억〉 속 주인공처럼 스마트 렌즈를 착용하고 증강현실을 체험하게 될지도 모른다.

블랙 미러로 둘러싸인 세상

최근 들어 수많은 컴퓨터 스크린에 둘러싸인 채 정보 네트워크 통신, 커뮤니케이션, 인공지능과 로봇 등 첨단 컴퓨터 기술로 가득한 사회를 디스토피아적 시선으로 다룬 SF 드라마와 영화들이 쏟아지고 있다. 이미 수년 전부터 여러 시즌으로 방영된 영국 드라마 〈블랙 미러Black Mirror〉도 그 대표적인 예다. 이를 철학적이고 문화적으로 분석한 『블랙 미러로 철학하기』에서 저자 이원진은 책 서두에서 드라마의 프로듀서이자 작가인 찰리 브루커의 말을 인용한다. "블랙 미러는 모든 벽, 책상, 손바닥에 있다. 텔레비전, 컴퓨터 모니터, 스마트폰의 그 차갑고 번

쩍거리는 스크린"이다. 나 역시 미래 기술 사회를 그려 나가는 다양한 스크린의 형태와 모습에 늘 주목해 왔기에, 그로 인해 생겨나는 호기심과 공포, 즐거움과 불안에도 관심을 갖고 있다. 그중 〈블랙 미러〉 시즌 4의 '아크엔젤Arkangel' 편에서는 망막 스크린이 실생활에 침투하는 에피소드가 등장한다.•

이 에피소드에 등장하는 여성은 노산으로 어렵게 얻은 딸을 잃어버릴 뻔한 뒤 또다시 그런 일이 생길까 전전긍긍하다가 급기야 어린 딸의 눈에 망막 스크린을 씌우는 수술을 감행한다. 또 딸의 머릿속에 컴퓨터 칩도 심는데, 심겨진 칩을 통해 엄마는 아이의 망막 스크린으로부터 뇌신경으로 전달되는 시각 데이터를 자신의 컴퓨터로 전송받을 수 있다. 이제 아이의 보호자는 아이가 보는 것을 동일하게 영상으로 확인할 수 있음은 물론, 아이의 위치도 언제나 파악할 수 있다. 수술을 진행한 업체는 이에 더해 아이의 시신경 처리 과정에 필터 기능을 추가하는 부가 서비스도 제공한다. 예컨대 시각 과정에 개입하여 아이가 보는 시야 중 특정 부분을 알고리즘으로 모자이크 처리할 수 있는 것이다. 세상에 노출되는 위험하고 유해한 장면을 가릴 수 있도록 말이다. 엄마는 어린 딸이 등하굣길에 사나운 개와 마주하자 무서워서 그곳에서 한참 동안 망설인다는 사실을 알고 있었다. 필터 서비스를 받은 뒤 딸의 눈앞의 사나운 개는 모자이크 처리된다. 시간이 흘러 딸은 사춘기에 접어들고 성性에 눈을 뜨면서 친구들이 공유해 준 야한 영화를 접하게 된다. 그러나 엄마는 딸이 선정적인 장면을 보지 못하도록 모두 모자이크 처리하는 등 또

• 

다시 딸의 시각장에 개입한다. 이들은 어떤 결말을 맞을까?

미래 기술사회를 어둡고 우울하게 조망하는 〈블랙 미러〉답게 이 스토리도 끔찍한 비극으로 끝난다. 엄마의 계속된 개입으로 시각장이 가로막힌 아이는 점차 반항하기 시작한다. 타인에 대한 공감 능력을 상실함은 물론 여러 감각에도 무뎌져 버린 아이는 결국 자해를 시도하고, 심지어 엄마까지도 잔인하게 때린다. 시야가 차단된 답답함을 보상받기 위해 스스로나 타인에게 극단적 자극을 가하는 것이다. 드라마는 부모와 자식 간의 적절한 거리를 생각하게끔 할 뿐만 아니라, 기술 변화가 가져올 우리의 감각과 인식의 변형, 이로 인한 개인적이고 사회적인 파장 등에 대해서도 고민하게 만든다.

'아크엔젤' 편을 보면서 망막 스크린으로 인해 나의 시야가 누군가에 의해 차단되거나 왜곡된다면 어떨까 생각해 보았다. 그러나 한편으로 현재 우리의 삶을 되돌아보면, 아직 이러한 망막 신경 서비스가 적용되지 않았음에도 과연 우리의 시야가 자유롭다고 말할 수 있을지 의문이 든다. 우리는 맨눈으로 과연 세상을 제대로 보고 있는 것일까. 이미 망막 스크린이 아니더라도, 우리의 시각과 사고가 누군가에 의해 끊임없이 조작되고 있는 것은 아닐까.

정보기술은 우리가 보고 듣고 느끼고 생각하는 것에 대해 점점 더 무차별적으로 영향을 줄 것이다. 오늘날에는 그 영향력이 사회적·정치적·경제적 이유로 가려져 있어 이를 잘 인식하지 못할 뿐이다. 이러한 인식은 누군가가 정보장, 시각장은 물론 인식의 장에 개입하여 끊임없이 조작하고 있을 것이란 공포, 소위 '빅 브라더big brother'가 어딘가에 존재할 것이란 공포다. 기술에 대한 유토피아 혹은 디스토피아적 시각은 언제나 공존한다. 기술은 치료 약인 동시에 마약이 될 수 있으며, 편리함을 주는 동시에 나태와 게으름을 유발할 수도 있다. 스마트폰이 어느새 우리 삶에 깊숙이 침투했듯 가상현실, 증강현실, 나아가 혼합현실과 확장현실 등이 가져올 변화 또한 유토피아와 디스토피아라는 양극화된 경험을 더욱 심화시킬 수 있다. 이 기술들은 가상과 현실의 경계를 모호하게 만드는, 이른바 '심리스한' 경험을 구현하며 그 속에서는 멈춤과 사유가 개입할 여지마저 허용되지 않는 방향으로 인간을 몰아갈 수 있다. 최근에는 다양한 스크린 기술뿐 아니라 인공지능까지 결합되면서 사고의 상당 부분이 기계에 의해 대체될 것이라는 우려 섞인 목소리도 나오고 있다. 아무도 모르는 사이에 AI까지 개입하게 된다면 〈블랙 미러〉 속 딸의 눈처럼 어떤 알고리즘이 중간에 끼어들어 인간의 인식적·감각적 소통이나 가치 판단의 자유에 영향을 미칠지 모른다. 기술에 대한 철학적이고 윤리적인 논의가 더욱 중요해지는 이유다.

12장

홀로그램 디스플레이

샤막 스크린과 홀로그램

언제, 어디에서였는지 정확히 기억나지는 않지만 아마도 1980년대 호암미술관 혹은 과천 국립현대미술관이었던 것 같다. 당시 '홀로그램 전시'라는 말에 이끌려 부모님과 함께 그곳을 찾았다. 전시장에는 좌대 위에 유리 케이스들이 가득 있었고, 그 안에는 물체들이 허공에 떠 있는 듯 전시되어 있었다. 그 물체들은 선명하진 않았지만, 붉고 푸르스름한 빛과 어우러져 희미하게 떠다니는 듯한 인상을 주었다. 그러나 분명히 입체적으로 보였고, 이미지는 맺히는데도 스크린이 보이지 않아 더욱 신기하게 느껴졌다. 수많은 전시 중에서도 그 경험이 아직도 기억 속에 남아 있는 걸 보면 참으로 인상 깊었던 순간이었나 보다.

그로부터 30여 년이 지난 2010년 〈디지로그 사물놀이: 죽은 나무 꽃피우기〉* 공연에서 '홀로그램'이란 용어를 다시 접했다. 김덕수 사물놀이 패와 창과 무용이 어우러진 한국의 전통문화를 홀로그램 기술을 활용한 3차원 영상과 함께 구성한 무대였다. 이 공연은 고故 이어령 교수가 제안한 '디지로그Digilog' 개념을 예술가 김덕수와 디지털 콘텐츠 기업 디스트릭트d'strict가 현실화한 사례였다. '디지로그'란 디지털과 아날로그의 합성어로, 디지털 기술과 아날로그적 환경 요소가 융합되는 개념을 의미한다.

이 홀로그램 영상은 무대 위에 비스듬히 설치한 샤막 스크린에 이미지를 투사하는 방식으로 구현된다. 샤막은 빛이 투과되도록 듬성한 올들로 구성된 얇은 천을 가리킨다. 따라서 이 막은 그 뒤에 있는 인물과 그들의 퍼포먼스를 보여 주는 동시에, 막 위의 일부 반투과적인 부분에는 영상이 맺힐 수 있도록 하여 영상이 펼치는 가상 세계 또한 관객에게 함께 보여 줄 수 있다. 이처럼 하나의 무대 위에서 실시간 퍼포먼스와 영상 이미지가 3D 공간감 속에 동시에 연출되며, 현실과 가상이 어우러진 무대 경험이 가능해진다.

이 공연은 실제 연주자의 전통적 퍼포먼스와 미래 기술처럼 느껴지는 신기한 홀로그램 영상이 조화롭게 연출된 덕분에 오랫동안 회자되었다. 또한 가상과 현실, 아날로그와 디지털, 예술과 기술의 경계를 넘나드는 새로운 융합적 시도의 문을 활짝 열었다. 특히 3D 안경과 같은 별도의 보조 장치 없이 증강현실 기술을 실제 무대

와 결합해 구현했다는 점에서 더욱 의미가 깊다.

홀로그램은 엄밀히 말해 증강현실의 범주에 속한다. 현실 세계를 그대로 유지한 채 가상의 레이어를 덧입혀 현실의 체험을 확장·강화한다는 점에서 그렇다. 또는 가상 이미지와 실제 현실을 각각 보존하면서 결합하는 방식이기 때문에 혼합현실의 한 사례로 분류되기도 한다. 이 공연은 당대 최첨단의 융복합 공연이자 예술적 시도 면에서도 매우 뛰어난 사례였다.

기술 도구의 예술적 가능성

나는 가끔 AR이나 VR 같은 기술로 예술 작업이 가능한지에 대한 질문을 받곤 한다. 이러한 질문 속에는 다음과 같은 의구심이 깔려 있다. AR이나 VR은 어디까지나 '기술'일 뿐인데, 그런 기술적 장치와 도구를 통해 만들어진 결과물을 과연 '예술'이라 부를 수 있을까? 만약 예술이라면, 그 예술성의 깊이나 수준은 어느 정도일까? 실제로 의미 있고 감동적인 작품을 만드는 것이 가능할까? 기술은 기술이며, 매체는 매체일 뿐이다. 다만 나는 여기서 질문의 방향을 조금 바꿔 보고 싶다. 기술을 활용해 감동을 줄 수 있는 깊이 있는 예술적 경험을 '어떻게' 만들어 낼 수 있을까? 그리고 그렇게 만들어진 가상과 현실의 결합은 우리에게 어떤 예술적, 철학적 질문을 던질 수 있을까?

AR과 VR의 예술적 가능성에 대한 질문은 곧 이전 세대의 주요 미디어인 라디오나 TV가 얼마나 예술적인가에 대한 질문에서 답을 구할 수 있다. 얼핏 라디오나 TV는 예술 매체가 아니라고 생각할 수도 있다. 그러나 프랑코 '비포' 베라르디와 같은 작가는 해적 방송이었던 〈라디오 앨리스〉, 그리고 1977년 이탈리아의 라디오 운동을 통해 라디오라는 매체가 지닌 예술적·급진적·실천적 가능성을 직접 보여 준 바 있다. 백남준 역시 TV 브라운관과 개인용 비디오카메라라는 당시의 대중 기술을 적극 활용해 새로운 예술 언어를 창조했다. 그의 대표작인 〈달은 가장 오래된 TV〉, 〈TV 부처〉, 〈시스틴 채플〉 등의 작업은 그 서정성과 깊이 있는 메시지를 통해 '기술은 예술이 될 수 있는가'라는 질문 자체를 무의미하게 만들어 버린다. 결국 기술은 그 자체로 예술이 되느냐의 문제가 아니라, 상상력과 감각이 그것에 어떻게 접근하고 작동하느냐의 문제다. 따라서 AR이나 VR이 예술 매체가 될 수 있는지에 대한 질문은, 오히려 그 기술을 가지고 무엇을 어떻게 구현하고자 하느냐의 질문으로 전환되어야 한다. 특히 미디어아트처럼 예술과 기술이 융합되는 영역에서는 기술과 예술 사이에서 적절하고 감각적인 균형을 찾아내는 일이 무엇보다도 중요하다.

한편 어떤 대상이 예술적인가 아닌가를 묻는 질문은 질문자가 예술에 어떤 의미를 부여하고 있는가와 깊이 연결된다. 그렇기에 이 질문은 다시 질문자 자신에게 되묻고 싶어진다. 당신은 어떤 경험을 예술적이라고 느끼시나요? 이처럼 질문을 거듭 반문하게 되는 과정 속에서 나는 종종 덴마크 출신의 세계적인 설치미술가 올라퍼 엘리아슨을 떠올리게 된다. 엘리아슨은 뉴욕 P.S.1 미술관에서 그의 전시 〈테이크 유어 타임〉을 처음 만난 이후, 내가 꾸준히 주목하고 추적해 온 작가 중 한 명이다. 그의 작업은 정서와 인지가 조화롭게 어우러져 관람자에게 깊은 인상과 몰입의 경험을 선사한다. 특히 구름, 비, 무지개와 같은 자연 현상을 인공적인 미술관 공간 안에서 체험할 수 있다는 점은 그의 작업이 지닌 특별한 매력 중 하나다. 이러한 그가 최근에는 AR 기술을 활용해 자신만의 예술 세계를 확장하는 작업을 선보이기도 했다.

올라퍼 엘리아슨의 AR 프로젝트

엘리아슨이 2003년 영국의 테이트모던 미술관 터빈홀에서 선보인 〈날씨 프로젝트The Weather Project〉도 자연 현상을 미술관 안에 펼친 대표적인 작업이다. 그의 작품은 자연의 요소를 새로운 환경 속에서 재현하기 때문에 종종 '인공 자연artificial nature'이라 불리기도 한다. 〈날씨 프로젝트〉 중 일명 '인공 태양'으로 불리며 큰 주목을 받은 이 작품은 터빈홀의 높은 천장 아래, 서서히 걷히는 안개 속에서 등장한다. 이 태양은 강렬한 노란빛을 발산하는 거대한 원형 조명 스크린으로 구현되었다. 이 스크린에서 방출되는 빛과 안개는 기술적 시스템을 통해 정밀하게 통제되며 시간에 따라 계속 변화하면서 공간 전체의 분위기를 형성한다. 특히 안개가 걷힌 순간, 관객은 자신이 서 있는 공간의 압도적인 규모를 다시금 체감하게 된다. 이미 충분히 넓은 공간임에도 불구하고 엘리아슨은 천장에 거대한 거울을 설치해 공간을 시각적으로 두 배 이상 확장시켰고, 이를 통해 관객의 인식 역시 더욱 극적으로 확장되었다.

이 전시는 200만 명의 관람객이 다녀갈 만큼 큰 인기를 끌었다. 나는 그 이유 중 하나가 오묘한 안개 속에서 퍼지는 강렬한 태양빛의 산란이라는 이례적인 체험이 어두침침한 영국 날씨에 익숙한 관람객들에게 깊은 인상을 남겼기 때문이 아닐까 생각했다. 엘리아슨은 공간을 새롭게 의식하게 만드는 방식을 통해 익숙한 감각 경험을 인식적으로 낯설게 전환하는 작업을 지속해 왔다. 그가 인공 태양을 설치한 터빈홀은 과거 발전소로 사용되었던 공간이다. 이 산업적 장소를 자연적 공간으로 전환하고 내부와 외부의 경계를 전복하는 그의 작업은, 단순히 자연을 묘사하거나 재현하려는 것이 아니라 자연과 공간에 대한 인식을 새롭게 재구성하려는 의도를 담고 있다. 이를 통해 엘리아슨의 작업은 우리가 일상적으로 접하는 자연을 낯설게 조명하고 그것을 새롭게 바라보며 또 다른 관계를 형성할 수 있도록 관람자를 유도한다.

내가 뉴욕 P.S.1에서 만난 〈인공 폭포〉 역시 자연적 소재와 대상을 인공적인 공간—예를 들어 미술관이나 뉴욕 브루클린 다리 아래 같은 장소—에서 체험할 수 있도록 구성된 작업이었다. 2016년 리움미술관에서 열린 엘리아슨의 개인전 《세상의 모든 가능성The Parliament of Possibilities》에서 본 〈무지개 집합Rainbow Assembly〉 또한 '인공 자연'을 직접 체험할 수 있도록 구성된 작품이었다. 나 역시 〈불〉, 〈바다〉, 〈폭포〉, 〈버드나무〉, 〈빛 그리고 빛〉과 같은 작업에서 자연을 담아 왔기에 그의 작품 세계에 더욱 깊은 관심을 갖게 되었다. 하지만 엘리아슨의 예술이 특히 주목받는 이유는 그가 단지 자연을 재현하는 데에 그치지 않고 예술 프로젝트를 통해 사회에 실질적으로 기여할 수 있는 활동을 꾸준히 실천해 왔다는 점에 있다. 그 대표적인 사례가 바로 〈리틀 선 프로젝트Little Sun Project〉다.

작가는 전기가 공급되지 않는 아프리카 오지에 사는 어린이들을 위해 태양광 충전 램프를 제작해 나누어 주었다. 이 램프는 '선플라워sunflower', 즉 해바라기처럼 생긴 형태로 디자인되었다. 아이들은 이 램프를 들고 낮 시간 동안 놀며 태양 에너지를 충전하고 밤이 되면 이를 조명으로 활용했다. 태양을 주요 모티브로 삼았다는 점에서 이 프로젝트는 엘리아슨의 〈날씨 프로젝트〉와도 상징적으로 연결된다. 그러나 이 두 작업은 성격이 매우 다르다. 한쪽은 거대한 미술관 공간에서 자연의 감각적 경험을 재구성한 설치미술이고, 다른 한쪽은 삶의 조건을 개선하려는 사회적 실천 프로젝트다. 그렇기에 '과연 이 두 작업이 동일한 작가의 작품인가?'라는 질문이 생길 법도 하다. 그리고 더 나아가 〈리틀 선 프로젝트〉 또한 〈날씨 프로젝트〉처럼 '예술 작품'으로 보아야 할까?라는 근본적인 질문으로 이어진다.

무엇이 예술 작품인가 아닌가에 대한 판단 기준은 그 사회와 개인이 어디에 미학적 가치를 두는지에 따라 달라진다. 엘리아슨은 에티오피아를 여행할 때 가난한 사람도 부유한 사람과 다를 바 없이 미학을 중시한다는 것을 확인하고, 그 깨달음이 〈리틀 선 프로젝트〉의 출발점이 되었다고 밝힌 바 있다. 그는 예술적 실천을 통해 사회적 의미를 구현하려는 의지를 자신의 작업

속에 담아내고 있는 것이다. 세계 유수의 미술관과 갤러리에서 굵직한 전시를 수없이 이어 가는 이 세계적 거장이, 오지에서 사회적 프로젝트를 실천하는 데 주저함이 없다는 사실은 매우 인상적이다. 그의 폭넓은 활동과 다채로운 작업 스펙트럼은 절로 박수를 불러일으키며 동시에 부러움마저 자아낸다. 물론 이 같은 활동은 대규모 스튜디오와 여러 조력자들의 도움이 있기에 가능하다고 볼 수도 있다. 그러나 그 모든 것은 작가가 오랜 시간과 노력을 쏟아붓고 확고한 의지와 열정을 갖고 있기에 가능한 일이다.

그런 엘리아슨은 코로나19 바이러스가 전 세계를 휩쓸던 2020년에 또 한 번 예상을 뛰어넘는 행보를 보여 주었다. 그는 어큐트 아트Acute Art라는 회사와 협업해 〈분더카머: 경이의 방Wunderkammer〉•을 제작·발표했다. 이는 모바일 애플리케이션을 통해 구현되는 증강현실 기반의 작업이다. '분더카머'란 '호기심의 방'이라는 뜻으로, 과거 유럽의 귀족과 학자들이 자연물부터 예술 작품에 이르기까지 진기한 물건들을 수집해 진열해 놓았던 컬렉션을 말한다. 오늘날 박물관의 원형으로 여겨지기도 한다. 엘리아슨의 이 AR 작업은 사용자가 모바일 앱을 다운로드한 뒤, 자신이 있는 공간에 띄우고 싶은 이미지를 선택하면 곧바로 그 이미지가 화면 속 공간에 실현되는 방식이다. 사용자가 카메라로 자신의 주변을 비추면 스크린상에 실시간으로 증강현실 이미지가 합성되는 구조다. 솔직히 구현 방식 자체는 다른 일반적인 AR 콘텐츠와 크게 다르지 않다. 하지만 이 작업에서도 엘리

• 

아슨은 자신이 즐겨 다루는 자연적 대상과 모티프—구름, 비, 안개, 태양 등—를 적극 활용했다. 그 결과, 사람들은 집 안이나 방, 혹은 사무실 같은 일상 공간 속에서도 마치 자연을 마주한 듯한 시각적 경험을 할 수 있었다. 현실 공간 위에 이글거리는 태양을 띄우고, 구름과 안개를 흐르게 하며, 무지개를 걸어 놓는 식이다.

겉보기에는 이 작업이 다소 유치하게 느껴질 수도 있다. 실제로 어떤 이들은 '이런 것이 과연 예술적 AR인가?'라는 의문을 가질지도 모른다. 그러나 나는 엘리아슨의 이번 작업 역시 〈리틀 선 프로젝트〉의 연장선상에서 읽었다. 이 지점에서 작업의 '의도'와 그것이 만들어지는 '맥락'의 중요성을 강조하고 싶다. 팬데믹 시기, 엘리아슨은 3년 가까이 집 안에서 생활하며 사회적 고립과 단절을 경험했다. 그는 자신과 같은 처지에 놓인 전 세계 수많은 사람들에게 작지만 뜻밖의 경험을 선물하고 싶었다고 말한다. 나아가 이러한 경험이 소소하지만 따뜻한 위로가 되기를 바란다고 덧붙이며 다음과 같이 전했다. "위기의 시대에 문화는 사치품보다 더 강력하다. 그것은 희망을 줄 수 있기 때문이다."[29] 엘리아슨은 예술이 거창하거나 웅장하기보다는 일상의 반복 속에서 삶의 아름다움과 경이로움을 발견하도록 도와주는 것이기를 바랐다. 그의 작업은 소수의 예술 애호가를 위한 것이 아니라 많은 사람에게 한 걸음 더 다가가는 예술이 되고자 했다.

어큐트 아트 측은 "옛 분더카머가 지식의 지평을 넓히고 세상에 질문을 던지며 상상력을 불러일으켰다는 점에서 엘리아슨의 AR '분더카머'와 연결된다"고 설명했다.[30] 우리는 어느 순간부터 예술이라면 반드시 심오하고 깊은 감동을 주어야 한다고 생각하게 된 듯하다. 그러나 아프리카 오지의 아이들에게 전해진 해바라기 모양의 작은 램프가 예술인지 아닌지를 따지는 일은 실상 그렇게 중요한 문제가 아닐지도 모른다. 구름과 태양, 무지개는 우리가 일상에서 자주 마주하는 자연 현상이다. 하지만 코로나19로 인해 외부 활동이 제한되고 자연과의 접촉조차 어려워진 시기가 길어지자 엘리아슨은 그 자연을 집 안으로 들여오고자 했다. 그의 이러한 시도는 거창한 미학적 선언보다도 다정한 배려에 가깝다. 일상의 작은 기적을 다시금 느끼게 하려는 그의 의도는 오히려 '귀엽다'는 표현이 어울릴 만큼 따뜻하고 인간적이다.

예술 비평가 에이드리언 설과의 인터뷰를 통해 우리는 예술의 사회적 역할에 대한 엘리아슨의 생각을 엿볼 수 있다.[31] 그는 예술이 사회적으로 어떤 역할을 하는지 명확히 규정하기는 어렵지만, 늘 자신의 작업 안에 그 답이 있다고 말한다. 그러면서 자신이 사람에 대한 관심이 많은 편인데, 특히 자신의 작품이 관객과 어떻게 관계 맺는지를 지켜보는 것이 언제나 흥미롭다고 밝혔다. 엘리아슨은 현대사회가 사람들에게 자신의 경험이 어떤 성격을 지니는지 평가할 기회를 거의 주지 않는다고 말한다. 그런 행위는 경제적 이익을 창출하지 못하기 때문이다. 오늘날 우리는 경험 자체가 경제적 가치를 갖게 된 시대, 즉 경험 경제experience economy 시대에 살고 있다. 이는 경영 전략가인 B. 조지프 파인과 제임스 H. 길모어가 제시한 개념으로, 개인 맞춤화된 특별한 경험을 통해 경제적 가치를 창출하는 방식에 주목한다.[32] 엘리아슨은 예술이 이러한 시대에 중요한 역할을 할 수 있다고 본다. 예술이 경험의 질과 성격을 실험하고 수행할 수 있는 하나의 '발언'이 될 수 있다는 것이다. 특히 예술은 관객이 작품과 능동적으로 관계를 맺고 작품에 참여할 기회를 제공하는데, 이는 예술 외의 다른 사회 영역에서는 쉽게 찾아보기 어려운 구조이기도 하다는 것이다.

에이드리언 설은 엘리아슨 작업에서 '즐거움' 혹은 '쾌락'이라는 단어가 자주 등장하는 이유에 대해서도 질문했다. 예술작업은 일반적으로 진지하거나 비평적이며 뭔가 묵직한 문제를 건드려야 할 것 같은데, 즐거움과 쾌락은 얼핏 여기에 어울리지 않는다고 느껴지기 때문이다. 엘리아슨은 우리 사회가 엔터테인먼트와의 관계에서 논의되는 즐거움을 과소평가하는 경향이 있으며, 그로 인해 엔터테인먼트가 일상의 시공간에서 분리되어 특화된 영역으로 다뤄진다고 지적한다. 특히 엘리아슨은 엔터테인먼트가 하나의 경험을 시공간적으로 고정된, 마치 틀에 박힌 사진처럼 다루는 방식에 대해 비판한다. 하지만 그는 하나의 경험 안에 시공간에 대한 체험이 잘 녹아들 수 있다면 그것은 좋은 엔터테인먼트가 될 수 있다고 주장한다. 특히 그 경험 안에 '지속되는 시간'의 감각까지 담아낼 수 있다면 그 결과로서 즐거움은 자연스럽게 따라올 수 있다는 것이다. 그러한 의미에서 엘리아슨은 자신의 작업 안에 '경험' 자체를 극대화하고자 하며 '즐거움'이야말로 관객이 작업에 참여해 진정한 관계를 맺는 데 있어 효과적인 창구 역할을 한다고 본다.

오늘날 AR과 VR은 주로 오락이나 게임과 접목되는 경우가 많다. 그러나 우리는 엘리아슨의 작업과 사유를 통해 즐거움과 쾌락, 그리고 예술성이 서로 분리된 것이 아님을 새삼 깨닫게 된다. 우리의 경험이 스크린(매체)을 통해 즐거워지는 동시에 가상과 현실 사이에서의 경험 그 자체, 그리고 그 속에서 마주하게 되는 우리 자신에 대한 새로운 인식을 이끌어 낸다면, 그것은 예술적으로 충분히 심오할 뿐 아니라 사회적으로도 큰 의미를 지닐 수 있을 것이다.

13장

실감 미디어

빛의 벙커와 빛의 채석장

2018년 제주도 성산 지역에 '빛의 벙커'가 오픈했다. 과거 국가 통신시설이었던 벙커를 문화 공간으로 재탄생시킨 이곳은 프랑스 레보드프로방스 지역에 위치한 '빛의 채석장'의 일종의 분점으로, 프랑스 외 국가로는 처음으로 국내에 문을 열었다. 이곳을 방문한 관람객들이 소셜미디어에 화려한 전시 사진들을 공유하면서 빠르게 입소문이 퍼졌다. 나 역시 2019년 초 학회 참석 차 제주에 들렀다가 이곳을 방문하게 되었다. 벙커 건물 안으로 들어서자, 사방의 벽은 물론 천장과 바닥까지 모든 면에 영상이 완벽하게 매핑된 공간이 펼쳐졌다. 입구부터 공간을 가득 채운 영상 이미지가 이어지더니, 마침내 거대한 몰입형 공간으로 관람객의 발길을 이끌었다. 공간 전체는 영상뿐만 아니라 사방에서 울려 퍼지는 몰입형 사운드로도 완전히 둘러싸여 있었다.

2023년 봄, 프랑스 엑상프로방스와 아를 지역을 여행하다가 빛의 채석장을 방문했다. 이미 2019년에 제주 빛의 벙커를 방문한 경험이 있었기에 이곳에 들를지 잠시 망설이기도 했다. 하지만 그 여행이 세잔과 고흐의 자취를 따라가는 여정이었던 만큼, 채석장에서의 전시는 과거에서 현재로 이어지는 시간의 흐름 속에서 여행을 마무리 짓는 데 어울리는 수순이 될 것 같았다.

레보드프로방스는 아를과 아비뇽 그리고 살롱드프로방스 사이 석회암 산지의 한 모퉁이에 위치한 작은 요새 마을이다. 날씨가 맑은 날이면 세잔의 그림으로 유명한 생트빅투아르산도 저 멀리 수평선 너머로 바라볼 수 있다. 산속 굽이진 길을 한참 돌고 도니, 짙은 회색에서 서서히 옅어지는 회백색 돌산의 아름다운 풍경이 펼쳐졌다. 나와 일행은 마치 중세의 성곽들로 채워진 듯한 지역에 도착했다. 과거 채석장으로 사용되었다는 이곳은 컬처스페이스Culturespaces라는 회사가 2012년부터 장소 특정적 미술관으로 리모델링하여 운영하고 있었다. 채석장 내부에도 새하얀 석회암 암벽이 이어졌는데, 이 자체가 프로젝션 스크린으로서의 이상적인 조건을 갖추고 있었다(영상을 투사하는 스크린은 아무래도 밝을수록 좋다). 컬처스페이스는 AMIEXArt & Music Immersive EXperience라는 기술을 개발하여 이 공간을 빈틈없이 완벽하게 매핑했다. 약 100여 대의 영상 프

프랑스 레보드프로방스에 있는 ‘빛의 채석장’

로젝션을 운용 및 제어하는 소프트웨어로 채석장의 벽과 바닥, 기둥, 천장 등 전체에 움직이는 영상을 송출했다. 이미지와 어울리는 배경음악도 공간 전체에 울려 퍼지도록 하여 특유의 분위기를 자아냈다. 최근 들어 새롭게 등장하는 몰입형 전시장은 기존의 정적이고 조용한 미술관과는 상당히 다르다. 작품 이미지가 흐르는 가운데 음악이 공간을 가득 채우는 이 전시 형식은 전시와 공연의 경계를 넘나드는 중간적 성격을 띠고 있다. 관람객은 마치 오페라나 뮤지컬이 펼쳐지는 무대 위를 직접 거니는 듯한 감각을 경험하게 된다.

마침 빛의 채석장에서는 〈진주 귀걸이를 한 소녀〉로 유명한 얀 페르메이르부터 반 고흐까지 네덜란드 거장들의 작품이 한자리에 모여 있었다(그날 전시가 상설전이었는지 기획전이었는지는 확실치 않지만, 이 지역에서 고흐의 인지도가 워낙 높다 보니 고흐 관련 전시는 아마 하루도 빠지지 않고 열릴 것이라는 생각이 들었다). 그 외에도 칸딘스키와 몬드리안 그림을 테마로 한 프로그램도 시간마다 상영되었다. 이처럼 전시장 공간은 거장 화가들의 회화 작품에서 추출한 이미지를 디지털 고화질로 변환하고 이를 구성적으로 재조합해 각 벽면에 투사하고 있었다. 이들은 테마별 연출 시나리오에 따라 클래식 음악과 함께 끊임없이 유동하며 관람객에게 색다른 체험거리를 선사했다.

화면 전환과 이동, 이미지와 사운드의 조화 등은 제주와는 또 다른 감동을 주었다. 무엇보다 연출적인 면에서도 좋은 공부가 되었다. 제주 전시가 클림트 한 작가의 콘텐츠로 구성된

프랑스 '빛의 채석장'에서 만난 전시 장면

반면, 레보드프로방스 채석장 전시에는 여러 화가의 콘텐츠가 다양하게 펼쳐졌다. 또 이미지와 사운드, 각 시청각 요소들도 좀 더 유기적으로 연결되어 있었다. 하나의 이미지가 또 다른 이미지와 이어지면서 그들 사이의 모션그래픽 효과만 강조한 것이 아니라, 각 화가와 그들의 작품 이미지 사이에 스토리텔링이 긴밀하게 기획되어 있다는 인상이었다. 내부 공간 또한 바닥의 층고 변화를 통해 건축적·인테리어적으로 다양하게 구성되어 있어 관람자의 흥미를 자극했다. 한쪽으로 걸어가면 기둥이나 벽 뒤에 숨겨진 또 다른 공간이 나타나고, 그 안에서도 미세하면서도 다채로운 변화가 끊임없이 이어졌다. 주요 공간에서는 하나의 영상 프로그램이 펼쳐지는 동시에 구석구석 다른 이미지들이 투사되며 각기 다른 개별 연출이 돋보였다. 하나의 공간을 감상하다 보면, 다른 공간에서 펼쳐지는 연출을 놓칠지도 모른다는 긴장감마저 들 정도였다. 이러한 몰입형 전시에서는 공간 구성과 영상 기획을 포함한 전체 연출이 얼마나 중요한지를 새삼 깨닫게 해 준 경험이었다.

몰입형 전시의 유행

몰입형 전시는 스펙터클한 볼거리로 '몰입'을 이끈다고 하여 붙여진 이름이다. 천장부터 바닥까지 대형 스크린으로 이어진 공간에 해상도 높은 영상과 사운드가 뛰어난 음악이 관객을 에워싸는 느낌을 준다. 그래서 몰입형 전시에서는 변화하는 순간순간의 경험을 사진과 동영상으로 담는 관객을 수없이 마주한다.

국내에서도 몰입형 전시가 큰 인기를 끌자 아르떼뮤지엄은 2020년 가을 제주를 시작으로 여수와 강릉 등 전국 각지에 전시장을 잇따라 개관했다. 이와 비슷한 시기, 서울 동대문 DDP에서는 일본 미디어아트그룹 '팀랩TeamLab'의 몰입형 전시가 흥행하며 큰 주목을 받았고 2023년 12월부터 2024년 5월까지 라이트룸서울에서는 데이비드 호크니 전시도 열렸다. 그뿐만 아니라 지난 몇 년간 정부는 박물관, 미술관, 관공서 등 공공 공간에 실감 미디어 콘텐츠를 상영할 수 있도록 공간과 장비, 콘텐츠 제작을 적극 지원해 왔다. 그 결과 우리는 일상 속에서도 '실감 영상'이라는 이름으로 불리는 홀로그램, VR 전시, 미디어 파사드 월 등 다양한 프로젝션 매핑 작업을 접할 수 있게 되었다. 이러한 작업은 대개 사면의 벽과, 가능하다면 바닥과 천장까지 영상으로 빈틈없이 채우는 방식으로 진행된다. 그중에는 특정 이미지나 공간이 실제로 입체처럼 튀어나오는 듯 보이는 '아나모픽anamorphic' 기법을 활용한 경우도 있다. 이는 영상 속 대상이나 장면 일부를 3차원처럼 착시적으로 돌출시켜 관람자가 공간 안으로 더 깊이 빠져드는 느낌을 주는 기법이다. 사람들은 이러한 아나모픽 효과를 대체로 신기해하고 흥미롭게 받아들인다. 그렇다면 사람들은 왜 이렇게 몰입형 전시에 열광하는 걸까? 한때 선풍적인 인기를 끌었던 탕후루처럼, 이 역시 잠깐 유행하고 사라지는 것은 아닐까? 하지만 우리가 오늘날 경험하는 몰입형 전시, 미디어 파사드, VR 등 실감 영상의 기원은 생각보다 훨씬 오래되었다.

몰입형 전시의 기원, 파노라마

몰입형 전시의 기원을 거슬러 올라가다 보면 알타미라 동굴벽화와 같은 선사시대 벽화까지도 그 출발점으로 삼을 수 있다. 오늘날 현대인들이 채석장이나 벙커 같은 공간에서 벽에 투사된 이미지를 감상하는 방식과 과거 선조들이 동굴 벽에 그려진 그림을 바라보던 방식 사이에는 시각적 몰입이라는 측면에서 유사성이 존재하기 때문이다. 그러나 두 경험 사이에는 분명한 차이도 있다. 동굴벽화가 당시 사람들의 삶과 소망을 자발적으로 기록하고 표현한 공간이었다면, 오늘날의 몰입형 전시는 영상을 투사하기에 적합한 공간을 찾아 인위적으로 설계하고 재구성한 결과물이다. 그렇다면 인류는 이러한 몰입형 공간을 언제부터 인위적으로 구축하기 시작했을까? 이와 관련하여 우리는 18세기에 등장한 '파노라마' 체험을 떠올려 볼 수 있다. 독일 출신의 미디어아트 이론가 올리버 그라우는 그의 저서 『버추얼 아트: 환영부터 몰입까지*Virtual Art: From Illusion to Immersion*』에서 밀폐된 구조물 안에서 360도로 펼쳐진 이미지가 관람자를 둘러싸는 '파노라마'가 오늘날의 가상현실 개념과 밀접하게 연결된다고 설명한다.[33] 나 역시 몰입형 전시의 기원은 파노라마에 있다고 본다.

파노라마는 18세기 산업혁명 직후 유럽 등지에서 나타났다. 둥근 원통형 건물 내부 벽에 360도 전 방향에서 볼 수 있는 풍경화를 그려 넣어 마치 실제 풍경을 보는 것과 같은 느낌이 들게 만들었다. 이 시기는 프랑스를 기점으로 유럽 전역에 부르주아 시민 의식과 과학 기술이 발달하면서 이성주의가 널리 퍼져 나가고 있었다. 철학자 드니 디드로가 『백과전서』를 만들고, 1753년 현대적 의미에서의 박물관이자 공공 박물관이 문을 열었다. 감각적 경험과 감성을 중시하는 경험주의가 등장하기도 했다. 이러한 분위기에서 파노라마의 출현은 새로운 세상에 대한 관심과 시각 기술의 발전에 따라 세계를 조망하고 시각화하고자 하는 욕망이 반영된 것이라 볼 수 있다.

당시 런던에만 수백 개가 건설된 파노라마 건물은 그야말로 오늘날의 영화관 같은 곳이었다. 물론 영화는 19세기 말에 등장했지만, 그만큼 이곳에서는 스펙터클한 볼거리를 만날 수 있었다. 파노라마 건물에는 주로 장엄하고 이국적인 풍경이나 도시 풍경, 전투 장면 등이 선보여졌다. 그중 〈세단의 전투The Battle of Sedan〉란 작품에 가장 많은 투자가 이루어졌고 가장 많은 사람이 감상했다고 한다. 요즘으로 치면 천만 관객을 동원한 블록버스터 영화라고 할 수 있다.

그런데 왜 그 많은 작품 중에서 하필 전투 장면이 가장 유행했을까? 그 이유는 첫 파노라마 그림이 산업혁명 직후 스코틀랜드 영지에 주둔하던 영국군에 의해 만들어졌기 때문이다. 원래 파노라마는 군 점령지에 대한 지정학적·지질학적 지식과 정찰에 필요한 정보를 병사들에게 정확하고 실감나게 전달하기 위해 제작되었다. 그러나 이후 파노라마를 접한 정치인들은 이 새로운 미디어가 대중에게 영향을 미칠 수 있다고 판단하여, 이를 정치적 도구이자 프로파간다로 활용했다. 이미지가 가진 압도적 스펙터클은 국가 체제를 선전하고 왕의 권력을 암

건축가 로버트 미첼이 직접 그린 파노라마가 전시된
레스터 스퀘어의 로툰다 단면도, 1801

NORAMA.

r Square.

시적으로 전달하기에 탁월해 보였다. 전투 장면은 자국 군대가 멀리서 펼치는 활약상을 시민들에게 보여 주기에도 좋았다. 이런 목적 아래 근대 유럽 국가에서는 파노라마 건물이 많이 세워졌다. 당시 파노라마 건물이 있는 국가는 영국, 독일, 프랑스 제국, 네덜란드(당시 홀랜드) 등 대부분 근대화를 이루고 식민지 사업으로 강력한 왕권을 구축한 제국들이었다. 그중에서도 영국은 18세기 말 산업혁명으로 일찍이 부를 축적함으로써 가장 먼저 파노라마를 만들었다. 영국을 필두로 19세기경에는 유럽 전역에 수백 개의 파노라마 극장이 건설되었고, 수천만 명이 파노라마를 관람했다.

파노라마 극장으로 사용된 건물은 평균 1천500~2천 제곱미터 넓이에 15~25미터 높이였고, 그 안의 그림은 가로 400여 미터, 세로 20여 미터에 달했다. 규모가 이러하다 보니 부유한 자본가 계급의 투자가 필요했을 것이고, 이 그림을 감상하는 일도 분명 비싼 경험이었을 것이다. 실제로 19세기 말 파노라마 극장 하나를 건설하는 데 약 100만 마르크가 들었다고 한다. 그럼에도 불구하고 신흥 부르주아 자본가 계급은 국가로부터 세금 감면 등 여러 혜택을 받기 위해 그 투자에 기꺼이 참여했다. 이는 곧 정치와 자본의 결탁이라 볼 수 있다. 이처럼 파노라마는 단순한 시각적 오락물이 아니라 산업혁명과 자본가 계급의 출현, 그리고 군사적·정치적·경제적 요인들이 복합적으로 작용해 나타난 사회문화적 산물이었다.

파노라마의 대표 작품이었던 〈세단의 전투〉는 1870년 9월 1일 프로이센이 프랑스를 상대로 크게 이긴 역사적 전쟁을 바탕으로 했다. 그림에는 프로이센 보병대가 프랑스 기병대를 맹렬히 추격하는 장면이 잘 묘사되어 있다. 원경과 근경을 구조적으로 나누어 원경에는 프로이센의 보병 연대를, 근경에는 용맹하고 처절하게 싸우는 병사의 전투 장면을 담았다. 전체를 조감한 원경에는 세상을 정복하고자 하는 열망과 승리한 전투에서 느끼는 고취된 감정이 드러나고, 근경에는 전투 신이 실감날 만큼 세밀하게 표현되어 있다. 파노라마의 '가까이에서 보기'는 관객의 몰입을 이끌면서도 이는 가상 이미지일 뿐이라는 심리적 안정감을 주어, 자유로운 거리두기라는 혼합된 경험을 허락한다. 덕분에 가상적 이미지를 보면서도 현실성이나 비사실성에 매이지 않고 오히려 더욱 깊이 몰입할 수 있다. 한편 풍경을 보여 주는 파노라마는 대부분 유럽의 대도시를 소재로 삼았다. 관람객이 파노라마 극장 내부를 걸어 다니며 마치 도시 풍경 이미지를 조감하듯 내려다보도록 설계되었다. 이는 관람객에게 '정말로 그 장소에 있는 듯한' 생생한 현장감을 전달했다.

파노라마는 비슷한 시기에 환등기를 이용한 판타스마고리아phantasmagoria, 시네오라마cinéorama 등 다양한 기법과 방식, 장치로 실험되었고 이는 19세기 말 영화의 발명으로 이어졌다. 영화는 1895년 12월 28일 뤼미에르 형제가 프랑스의 한 카페에서 〈열차의 도착〉이라는 50초짜리 짧은 영상을 선보이면서 시작되었다. 뤼미에르 형제는 이후 1900년 파리만국박람회에서 시네마토그라프cinematograph를 공개하는데, 여기서 소위 '영화적 경험'이라는 형식이 시작된다. 최초 영화도 가로 23미터,

세로 30미터 크기의 초대형 스크린에서 보여졌지만 움직이는 이미지, 즉 동영상이 투사된다는 점에서 파노라마와 차이가 있었다. 하지만 거대한 스크린 활용, 다수 관객, 대중이 '함께 보는' 경험 등은 파노라마에서부터 이어지는 당대 미디어 경험의 특성이라고 볼 수 있다. 이들은 모두 인간 내면에 존재하는 몰입에 대한 욕망을 드러내는 '함께 보는' 미디어 경험이었다.

인류를 몰입하게 만드는 것들

그렇다면 인류는 왜 몰입적인 경험에 탐닉하며, 실감 미디어를 끊임없이 새롭게 개발할까? 인간은 단조로운 일상에 이색적이고 환상적인 경험을 더하고 싶어 한다. 이러한 욕구를 실현하는 대표적 방식이 여행이지만, 대체로 당장 떠나기 어려운 경우가 많다. 오늘날에도 많은 사람들에게 게임이나 콘텐츠를 통한 랜선 경험은 그 대체 수단이 된다. 이러한 경험은 간접적이지만, 미디어를 통한 대리 체험임을 잠시 잊게 만들 만큼 몰입감을 제공한다.

근래의 몰입형 전시는 이러한 인류의 욕구를 오늘날의 방식으로 연결하는 움직임으로 보인다. 영상은 투사나 이미지 구현의 기술 발달로 과거보다 더욱 선명하고 생생해졌다. 풍성해진 빛과 사운드는 관람객을 더욱 도취시킨다. 시청각적으로 잘 짜인 전시장은 소셜미디어에 빠져 있는 현대인에게 인스타그래머블한 공간으로 지속적인 관심을 받을 수밖에 없다. 그러나 이러한 몰입형 전시가 우후죽순 늘어나면서 한때의 유행처럼 지나가지 않을까 싶은 생각도 든다. 규모뿐만 아니라 '와우 효과wow effect'[34]를 유발하는 스펙터클함이 점점 더 세지지 않으면 사람들의 관심은 곧 식을 수도 있다. 몰입형 전시에 더욱 밀도 있는 연출과 의미 있는 스토리가 필요한 이유다. 단순히 감각적 자극만으로는 이러한 관심을 지속시키기 어렵기 때문이다.

한편 미디어 경험에는 또 다른 개념의 몰입이 추가될 수 있다. 게임을 하거나 소설책을 읽거나 운동을 즐길 때도 우리는 '몰입되었다' 혹은 '몰입했다'라고 표현한다. 이는 몰입형 전시에서 말하는 몰입과 얼핏 유사한 듯하지만, 조금 다른 성격을 지닌다. 책이나 영화에 몰입하는 것은 시간과 자아를 잊을 정도로 깊이 빠져드는 경험이지만, 이는 단순한 감각적 반응이 아니라 인지적 능동성과 심리적 보상이 함께 작용하기 때문이다. 헝가리 출신의 심리학자 미하이 칙센트미하이는 이러한 몰입을 '플로flow' 개념으로 설명한다.[35] 그는 행위자의 관심을 지속시키려면 상호작용하는 대상이나 행위의 단계마다 적절한 몰입의 통로가 형성되어야 한다고 말한다. 몰입 시간과 수행 능력에 따라 그 과정과 결과가 달리 체험되는데, 그때마다 행위자에게 적절한 어려움이 제공되어야 행위자가 도전 의지를 계속 불태운다는 것이다. 이처럼 몰입으로 가는 통로는 어떤 일을 극복함으로써 소정의 성취감과 보상적 기쁨을 맛보며 형성된다. 반면, 수행하는 업무나 상호작용하는 대상이 너무 쉬워서 인지적 자극이 약하거나 혹은 터무니없이 어려워 인지적 좌절이 생기면 이탈은 불가피해진다. 다시 말해, 행위자의 능력과 그 성장 속도 및 과정에 따라 당근과 채찍을 적절히 제공해야 행위자가 원활하게 몰입할 뿐만 아니라 오랫동안 긍정적으로 몰입할 수 있다.

오늘날의 몰입형 전시는 신체 감각에 치중하는 경우가 많다. 그러나 반복해서 경험해도 늘 새로운 자극을 줄 수 있는 전시를 만들기 위해서는 감각적 몰입과 함께 심리적 몰입이 유기적으로 구성되어야 한다. 기승전결이 있는 내러티브, 공간 구성, 스토리텔링을 통해 주제에 접근하고 이 과정을 통해 관람자가 인지적이고 정신적인 몰입에 이를 수 있다면 그 경험은 훨씬 더 오래 지속될 수 있다. 결국 감각적 몰입을 넘어 인지로, 다시 감동과 울림으로 이어지는 전시야말로 진정한 생명력을 지닌 전시라 할 수 있다.

실제적 경험에 대한 열망

파노라마에 열광했던 19세기 관람객들처럼, 21세기에도 사람들은 여전히 몰입적 경험에 대한 강한 욕구를 지니고 있다. 아이맥스 스크린과 돌비 애트모스 사운드 시스템이 갖춰진 영화관은 물론이고, 현실과 유사한 다감각적 체험을 제공하는 4D 극장도 있다. 이러한 미디어 기술은 현실 세계의 경험과 유사해지도록 나날이 발전하고 있다. 그런데 기술이 사람의 감각과 인식을 변화시킨 걸까, 아니면 사람의 욕망이 기술의 발전과 성장을 이끈 걸까? 이는 기술결정론이냐 결정된 기술론이냐와 같은 질문으로 이어질 수도 있지만, 그 답변이 무엇이든지 간에 우리가 미디어를 통해 더욱 실제적인 경험에 다가가기를 열망한다는 사실에는 변함이 없다.

어쩌면 구부러지는 스크린, 접히고 휘는 스크린, 투명 스크린 등도 이러한 흐름의 연장선에서 이해할 수 있을 것이다. 지금 이 순간에도 수많은 사람이 인간의 감각을 확장하고, 좀 더 실제처럼 느껴지는 미디어 기술과 경험을 만들어 내기 위해 끊임없이 노력하고 있다. 이러한 다양한 시도들 가운데 일부는 하나의 기술적 발전 단계에 머무르기도 하지만, 어떤 것들은 회화나 사진, 영화처럼 시대를 넘어 인류의 삶에 깊이 스며들어 오랜 시간에 걸쳐 우리의 경험과 일상을 바꾸는 미디어적 경험이 되기도 한다.

14장

미디어 파사드

도심 속 미디어 파사드

뉴욕 맨해튼의 타임스스퀘어는 마치 스크린으로 이루어진 숲과 같다. 수많은 스크린이 이곳을 지나다니는 이들의 시선을 끌고자 나날이 화려해지고 있다. 건축가 유현준은 타임스스퀘어에 대형 전광판이 가득한 이유를 다음과 같이 분석한다.[36] 뉴욕에서 제일 처음 생긴 길은 뉴욕시를 대각선으로 가로지르는 브로드웨이였다. 이후 인구가 늘어나면서 뉴욕시는 새로운 도시 계획을 세운다. 그때 애비뉴avenue와 스트리트street가 수직과 수평으로 만나는 구조가 형성된다. 그중 웨스트 42번가와 세븐스 애비뉴가 기존의 브로드웨이와 가파르게 교차하면서 이 구역은 좁은 삼각형 형태를 이루게 되었다. 또 여러 길이 얽히고 연결되면서 많은 사람들이 이곳을 지나고 머물게 되었고, 그 결과 이곳은 자연스럽게 맨해튼의 중심가로 자리 잡았다. 유동 인구가 많은 곳은 극장이 들어서기에 유리한 입지 조건을 형성한다. 그런데 극장 건물은 그 특성상 창문이 필요 없다. 외부와 차단된 닫힌 공간이어야 하기 때문이다. 따라서 창문 없는 건물의 외벽에는 현재 어떤 연극과 영화가 상연되는지를 알리는 대형 광고판이 걸리게 된다.

과거 타블로이드 광고판이 가득했던 이곳은 기술이 발전하면서 대형 전광판을 거쳐 오늘날 대형 스크린 디스플레이로 채워지게 되었으니, 그 변화된 모습만 봐도 스크린의 발전 역사가 고스란히 읽힌다. 또한 스크린이 점점 현대화됨에 따라 이 일대가 더욱 시각적으로 화려하고 현란한 공간으로 변모했다는 점도 분명하다. 미국에 타임스스퀘어가 있다면 영국 런던에는 피커딜리서커스가 있다. 원래 원형 교차로나 로터리 같은 곳을 서커스라고 부르는데, 이곳도 옥스퍼드 스트리트, 리젠트 스트리트, 채링크로스 스트리트가 교차하는 까닭에 늘 사람들의 이목을 끄는 전광판으로 붐빈다.

우리나라도 경제가 발전하면서 전광판이 화려해지기 시작했다. 그 대표적인 예 중 하나가 바로 서울역 앞 '미디어 스퀘어', 즉 서울스퀘어다. 서울역사 건물과 마주보고 있는 서울스퀘어는 과거 대우빌딩으로 불리던 곳으로, 2009년 11월 모건스탠리가 건물을 리노베이션하면서 전면에 거대한 LED 미디어 캔버스를 설치해 눈길을 끌었다. 당시 압구정동의 갤러리아 백화점 역시 서울스퀘어와 더불어 '원조 미디어 파사드'로 주목받을 만한 사례였다. 백화점 건물 외관은 마치 물고기 비늘처럼 보이는 상아색 패널 조각들로 감싸져 있었고, 이는 건물 전체를 하나의 스크린으로 변모시켰다. 이 외관은 밤이 되면 스스로 빛을 발해 건물 전체가 하나의 발광체처럼 보이게 만든다. 간혹 이 비늘 모양 스크린 사이로 꽃잎이 흩날리는 영상이 희미하게 보이기도 했는데, 개별 패널의 크기가 큰 탓에 해상도 면에서는 다소 느슨한 인상을 주었다. 그럼에도 불구하고 이러한 점을 제외한다면 서울스퀘어와 함께 갤러리아백화점의 미디어 파사드는 당대에 가장 '파사드다운 파사드'로 평가받았다.

서울스퀘어의 스크린에는 처음으로 영국 작가 줄리언 오피의 작품이 투사되었다.* 채도 높은 초록색 면을 배경으로 눈, 코, 입이 없는 동그란 얼굴, 긴 팔과 다리를 가진 도시인들이 어딘가로 성큼성큼 걸어가는 영상이었다. 이 작품은 지금도 서울스퀘어 스크린에 가끔 상영되는데, 이제는 고해상도의 화려한 색감을 담은 스크린들이 서울 시내에 너무 많아진 탓에 예전만큼 신선하게 느껴지지 않는다. 하지만 2009년에만 해도 서울 한복판에 등장한 이 화려한 영상에 많은 사람이 주목했고, 덕분에 서울은 한층 더 현대적이고 역동적인 도시로 느껴졌다.

미디어 캔버스가 도입되던 시기, 대형 스크린들은 도시경관법과 경관조명법에 따라 여러 가지 제한을 받았다. 건물 외벽의 강한 조명이 인근 운전자나 이웃 주민들의 시야를 방해할 수 있다는 이유에서였다. 그러나 시간이 지나면서 이러한 제한은 조금씩 풀렸고, 팬

데믹 시기를 전후해 한류 붐을 타고 LED 대형 스크린이 우후죽순 들어섰다. 서울시는 광화문과 강남역 일대, 삼성동 무역센터 근처의 SM타운 등을 중심으로 서울을 빛과 밤의 도시로 관광 산업화하고 있다. 이제 서울도 뉴욕 타임스스퀘어, 런던 피커딜리 못지않게 화려한 스크린의 도시로 변모했다. 특히 명동 신세계백화점은 크리스마스 시즌마다 화려한 미디어 파사드 작업으로 연말 분위기를 한껏 북돋우며 도심 속 상징적인 장소로 자리 잡았다. 미디어 파사드 덕에 언론과 대중의 주목을 받은 신세계백화점 본점은 이제 아예 외벽 전체를 LED 스크린으로 바꿔 사시사철 대낮에도 화려한 영상을 내보낸다.[37] 하지만 도심 속 스크린들이 대부분 상업 광고 영상을 송출하는 와중에 이와 같은 미디어 캔버스를 보다 예술적으로 활용하는 방법은 없을까?

대도시는 게임 공간이 되고

미디어 캔버스가 오픈한 지 얼마 지나지 않은 2010년 4월, 서울스퀘어 미디어센터와 엠플래닛Mplanet은 '도시에 말을 걸다'라는 주제로 미디어 심포지엄을 열었다. 이 행사에 연사로 초대된 나는 '미디어 예술과 기술로 거대한 캔버스가 되는 도시'라는 제목으로 강연을 진행했다. 한국에 미디어 파사드 공간이 생긴 것은 관련 전공자인 내게는 매우 신나는 일이었다. 그야말로 도시 안에 예술가들이 작업할 수 있는 하나의 큰 캔버스가 등장한 셈이었기 때문이다. 나는 미디어 파사드가 앞으로 어떻게 예술적이고 창의적으로 상상될 수 있을지에 대해 다양한 해외 사례들을 중심으로 소개했다. 미디어 파사드가 도시의 여러 사회적 문제에 어떻게 개입하고, 시민들과 유희적 경험을 공유할 수 있을지, 더 나아가 이러한 과정을 통해 도시가 거대한 예술의 장으로 사유되고 담론을 나누는 공동의 공간으로 기능할 수 있을지에 대해 생각해 보고 싶었다.

당시 발표는 도심 속 대형 캔버스로서의 미디어 파사드에 초점을 맞추었지만, 준비하는 과정에서 모바일 소형 스크린을 활용한 참여형 경험도 함께 고려해야겠다는 생각이 들었다. 당시 나는 게임 수업을 통해 실험적이고 예술적인 게임을 다양하게 연구하고 소개하고 있었다. 특히 2009~2010년경은 기술 미디어 환경이 급격히 변화하던 시기로 퍼베이시브 컴퓨팅Pervasive Computing 또는 유비쿼터스 컴퓨팅Ubiquitous Computing, 일명 Ubicomp이 앞다투어 소개되었고, 이러한 기술을 기반으로 한 새로운 게임 문화 역시 등장하고 있었다. 퍼베이시브 컴퓨팅 기술은 도시 곳곳을 네트워크로 연결하며 도심 전체를 점차 인터넷과 컴퓨팅이 가능한 공간으로 변화시켜 나갔다. 이러한 환경은 게임이나 퍼포먼스를 새롭게 시도할 수 있는 기반을 마련해 주었고, 그 결과로 '퍼베이시브 게임'이나 '퍼베이시브 퍼포먼스'와 같은 새로운 형식이 등장하게 되었다.

나는 퍼베이시브 퍼포먼스가 연극 분야에서 즉흥 극장Improvisational Theater이라는 형식과 연결된다고 보았다. 그중에서도 임프루브에브리웨어Improv Everywhere 그룹의 퍼포먼스는 특히 주목의 대상이 되었다. 이 그룹은 도시 공간을 무대로 시민들이 직접 참여하는 다양한 플래시몹 퍼포먼스를 선보여 왔다. 예를 들어 〈노 팬츠 서브웨이No Pants Subway〉는 사람들이 한겨울에 바지를 벗은 채 지하철을 타고 아무렇지 않게 행동하는 유쾌한 퍼포먼스로, 일상 공간을 비일상적인 순간으로 전환시키는 상징적인 작업이다. 또 다른 예인 〈룩 업 모어Look Up More〉는 사람들이 늘 아래만 보며 걷는 도시의 풍경을 비틀며, 고개를 들어 주변을 바라보게 만드는 작은 개입을 시도한 작업이다. 이들은 무미건조한 생활을 이어 가며 자칫 고립될 수 있는 도시인들이 즐거운 '장난prank'으로 잠시나마 서로 유머러스하고 친근하게 연결되기를 바라는 마음에서 작업을 이어 간다고 했다. 나는 우리 학생들도 변화하는 도시 기술 환경을 창작 아이디어에 적극 반영했으면 하는 마음에 이 그룹의 몇몇 작품을 수업 시간에 소개했다.

한편 퍼베이시브 게임은 빅게임Big Game이라고도 하는데, 도시 공간을 하나의 게임 공간으로 기획하고자 한다. 빅게임의 대표적 예인 〈팩맨해튼PacManhattan〉은 대도시 속 차도와 인도를 누비며 진행하는 게임이다. 이는 내가 ITP에 다닐 때, 바로 옆 교실에서 동기들이 기획하고 만든 게임이다. 구체적으로 살펴보면, 맨해튼 시내의 대여섯 개의 스트리트와 애비뉴를 게임 공간으로 정한다. 그 안에서 플레이어들은 인간 〈팩맨〉 게임을 진행한다. 핑키, 잉키, 블링키 같은 유령 캐릭터로 분한 플레이어들과 이들에게 쫓기는 노란 디스크 수트를 착용한 팩맨 플레이어 사이에 쫓고 쫓기는 추격전이 펼쳐진다. 이 게임이 만들어진 2003년 무렵, 사람들은 아직 피처폰을 사용하고 있었다. 각 플레이어의 현재 위치는 함께 움직이는 에이전트가 휴대전화를 통해 중앙 통제소로 실시간 보고하며 업데이트되었다. 에이전트들은 다른 플레이어들의 위치를 파악해 가며 어디로 움직일지 즉각적으로 판단하고 지시하면서 플레이어와 협력했다. 이처럼 이 게임은 현실의 도심 공간을 단숨에 게임의 무대로 전환시켜 전유한다. 그야말로 '도시'라는 거대한 판 위에서 벌어지는 게임, 즉 빅게임이라 할 수 있다. 발상의 전환이 이토록 대담할 수도 있다는 것을 이 프로젝트는 잘 보여 준다.

이퀘이터Equator라는 디자이너 그룹이 만든 〈더 심풀 게임The Seamful Game〉 역시 주목할 만한 퍼베이시브 게임 사례였다. 나는 이 작업을 2000년대 초중반경 참석했던 어느 컴퓨터 엔지니어링 분야 학회에서 처음 알게 되었다. 이 게임은 도시 내의 유비쿼터스 또는 퍼베이시브 기술 상황을 점검하며 당시 최신 기술이었던 GPS와 WiFi를 활용해 네트워크 서비스가 가능한 지역과 그렇지 않은 지역 '사이', 즉 경계 공간에서 진행되었다. 다시 말해, 네트워크가 안정적으로 제공되는 구역과 제공되지 않는 구역, 혹은 서로 다른 네트워크 서비스 영역들 사이에서 드러나는 숨겨진 틈gap과 경계seam를 적극적으로 활용해 게임을 전개하는 방식이었다. 플레이어들은 두 팀으로 나누어 개인용 디지털 단말기PDA를 가지고 현실 공간을 돌아다니는데, 각 팀은 PDA로 지도를 보며 네트워크 범위 안팎의 가상과 매핑된 실제 공간에서 가상의 디지털 코인을 수집한다. 수집된 코인은 자신의 포켓에 업로드할 수 있으며 이는 곧 점수가 된다. 단, 이러한 업로드를 통한 점수화는 네트워크 범위 안에서만 가능하다. 코인을 수집하는 것 외에도 '픽포켓팅pickpocketing'이라는 기능이 있었다. 이는 네트워크가 닿지 않는 지역에서 다른 플레이어와 일정 거리 이하로 가까이 접근하면, 상대가 아직 업로드하지 못한 디지털 코인을 그의 주머니에서 훔쳐 올 수 있는 기능이다. 이런 방식으로 주어진 시간 내에 많은 점수를 획득한 팀이 승리하는 게임이다.

게임 이름에 등장하는 '심seam'은 우리말로 '틈'을 의미한다(이러한 '틈'과 '심'에 대한 개념은 앞선 장에서도 소개한 바 있다). 게임 제작자들은 이러한 틈을 더 벌리고 찾는다는 뜻에서 이 게임을 '심풀seamful 게임'이라 명명했다. 만약 이 틈들을 감추거나 지워 버렸다면, 이 게임은 '심리스seamless 게임'이 되었을 것이다. 이는 예술가나 디자이너들이 미디어 기술을 이용해 어떻게 도시를 하나의 표현적 공간으로 재사유하는지 보여 주는 또 하나의 멋진 예다. 게임 제작자들은 네트워크가 아직 가닿지 않은 빈 공간을 결코 누락되었거나 부정적인 공간으로 보지 않는다(기술사회학 관점에서 이들은 하루 빨리 개선되고 업데이트돼야 할 사회 인프라로 인식된다). 그러나 이 게임은 그러한 공간을 오히려 새로운 재미를 만들어 내는 긍정적 공간으로 탈바꿈시킨다.

이렇듯 퍼베이시브 퍼포먼스와 게임은 모바일폰과 스마트폰의 작은 화면들을 서로 연결해 거대한 도시를 새롭게 사유하도록 만든다. 이러한 장치들은 작은 창을 통해 도시 전역을 연결한다는 점에서 '집합적 스크린'을 형성한다고 볼 수 있다. 그리고 이를 통해 우리는 실제 도심이라는 넓은 공간을 하나의 커다란 (게임) 스크린으로 재접근하게 된다. 이런 관점에서 볼 때 집합적 스크린 역시 도심 속 거대한 캔버스가 될 수 있다. 서울이나 뉴욕 같은 대도시가 미디어 파사드 혹은 모바일 스크린을 통해 구성되고 재해석되는 예술적 경험을 마주하는 순간은 언제나 설레고 흥미롭다.

영동대로에서 파도가 넘실거리는 이유

서울 삼성동 '케이팝스퀘어'로 알려진 SM타운 코엑스아티움 외벽에는 초대형 LED 스크린이 설치되어 있다. 이 스크린은 2010년 서울스퀘어의 미디어 캔버스 이후, 서울에서 주목받는 미디어 파사드 공간 중 하나로 자리잡아 왔다. 본격적인 변화는 2016년 행정안전부가 영동대로 일대(삼성동 무역센터 일대)를 국내 최초의 제1기 옥외광고 자유표시구역으로 지정하면서 시작되었다. 이 구역에서는 광고물의 형태, 크기, 색상, 설치 방식 등에 대한 규제가 대폭 완화된 것이다. 이러한 제도적 변화 속에서 2018년 테헤란로와 영동대로가 만나는 사거리에 가로 80.1미터, 세로 20.1미터 규모의 초대형 LED 스크린이 등장했다. 이 스크린은 직육면체 박스 형태의 두 면을 고휘도 LED로 채우고, 모서리를 곡면으로 처리해 두 면을 하나의 연속된 화면처럼 연결한 구조로 설계되었다. 당시 국내 최대 규모이자 초고해상도의 옥외 광고판으로, 두 대로大路가 교차하는 코너 지점에 스크린 콘텐츠를 집중적으로 인지할 수 있는 시각적 스폿spot을 형성했다. 이 스크린에서는 대부분의 시간 동안 상업 광고 콘텐츠가 송출되지만, 지난 수년간 몇 차례 퍼블릭 아트 영상과 미디어아트 콘텐츠도 선보이며 도심 속 미디어 파사드의 예술적 활용 가능성을 드러낸 바 있다.

2020년 어느 날, 이 근처를 운전하며 지나가다가 파도가 넘실거리는 스크린을 보았다. 처음에는 패닉의 노래 제목 〈내 낡은 서랍 속의 바다〉처럼 '박스 속에 채워진 바다'가 넘실거리는 듯해 재미있는 작업이라 생각했다. 마침 신호에 걸려 사거리 한복판에 서 있게 되었는데, 그 지점은 스크린의 두 면이 만나는 바로 그 모서리 부근이었다. 그곳에서 영상을 바라보고 있으니 주기적으로 강한 파도가 화면 바깥으로 솟구치며 마치 스크린의 경계를 넘어 나를 향해 밀려오는 듯한 착각을 일으켰다. 박스 형태를 이루는 입체 스크린의 구조적 특성을 잘 활용한 광고라는 생각이 들었다. 어떤 브랜드의 광고일까 궁금해져 스크린 구석구석을 살펴봤지만, 어떠한 로고나 문구도 찾아볼 수 없었다.

나중에 알고 보니, 이는 디지털미디어 디자인 회사인 디스트릭트가 구현한 〈파도Wave〉•라는 영상이었다. 파도가 화면 바깥으로 튀어나올듯 넘실거리게 표현할 수 있었던 비결은 바로 '아나모픽 일루전' 기법을 활용했기 때문이다. 이는 흔히 '왜상 기법'이라고도 불리며 이미지를 평면 스크린에 투사하되, 특정한 알고리즘을 적용해 시각적 착시를 유도하는 기술이다. 결과적으로 화면 속 대

•

상이 마치 홀로그램처럼 입체적으로 돌출된 것처럼 보이게 만들어 주는 것이다. 이 기법은 특정 시점에서 시각화된 대상을 더욱 입체적이고 환영적으로 인식하게 하며, 특히 코너형 스크린에서 그 효과가 극대화된다. 디스트릭트는 이러한 조건에 맞춰 왜상 방식을 정교하게 적용했고, 이를 통해 '와우 효과'를 만들고 관객의 호기심을 자극하는 데 성공했다. 결국 〈파도〉는 유튜브를 통해 해외에도 알려지며 국제적 주목을 받았다. 굳이 장르를 구분하자면 이 작업은 공공 예술 프로젝트에 가까우며, 여기에 새로운 표현 기술과 시각적 장치를 더함으로써 공공의 이목을 집중시킨 사례라고 볼 수 있다. 이후 이는 공공 스크린에 대한 관심을 증폭시키는 계기가 되었고, 나아가 미디어 파사드가 예술적으로 확장될 수 있는 또 다른 가능성을 보여 준 작업으로 평가되었다.

사실 이러한 왜상 기법을 미디어 파사드에 적용한 것이 신기한 것이지, 이 기법 자체가 새로운 것은 아니다. 오래전 페인팅에서도 종종 사용되었던 기법이기 때문이다. 한스 홀바인의 〈대사들The Ambassadors〉을 예로 들어 살펴보자. 이 그림은 현재 영국 내셔널갤러리에서 볼 수 있는데, 당대의 여타 그림처럼 화면 가득 사물들이 사실적으로 묘사되어 있다. 그런데 그 이미지들을 찬찬히 보다 보면 제일 밑면, 그리고 시점상 관람자와 제일 가까운 전면에 무엇인지 분간할 수 없는 형체 하나가 보인다. 여기에 별 의문을 갖지 않는다면 그저 스쳐 지나갈 정도로 흐릿한 인상에 불과하다(실제로 미술관에서 이 그림 앞을 무심코 지나치는 관람객들을 종종 볼 수 있다).

하지만 바로 이 흐릿한 상像 덕분에 이 그림은 미술사와 철학사에서 주목의 대상이 되어 왔다. 그림 앞을 천천히 걸어가며 이 형체와 다시 마주하게 된다면, 놀라운 시각적 변화를 감지할 수 있기 때문이다. 캔버스에 매우 가까이 붙어 좌우로 왔다 갔다 하며 이 이미지를 보면 비로소 하나의 상이 명확하게 보인다. 이 요상한 대상의 정체는 해골이다. 그리고 이 이미지를 그리는 데 적용된 표현 기법이 바로 '아나모픽 일루전'이다. 신기함을 뒤로하고 질문이 생긴다. 홀바인은 왜 이 기법을 작품에 녹여 냈을까?

16세기 독일 르네상스 시대의 대표 화가인 한스 홀바인은 영국 헨리 8세의 궁정화가로 활동했다. 그의 대표작 중 하나인 〈대사들〉은 그가 영국에 머무르던 시기에 제작한 그림이다. 당시는 유럽 전역이 종교 개혁의 거센 물결에 휩싸이며 가톨릭(구교)의 권위가 신교(프로테스탄트)의 도전으로 흔들리고 있었다. 또 헨리 8세는 아들을 낳지 못하고 있는 부인 캐서린 왕비와 이혼하고 자신이 좋아하는 새 여인과 재혼하고자 했으나 교황과 가톨릭교회로부터 승인을 받지 못하고 있었다. 이러한 시대적 배경 속에서 홀바인은 가톨릭교회로부터 독립하려는 영국 국교회의 움직임과 관련된 외교 사절들의 모습을 화폭에 담았다. 그림 속 왼쪽 인물은 장 드 댕트빌로, 영국에 파견된 프랑스 외교관이자 이 그림의 주문자였다. 오른쪽 인물은 그의 친구인 조르주 드 셀브로, 프랑스 라보르 교구의 주교이자 가톨릭 개혁주의자였다. 댕트빌은 프랑수아 1세로부터 로마 가톨릭교회와 영국 국교회 간의 갈등을 중재하라는 외교적 임무를 부여

한스 홀바인, 〈대사들〉, 1533

〈대사들〉의 해골 부분을 측면에서 봤을 때

받았다. 즉, 그림에 등장하는 이 두 인물은 모두 영국 국교회가 가톨릭으로부터 이탈할 수 있도록 돕는 외교적 역할을 맡고 있었던 것이다(사실 영국의 종교개혁은 헨리 8세의 이혼 문제에서 비롯되었기 때문에 당시 이 사건이 사회적·정치적·종교적으로 얼마나 민감하고 중대한 이슈였는지 짐작할 수 있다).

두 인물 사이에 있는 2단 선반 위아래에는 여러 오브제가 놓여 있다. 위층 선반에는 천구의, 망원경, 사분의와 같은 천체 관측 도구, 그리고 휴대용 해시계, 다면 해시계 등의 과학 기기들이 놓여 있다. 이 중 해시계는 헨리 8세가 이혼장에 서명한 시각이나 영국 국교회가 로마 가톨릭으로부터 공식 분리된 시점에 맞춰져 있다고 해석되며, 이러한 도구들은 종종 인간의 지식과 탐구, 쾌락에 대한 상징으로 읽힌다. 이는 단순한 장식이 아니라 콜럼버스 이후 항해술과 천문학이 급격히 발달한 16세기 르네상스 시기의 과학적 진보를 반영한 것이다. 특히 나침반, 천구의, 해시계 등은 코페르니쿠스의 지동설과도 연결된다. 헨리 8세의 종교개혁이 겉으로는 정치적·신학적 갈등에서 비롯된 것이지만 그 이면에는 이처럼 세계관의 전환, 즉 코페르니쿠스적 과학혁명과의 간접적 연관성도 엿볼 수 있다.

선반 아래층에는 수학책과 삼각자, 컴퍼스, 악기인 류트와 피리, 그리고 펼쳐진 찬송가책이 놓여 있다. 이 찬송가책의 왼쪽 페이지에는 구교의 라틴어 성가, 오른쪽 페이지에는 번역된 신교 성가 가사가 각각 적혀 있다. 이는 단순한 종교 서적이 아니라 신·구교 간의 갈등 상황을 암시함과 동시에 두 교파가 조화롭게 공존하기를 바라는 소망을 상징적으로 담고 있다. 즉,

갈등을 넘어 통합된 교회에 대한 열망이 이 장면 속에 시각화되어 있는 것이다. 이러한 의미는 곧 그림 속 대사들이 수행하고 있는 외교적 임무, 즉 가톨릭과 신교 사이의 중재와 화합을 도모하는 역할과도 직결된다. 따라서 홀바인은 이 그림에서 인물의 초상만큼이나 오브제의 정교한 묘사를 통해 시대적 메시지와 함축적 상징을 강하게 전달하고자 했던 것이다.

그중에서도 무엇보다 중요한 오브제는 그림 전면의 뒤틀린 해골이었다.[38] 해골은 전통적으로 인간의 원죄, 욕망, 사치, 허영을 상징하며, 이러한 세속적 가치들이 죽음 앞에서는 덧없음을 일깨우는 상징으로도 작용한다. 그런데 이 해골은 단순한 사실 묘사가 아니라 왜상 이미지, 즉 뒤틀린 형태의 시각 이미지로 제시된다. 이는 실물을 극도로 사실적으로 묘사해 착각을 일으키는 회화 기법인 '트롱프뢰유trompe-l'œil'를 교묘하게 비틀어 사용한 사례라고 볼 수 있다. 한편 르네상스 시대 사람들은 선 원근법에 깊은 관심을 가졌을 뿐 아니라 볼록거울을 통해 다양한 시점과 관점을 실험하는 것 또한 즐겼다. 그 결과, 휘어지고 뒤틀린 공간 표현이 여러 회화 속에서 다양하게 등장하게 된다. 따라서 이 그림에 등장하는 해골처럼 왜곡된 이미지는 볼록거울을 이용하거나 격자grid를 통과한 선을 거울이나 벽에 비춘 뒤, 그 형상을 그대로 따라 그려 제작한 것일 수 있다. 이러한 방식은 기존의 회화 기법으로는 포착하기 어려웠던 실재를 새로운 시각과 공간 인식을 통해 회화적으로 구현해 낸 실험적 시도라는 점에서 큰 의미를 지닌다.

관람자는 처음에 화면 위의 이 대상을 단순히 혼란스러운 얼룩으로 인식할 것이다. 기존의 의미 체계 안에서 이 왜상은 그저 추상적인 얼룩처럼 보일 뿐이다. 해당 그림에 대한 배경지식이 있는 사람조차도 이 해골 형태의 왜상은 처음에는 이해하기 어려운 시각적 요소로 느낄 수 있다. 그러나 이 알 수 없는 상은 관객이 비스듬히 지나치며 바라볼 때 비로소 의미를 지닌 형상으로 전환된다. 후대 미술사가들은 이 그림이 원래 층계를 따라 내려오거나 복도처럼 스쳐 지나치는 동선 위의 공간에 설치되었을 것으로 추정한다. 철학자이자 정신분석가인 자크 라캉은 관람자가 그림 전체를 조망할 수 있는 위치를 의도적으로 포기할 때, 그제야 왜곡된 해골 이미지가 명확하게 드러난다는 점을 강조한다.[39] 그리고 이 시선은 해독할 수 없는 선들indecipherable lines 위에 있다고 말한다. 이 선들은 곧 보이지 않는 신의 시점이자, 감춰진 시선의 위치다. 라캉은 이러한 특정한 시점이 바로 관람자가 서 있는 자리라고 설명한다. 왜상은 관람자 자신이 끊임없이 위치를 조정하며 해석에 관여하게 만드는 시각 장치인 것이다. 그리고 이러한 참여적 해석 과정을 통해, 처음에는 의미 없는 얼룩처럼 보였던 이미지가 점차 의미를 지닌 형상으로 바뀌게 된다. 한편 이러한 시각장에 대한 실험은 당시 일종의 지적 놀이로 간주되기도 했다. 극소수의 감식안을 가진 이들만이 해독할 수 있는 기묘하고 난해한 형상들은 곧 지적 자부심과 특권적 취향을 드러내는 방식이기도 했던 것이다. 결국 이처럼 기존 의미 체계의 틈, 흠결, 얼룩으로 드러나는 왜상은 우리가 평소에 익숙하게 보는 방식에서 벗어날 때만 비로소 인식될 수 있는 것임을 시사한다.

다시 〈파도〉 작업으로 돌아가 보자. 이 작업이 등장한 이후 아나모픽 일루전 기법은 여러 다른 미디어 파사드에서도 종종 활용되고 있다.[40] 이런 시각적 표현 기법에 대한 관심이 높아지면서, 여러 기관이나 대학에서도 이 기술을 가르치는 수업이 개설되었다. 또한 미디어 파사드 공모 사업에서도 이 기법을 활용해 콘텐츠를 제작하겠다는 사례가 잇따르고 있다. 이처럼 왜곡된 이미지를 활용한 기법이 주목받는 이유는 앞서 소개한 몰입형 전시가 유행하는 현상과 비슷한 맥락에서 이해할 수 있다. 그렇다면 오늘날 미디어 파사드 속 활용되는 왜상 영상이 단순한 시각적 효과를 넘어 홀바인의 〈대사들〉처럼 관객을 보다 지적이고 인지적인 해석에 참여하게 만들 수 있을까? 또 이를 통해 관객이 자신의 위치를 자각하고 되돌아보게 할 수도 있을까? 만약 미디어 파사드가 도심을 걷는 이들에게 인간의 욕망이나 세속적 가치의 덧없음을 문득 깨닫게 하는 기회를 제공한다면 어떨까? 그러한 미디어 파사드가 많아진다면 도심은 더욱 심오한 예술적 공간으로 재탄생하고, 우리에게 감동과 의미까지 전달할 수 있을 것이다.

도시에서 펼쳐지는 예술적 찰나들

2021년 예술 플랫폼 서카CIRCA가 공공미술 프로젝트의 일환으로 추진해 온, 예술가 데이비드 호크니의 신작이 코엑스 미디어 스크린에 송출될 예정이라는 뉴스 기사를 접했다. 화가가 만든 1분 15초짜리 짧은 영상•이 초여름 약 일주일 동안, 매일 밤 8시 21분부터 두 차례 연달아 상영된다는 내용이었다. 총 3분여의 짧은 시간이지만, 마침 날씨도 좋아 저녁 식사 후 산책 겸 영상을 보러 가기로 했다. 상영 시간에 맞춰 코엑스로 향하는 길은 마치 노천극장에 영화를 보러 가는 듯한 기분을 들게 했다. 상영된 작업은 83세 노장 화가가 아이패드로 그린 그림으로 만든 해돋이 애니메이션 영상이었다. 화가는 자신이 살고 있는 프랑스 노르망디의 집 부엌 창에서 바라보는 해돋이 광경에서 영감을 얻었다고 한다.

화려한 색상의 애니메이션은 초여름 밤을 환하게 만들어 주고 있었다. 호크니는 내가 학부생이던 시절부터 넉넉지 않은 주머니 사정에도 불구하고 화집을 몇 권씩이나 사 모을 만큼 좋아하던 작가다. 그는 주로 사진, 회화, 드로잉 작업을 해 왔는데 화려한 색감과 탁월한 묘사력, 그리고 강약을 세련되게 조절하는 감각이 돋보이면서도 동시에 지적인 면모를 지닌 화가다. 그동안 국내에서도 그의 전시가 여러 번 있었고 나 역시 비교적 부지런히 전시를 찾아다니곤 했다. 그런데 대형 스크린에서 마주한 그의 애니메이션은 처음 몇 초간 이상하리만치 인상적이지 않았다. 오히려 조금 아쉬운 느낌마저 들었다. 노년의 화가가 펜을 쥐는 힘이 예전만 못해서일까, 아니면 아이패드 작업이 아직 익숙하지 않아서일까. 화면을 채우는 삐뚤빼뚤한 선들은 거칠기만 하고 노련함은커녕 아마추어적으로 느껴지기까지 했다. 애니메이션 속에서 해가 점점 밝아지고 커지다가 중천에 떠오른

 •

듯 화면 전체를 노란빛으로 물들일 즈음에는 실망감이 더욱 커졌다. 스크린은 점차 노랗게 변해 가다가 색종이 같은 화면으로 끝나 버렸다. 그런데 그 순간 샛노란 배경 위로 작가가 또박또박 써낸 한 문장이 떠올랐다. “Remember you cannot look at the sun or death for very long(태양 혹은 죽음을 오랫동안 바라볼 수 없음을 기억하라).” 바로 작품 제목이기도 한 문구였다. 현장에 오기 전까지 그 제목에 크게 신경 쓰지 않았는데, 스크린에서 보자니 의미가 새롭게 다가왔다. 문구는 화면에 잠시 머물다가 금세 사라져 버렸다. 순식간이었다. 나는 두 번째로 재생되는 영상을 보면서는 살짝 긴장이 되었다. 숨죽여 봤다고 할까. 그리고 그 문구를 다시 접했을 때는 예상치 못한 감정에 휩싸였다. 고요하지만 꽉 차오르는 감동이었다. “태양 혹은 죽음을 오랫동안 바라볼 수 없음을 기억하라.” 나는 문구를 계속해서 되뇌어 보았다.

해가 뜨거나 지는 광경은 오래 바라볼 수 없다. 해는 예상보다 너무 빨리 떠오르거나 너무 빨리 지기 때문이다. 실제 일출과 일몰 시간은 생각보다 매우 짧다. 대낮에 중천에 떠 있는 해도 그러하다. 그때의 해는 너무 강렬하여 눈을 멀게도 할 수 있으니 결코 오랫동안 바라볼 수 없다. 호크니는 이러한 태양을 바라보는 일을 죽음을 바라보는 문제와 연결 짓고 있었다. 죽음도 마찬가지라는 것이다. 한 생명의 임종 순간은 예상치 못하게 찾아와 순식간에 지나간다. 우리는 주변에서 소중한 이의 마지막 순간을 놓쳐 안타까워하는 이들의 이야기를 얼마나 자주 들어왔던가. 노년의 화가는 조용히 자연과 자신을 돌아보며 묵직한 문구로 말을 걸고 있었다. 나는 이 문구의 의미를 곱씹으며 이미 지나가 버린 스크린, 평상시처럼 화려한 광고를 무감각하게 띄우고 있는 스크린을 그 자리에 멍하니 서서 한참 동안 바라보았다.

사실 호크니는 아나모픽 일루전을 포함한 여러 광학 기법이 페인팅 역사에 어떻게 적용되었는지 등 명화의 비밀을 탐구하고 그에 관한 책까지 집필한 열정의 화가다.[41] 이제 노년에 접어든 그가 여전히 아이패드로 그림을 그리며 새로운 매체에 대한 탐구를 계속 이어 나간다고 생각하니, 갑자기 노老화가의 모습이 노란 화면 위의 문구와 오버랩되었다. 이 화가가 그림 속에 텍스트로 메시지를 직접 담는 경우는 흔치 않은데, 그럼에도 불구하고 이번에는 어떤 간절한 이유가 있는 듯 보였다.

이 작품은 팬데믹 기간 동안 전 세계 다섯 개 도시에서 동시 송출됨으로써 세계 도시의 스크린들을 연결시켰다. 이는 일차적으로 감염병으로 인해 암울한 시기를 보내는 세계인을 하나의 작품으로 연결하려는 의미가 있었다. 그리고 매일 무심하게 걸어 다니는 도심에서 비록 짧은 순간일지라도 예술 작품과 마주함으로써 아름다운 경험을 제공해 주려는 의도도 있었으리라. 내게 이 작업은 현장에서조차도 뒤늦게 찾아왔던 감동이자, 미디어 파사드라는 예상치 못한 매체가 선물한 울림 있는 경험이었다. 도심 속 거대한 캔버스가 예술 작업이 될 수 있다면 바로 이런 모습이 아닐까?

우리는 살면서 과연 몇 번이나 삶을 경건하게 바라볼 기회를 가질까? 그것도 도심 속 거리에서 말이다. 소중하고 의미 있는 순간은 이렇게 우연히 찾아오는 법이다. 그리고 그러한 순간은 결코 오래 기다려 주지 않을뿐더러 금세 지나가 버린다. 〈대사들〉에 등장하는 해골 이미지는 왜곡된 형상을 통해 인간이 결국 죽음을 맞이할 존재임을 상징적으로 드러내며, 죽음 앞에서 욕망이나 세속적 가치가 덧없다는 사실을 깨닫게 한다. 미디어 파사드에서 본 호크니의 문구도 이런 점에서 홀바인의 해골 형상과 닮아 있었다. 예술이 시공간을 초월해 만나는 순간이었다.

15장

스마트폰과 SNS

경험 경제와 인증 사회

오늘날에는 어디를 가든 무엇을 먹든 그 경험을 하나하나 기록하고 공유하려는 사람들을 쉽게 볼 수 있다. 이들은 음식 앞에서 젓가락보다 스마트폰 카메라를 먼저 든다. 이제는 일종의 의식처럼 자리 잡은 행동이다. 이러한 문화 현상은 그리 오래되지 않았다. 해상도 높은 고급 카메라를 탑재한 스마트폰의 등장이 가져온 현상 중 하나다. 이제 스마트폰은 우리 몸의 일부라 해도 과언이 아니다. 이는 곧 우리의 모든 일상과 순간들이 언제든 카메라에 담길 수 있게 되었음을 의미한다. 그런 점에서 오늘날의 사진 문화는 과거와는 분명히 다른 양상을 보이고 있다.

과거에는 코닥Kodak 혹은 후지Fuji에서 나온 24컷 혹은 36컷짜리 필름을 구매해서 카메라에 끼워야만 사진을 찍을 수 있었다. 컷 수가 제한적이기에 한 컷 한 컷 신중히 촬영해야 했고, 이렇게 촬영한 필름으로 현상과 인화의 과정을 거쳐야만 사진이라는 실체와 만날 수 있었다. 그래서 다 찍은 필름을 사진현상소에 들고 가면 결과물이 나올 때까지 기다려야 했다. 반면에 오늘날에는 별다른 금전적·시간적 제약 없이 사진을 찍는다. 찍는 동시에 결과물을 볼 수 있고, 데이터로 저장된 사진 파일은 스마트폰이나 클라우드 사진첩에 자동으로 저장된다. 그리고 그곳에서 언제든 다시 꺼내 볼 수 있다. 딱히 기다림과 설렘이 개입될 여지가 없다. 과거 사진기의 뷰파인더라 할 수 있는 스마트폰의 액정 스크린상에서 찍을 때 보는 것과 찍힌 최종 결과물 사이에 차이가 없기에, 찍는 동시에 결과를 보는 것과 다름없다. 물론 고성능 카메라를 탑재한 스마트폰과 많은 사진과 동영상을 저장할 수 있는 하드디스크 크기, 혹은 이들의 추가 저장 장치인 클라우드 공간의 운영, 유지 비용 등은 오늘날 새로 추가되는 부담이다. 하지만 이들은 사진을 찍는 순간 부담으로 바로 인식되지는 않는다. 그래서인지 이제 사람들은 찍고 싶을 만큼 사진을 찍고, 혹 마음에 들지 않으면 바로 삭제한다. 요즘 젊은 친구들은 동영상으로 촬영한 후에 잘 나온 순간을 스틸 사진으로 뽑는다고도 한다. 모두 기술이 발전한 덕분이다.

아날로그 사진기를 사용하던 시절에는 조리개와 셔터스피드를 조절하고 초점을 잘 맞추는 기술과 능력이 필요했다. 이

기술은 바로 체득되지 않기에, 많은 시간을 투자하고 훈련한 경험과 감각이 뛰어난 사진 전문가, 즉 사진가도 중요했다. 그런데 오늘날에는 카메라 기술이 발전하고 촬영 과정이 자동화되면서 예전처럼 고도의 사진 실력이 꼭 요구되지는 않는다. 앵글이나 구도를 잡는 방식, 수직 및 수평 정렬과 같은 요소에서는 전문가와 아마추어 사이에 차이가 나기 마련이지만, 이조차도 최신 기술이 대부분 보완해 준다. 최근 몇 년 사이에는 스마트폰 사진 앱에 AI 기능이 탑재되면서 사진의 방향과 앵글을 자동으로 보정하고, 색상 역시 손쉽게 조정할 수 있게 되었기 때문이다. 과거에는 필름 사진을 스캔해 포토샵 같은 프로그램으로 일일이 수정해야 했다면, 이제는 이 모든 작업을 스마트폰 하나로 단번에 처리할 수 있는 시대가 된 것이다.

그래서 사람들은 그토록 많은 사진을 찍는 걸까? 물론 사진 찍는 행위 자체가 즐거움일 수도 있지만 소셜미디어가 일상이 된 지금, 사진을 다른 이들과 공유하는 즐거움 역시 무시할 수 없다. 특히 사진을 찍고 이를 소셜미디어에 업로드하는 일이 더 이상 번거롭지 않게 된 것은 인스타그램 등 사진 중심 SNS 문화가 자리 잡게 된 중요한 배경이기도 하다.

인스타그램은 사람들이 자기 사진을 타인과 공유하고 상호작용할 수 있도록 설계된 플랫폼이다. 나의 이야기를 타인과 나누고 싶어 하는 현대인의 욕구는 매우 강력하며, 그에 따라 인스타그램 문화는 나날이 더욱 확장되고 있다. 많은 이가 하루에도 수십 장의 사진을 찍고 업로드하면서 '인스타그래머블instagrammable'이라는 형용사까지 등장했다(이는 과거 구글이 검색 엔진으로 자리 잡은 뒤 '구글링googling'이라는 신조어가 생겨난 것과 비슷한 맥락이다. 이제 '인스타그래머블'은 일반 형용사처럼 사용되는 시대적 표현이 되었다). '인스타그래머블한 것'이란 인스타그램에 올릴 법한, 시각적으로 매력적인 사진을 찍을 수 있는 대상이자 장소 혹은 경험을 가리킨다. 앞서 언급했듯이 오늘날 우리는 '경험 경제' 사회에 살고 있다. 젊은 세대는 예쁜 사진이 찍히는 카페, 고급스러운 감성이 느껴지는 전시회, 관광 명소의 포토 스폿을 찾아다니며 특별한 경험을 추구하고, 그 경험을 사진으로 '인증'한다.

현재 하루에 생성되는 데이터가 수백 경京 바이트에 달한다고 한다. 이 중 대부분이 일반 문서보다 훨씬 용량이 큰 사진과 영상 데이터일 것이다. 현대인은 이러한 사진과 영상을 생산하며, 데이터 자본주의 사회에서 디지털 노동자로서 자신의 시간을 기꺼이 투자한다. 사진을 올리고, 타인의 게시물(글·사진·영상)을 소비하는 행위는 디지털 노동의 일환이며, 그 과정에서 플랫폼이든 개인이든 누군가는 이익을 얻는다. 게시자나 관람자 모두 이 행위가 즐겁고 만족스럽다고 믿기에 자발적으로 시간과 에너지를 들이며, 때로는 서버 이용료나 데이터 사용료까지 지불한다. 결국 우리는 비용을 지불하면서 스스로 노동하는 셈이다.

끊임없이 사진을 찍는 이유

나도 페이스북을 열심히 하던 때가 있었다. 페이스북은 몇 년 전 메타로 이름을 바꿨는데, 그 즈음인가부터 더 이상 페이스북에 들어가지 않게 되었다. 피로감이 상당한 탓이었다. 페이스북을 한창 드나들던 때 그곳에서 형성되고 흐르는 인간관계와 그 디테일에 너무 많은 신경을 쓰게 되었다. 타인의 일상을 들여다보고, 나의 담벼락에 올릴 글들을 궁리하거나 댓글 반응을 확인하느라 하루의 상당 시간을 소비하고 있었다. 그런데 어느 순간 이곳에 쏟아야 하는 감정과 시간이 부담스럽게 느껴졌다. 물론 장점도 있었다. 가만히 있어도 필요한 정보들에 닿는 경우다. 소셜미디어에는 일이든 취미든 관심사를 공유하는 사람들이 1~2촌 관계로 촘촘히 모여 있다. 친구의 친구, 그 친구의 친구. 유사한 취미와 관심, 사회적 삶을 공유하는 커뮤니티와 사람들이 서로 연결되고 확장된다. 그들의 관심사는 내 관심사와 일치할 가능성이 매우 높다. 그들이 올린 생각과 관심 갖는 정보는 내게도 도움이 되며 중요할 수 있다. 더 이상 페이스북을 이용하지 않으면서 실시간 정보에 뒤처진다는 생각도 들었다. 그러나 그런 아쉬움보다는 내 삶을 방해받고 싶지 않다는 마음이 더 강렬해졌다.

소셜미디어에 올릴 목적은 아니지만 나는 요즘도 여전히 하루에 여러 장의 사진을 찍는다. 길을 가다가 만난 풀꽃들, 햇빛이 멋지게 그려 낸 나무 그림자같이 갑자기 감성을 발동시키는 대상들 앞에서 스마트폰을 꺼내 든다. 그러나 찍은 사진들을 다시 들여다보는 경우는 거의 없다. 그래도 연신 사진을 찍는다. 내가 이렇게 무의식적으로 촬영하는 이유는, 사진을 일종의 외부 기억 장치로 여기기 때문이라는 걸 최근에야 깨달았다. 가끔 되짚어야 할 사건이나 정보를 사진을 통해 찾아보려는 습관 때문이었다. 나에게 사진은 특정 사건이 일어난 날짜(시간)나 장소를 기억하기 위한 일종의 메타데이터로 작용한다. 실제로 내 사진 앨범에는 유튜브 강의를 듣다가 자막이나 이미지를 저장하기 위해 누른 스크린 숏, 대형 쇼핑몰에서 주차 위치를 기록한 사진 등이 가득하다. 이렇게 찍힌 사진들은 관련 기억을 되짚는 지표이자, 나만의 미래 검색용 자료가 된다. 나에게 이 사진들은 곧 개인 데이터베이스이며, 이들을 저장해 두면 왠지 모르게 안심이 된다.

예술을 스마트폰으로 관람하는 사람들

오늘날 스마트폰 속 카메라는 새로운 문화 현상을 만들어 내고 있다. 그중 가장 두드러진 특징은 여행 중에 특별한 풍경을 마주했을 때, 사람들이 그것을 눈으로 감상하기보다 카메라부터 꺼내 든다는 점이다. 멋진 예술 작품을 만나도 마찬가지다. 이는 카메라 렌즈와 스크린이라는 매개물을 통해 대상과 세상을 바라보려는 행위라고 볼 수 있다. 즉, 직접적인 경험을 굳이 다시 매개된 경험으로 전환하는 행위인 셈이다. 시간과 돈을 들이고, 발품까지 팔아 얻은 직접 경험의 매력을 결국에는 (상대적으로) 값싼 간접 경험으로 되돌려 버리는 셈이니 한 걸음 물러서서 바라보면 참으로 아이러니한 일이다.

사정이 이러하다 보니 일명 '포토 스폿'이라 불리는 곳도 여기저기 생겼다. 이는 여행지에서 가장 좋은 풍경을 카메라 앵글로 담을 수 있는 지점, 또는 특정 미술관이나 갤러리에서만 볼 수 있는 유명한 예술 작품 앞처럼 장면이나 대상을 가장 압축적으로 담아낼 수 있는 장소를 의미한다. 이러한 포토 스폿에는 언제나 줄이 길게 늘어서 있다. 그렇게 오랜 기다림 끝에 자기 차례가 오면 아주 잠깐 사진을 찍을 수 있을 뿐이다. 예컨대 루브르박물관에서 다빈치의 〈모나리자〉나 벨베데레궁에서 클림트의 〈키스〉를 감상하기 위해서는 오랜 시간 줄을 서야 하지만, 정작 작품 앞에 머무를 수 있는 시간은 고작 몇 초에 불과하다. 그 자리는 서둘러 뒷사람에게 내 줘야 한다. 그러나 그 몇 초 사이에도 작품 가까이에 다가가서 맨눈으로 감상하려는 사람을 찾기란 쉽지 않다. 대부분 카메라부터 들이민다. 인터넷에 이미 자신이 찍는 사진보다 더 훌륭한 사진들이 수없이 많다는 사실을 그들도 잘 안다. 하지만 여기서 중요한 것은 그 피사체와 함께 있는 자신을 사진 한편에 담는 일이다. 일종의 '인증 숏'인 것이다.

발터 벤야민은 「기술복제시대의 예술 작품」이란 글에서 예술 작품이 기계적으로 복제될 수 있게 되면서 사람들은 그것을 가까이 두고 싶어 하는 심리를 갖게 되고, 또 언제 어디서나 볼 수 있게 되면서 원본 예술 작품이 지녔던 '아우라'가 사라진다고 말했다. 그리고 이렇게 사라진 아우라의 제의적 가치는 전

프랑스 오르세미술관에서 에드가르 드가의 〈발레 수업〉 앞에 서 있는 관람객들

프랑스 오르세미술관에서 반 고흐의 〈아를의 방〉을 스마트폰 화면 안에 담는 관람객들

시를 통한 새로운 방식으로 재생산된다고 보았다. 오늘날 우리는 인스타그램을 통해 자신의 '진짜 경험'을 공유하고 자랑하며, 이로써 다른 사람의 부러움과 찬사를 받을 때 일종의 새로운 아우라를 얻는다고 볼 수 있다. 결국 미술관에서 예술 작품의 '원본'을 직접 보는 행위는, 작품 자체를 감상한다는 의미를 넘어서 '내가 그것을 현장에서 직접 보았다'는 사실을 인증하는 일종의 '권위 있는 경험'으로 바뀌고 있는 것이다.

그런데 이처럼 관람객의 변화된 모습을 쉽게 발견하게 되는 또 다른 이유는 미술관이나 갤러리에서 사진 촬영을 허용했기 때문이기도 하다. 미술사학자이자 비평가인 클레어 비숍은 미술관과 전시장도 디지털 사회로의 변화에 영향을 받을 수밖에 없다는 사실을 짚는다. 요즘은 미술관 전시실 입구나 작품 옆에 QR 코드가 붙어 있는 경우가 많은데, 이를 스캔하면 미술관에서 준비한 작품 설명을 들을 수 있다. 이를 위해서라도 관람객들은 스마트폰을 들고 전시장에 들어가야 한다. 미술관 측에서도 QR 코드로 작품을 설명하는 편이 훨씬 편리하기에 사진 촬영에 대해서도 너그러워진 듯하다.

조금 다른 이야기도 해 보자. 미국의 미술이론가 데이비드 조슬릿은 「(시간에 대해) 표지하기, 스코어링하기, 저장하기, 추측하기Marking, Scoring, Storing, and Speculating (on Time)」란 글에서 뉴욕현대미술관MoMA에서 사진 찍는 관람객들을 보며 현대 회화가 시간을 기록하고 축적하는 문제에 직면해 있다고 말한다.[42] 무슨 말일까? 그는 모든 예술 작품에는 축소될 수 없는 특이성singularity이 있다고 이야기한다. 회화는 물론이고 모든 예술 작품에 대한 경험은 결코 언어로 파악하거나 붙잡을 수 없는 독특한 경험이라는 것이다. 이런 경험은 무한한 감정과 시각적 자극을 불러오는, 말로 설명되거나 전달될 수 없는 정동情動적 경험이다. 이들은 한 번의 경험으로 포획하고 이해될 수 없다.

그렇다면 단번에 포획될 수 없는 예술 작품의 경험에는 어떤 의미를 부여할 수 있을까? 조슬릿은 예술 작품의 진정한 가치와 무한한 잠재성은 그 의미와 행위가 매번 새롭게 무대화되는 데 있다고 말한다. 예술 작업의 의미와 해석은 시대에 따라 변할 수 있으며, 그것은 이미 주어진 것이 아니다. 그래서 모든 예술 작품에는 '구조적 미래성structural futurity'이 내포되어 있다고 한다. 회화를 포함한 모든 예술 작품을 감상하고 이해하는 행위는 특정한 목적하에 짧은 시간 내에 소비되고 분석될 수 있는 것이 아니다. 조슬릿은 예술 작품에 대한 진정한 감상은 어쩌면 평생에 걸쳐 이루어진다고 본다. 그러나 그는 이 역시 현대인들의 바쁘고 고단한 삶에서 절대적으로 불가능한 미션이라는 점도 인정한다. 오늘날의 삶은 누구에게나 전례 없이 가속화되어 있기 때문이다. 따라서 오늘날 예술 작품의 감상과 소비 방식에 대해 새로운 시각이 필요하다. 관람객이 미술관이나 갤러리의 회화 작품들 사이를 이동하며 스마트폰으로 사진을 찍는 행위는 지금 이 순간을 살아가는 '시간에 거주하는 경험'이라기보다는 미래를 위해 현재를 저장해 두는 '기록 중심의 시간 경험'에 가깝다. 이는 결국, 아직 도착하지 않은 미래를 위해 현재를 미루고 보류하는 행위다. 조슬릿은 여기에 벤야민식의 이론을 덧붙여, 오늘날의 예술 경험은 결코 다시 온전히 똑같이 체험할 수 없는 미래적 경험이 투사되는 것이라 말한다.

더욱이 미술관이나 갤러리에는 작품이 한 점만 전시되어 있지 않다. 하나의 작품을 지나면 또 다른 작품이 등장한다. 조슬릿의 말대로라면 하나의 작품도 평생에 걸쳐 봐야 할 판에 현대 미술 전시는 수많은 작품을 늘어놓고 손님을 맞이한다. 그러니 문전성시를 이루는 관객에 의해 떠밀려 다니기 일쑤다. 이래저래 한 그림 앞에서 오랜 시간을 보내기는 어려운 구조다. 하나의 예술 작품 앞에서도 수많은 의미의 다발이 무대화되고 결코 한꺼번에 잡히지 않을 경험이 쏟아지는데, 작품을 연이어 마주하는 것은 이런 경험들이 수없이 중첩되어 펼쳐진다는 뜻이다. 따라서 현대인은 이러한 경험의 쓰나미 속에서 예술 작품을 온전히 마주하는 대신 이들을 손안의 스마트폰 사진첩에 저장하는 것으로 대신하고자 한다. 여기에는 추후에 그것들을 다시 들여다보고 기억하고자 하는 욕망이 뒤따른다. 그 결과 오늘날 개인 스마트폰 속 사진 앨범은 '지연된 경험에 대한 엄청난 저장고'가 된다.[43] 사람들이 이 잠재적 에너지를 기록하는 데 스마트폰이라고 하는 매체에 의지하는 것은 어쩌면 당연한 일이다. 그것은 우리의 손안에 있으며, 언제든지 기록하고 저장하며 또 언제든지 꺼내 볼 수 있게 허락하기 때문이다.

스마트폰 속 지연되는 여행 경험

미술관이나 갤러리에서처럼 여행지에서도 스마트폰을 든 관광객을 쉽게 만날 수 있다. 그들 역시 눈앞에 펼쳐진 아름다운 자연이나 도시 풍경을 직접 눈으로 감상하기보다, 스마트폰 카메라에 담는 데 익숙하다. 이 역시 경험을 지연하는 심리와 저장하는 행위의 연장선으로 볼 수 있다. 여기에 더해, 현대의 여행 자체가 자본주의적 산물이라는 관점도 함께 고려해 볼 수 있다.

일본의 철학자 아즈마 히로키는 『관광객의 철학』이라는 책에서 21세기 관광산업의 확산을 예견했다.[44] 하지만 그는 오늘날의 관광이 과거의 여행과 다르다고 이야기한다. 여행은 근대 이전 귀족의 전유물이었다. 이 시대의 여행은 귀족의 여유가 반영되어 상대적으로 느렸다. 그런데 오늘날 여행은 '관광'이란 개념으로 바뀌었다. 19세기에 대중소비사회가 형성되고, 노동자 계급이 경제적 여유와 여가 시간을 갖게 되면서 과거의 여행과는 다른 형태의 관광이 새롭게 등장한 것이다. 여기에 오늘날 글로벌 자본주의의 확산과 인터넷만으로는 세상을 온전히 이해할 수 없다는 인식이 더해지며, 여행과 관광 사이에 위치한 새로운 행위가 나타난다. 이는 여유와 안목을 드러내는 엘리트적 취미로 기능하며 여행 자체가 소비와 과시의 대상이 된다. 히로키는 과거의 여행에 '여유'가 있었다면, 오늘날의 여행은 '상품'이자 '서비스', 그리고 곧 '관광'이 되었다고 분석한다. 실제로 많은 현대인은 바쁜 일상 속에서 시간과 돈을 모아 여유와 여가를 만들고, 이를 다시 자본이 집약된 관광으로 소비한다. 여행을 떠나는 이에 대한 부러움에는 어찌 보면 이런 여유에 대한 동경이 함께 담겨 있는지도 모른다.

미술관에서처럼 여행 또한 짧은 시간에 고효율을 내야 하기에 그 일정은 매우 바쁠 수 있다. 더욱이 방문지마다 쏟아지는 수많은 경험과 하루에도 수없이 펼쳐지는 새로운 자극은 좀처럼 여유를 허락하지 않는다. 한 장소에서 다음 장소로 바삐 이동하는 관광객들은 방문한 곳의 풍경과 분위기를 빠르게 기록하며 촘촘한 일정을 소화한다. 그리고 그 경험을 복기할 여유를 이후 도래할 시간으로 유예시킨다. 따라서 여행 경험도 예술 작품에 대한 경험처럼 지연된 경험이 되어 간다. 여행지에서 찍은 수많은 사진은 스마트폰 앨범 혹은 컴퓨터나 클라우드 서버에서 경험의 증거로 저장될 뿐이다. 따라서 관광객들이 눈앞에서 펼쳐지는 풍경에 카메라부터 꺼내는 행위는 이렇듯 지연된 경험에 대한 기대이자 욕망의 반영이라 볼 수 있다. 히로키가 말한 글로벌 자본주의 관점에서 여행은 자신의 여유를 과시하여 타인의 동경을 빨아들이는, 인스타그래머블한 장면을 가득 확보해 가는 과정과 다름없다. 히로키와 조슬릿의 사유는 서로 유사하게 읽힌다. 관광객이나 관람객의 이러한 행동 이면에는 초조함과 현대적 건망증이 깃들어 있다. 풍경이나 대상을 눈으로 담고 기억하는 여유보다는, 무언가를 놓치거나 잃을지도 모른다는 불안이 더 크게 작용하는 것이다. 이는 사소한 것 하나도 놓치지 않으려는 심리와 연결되며, 스마트폰이나 클라우드 컴퓨팅이 등장하기 전에는 없던 새로운 감정의 형태라고 할 수 있다.

그런데 우리는 미술관이나 여행지에서 돌아와서도 수없이 찍어 댄 그 많은 사진을 들여다볼 여유, 즉 지연된 여유를 누린 적이 있었던가? 직접 경험을 간접 경험으로 바꿔 남긴 그 기록들을 다시 꺼내어 살펴본 일은 아마도 거의 없지 않을까 예상한다. 나 역시 마찬가지다. 사진은 많이 찍었지만, 대부분 그저 방치된 채로 남아 있다. 가끔 구글 포토나 스마트폰 사진 앨범에서 "당신의 2년 전 추억입니다"라는 알림이 도착하면 잠시 반가운 마음이 들기는 하지만 거기서 멈추어 버린다. 되돌아볼 새도 없이 쌓인 사진들은 지금 이 순간에도 AI 이미지넷의 개발 데이터가 되어 가고 있을지도 모른다.

오늘날 현대사회는 일상 속 경험의 양과 질 사이에서 끊임없이 갈등하게 만든다. 어쩌면 스마트폰을 든 현대인이 취할 수 있는 가장 쉬운 선택은 경험을 사진으로 유예하는 방식일지도 모른다. 무언가를 끝맺지 못하고 계속 미루는 일종의 타협, 마치 오늘 해야 할 숙제를 내일로 미루는 것처럼, 책을 사서 책장에 꽂아 두기만 하고는 마치 읽은 것 같은 착각에 빠지는 것처럼 말이다. 책은 때때로 머릿속에 떠오르지 않던 생각의 영역을 가시화하고 일깨워 주는 물질적 자극이 된다. 하지만 스마트폰이나 데이터베이스 속에 저장된 파일들은 그런 물질적 존재감조차 없기에 도리어 더 깊은 허무함과 씁쓸함을 남긴다.

이 글을 쓰는 와중에도 노트북에서는 저장 공간이 가득 차 더 이상 여유가 없으니 추가 공간을 구입하든지 불필요한 파일들을 정리하라는 클라우드 서비스의 알람이 뜬다. 어디선가 다운받고 저장한 수많은 파일, 찍고 정리하지 못한 사진과 동영상 데이터들이 이렇게 정리되지 못한 채 가상공간 속에 계속 쌓여 가고 있다. 하지만 오늘도 나는 이에 대응할 여유가 없다. 일단 저장 용량을 늘려 급한 불을 끄는 쪽을 택한다.

16장

N-스크린 시대

창에서 창으로 넘나들다

언젠가부터 지하철에서 볼 수 있는 흔하디흔한 풍경이 있다. 주변 환경음을 차단하는 성능 좋은 이어폰을 귀에 꽂은 채 손 안의 스마트폰만 쳐다보는 사람들. 가끔은 스마트폰 스크린만 정신없이 보고 걷다가 미처 장애물을 피하지 못해 사고를 당하는 안타까운 뉴스도 접한다. 횡단보도 앞에서도 스마트폰을 보느라 고개 숙인 이들이 많아지다 보니, 이제는 아예 길바닥에 신호등을 박아 넣는다. 어디 이뿐인가. 식당 테이블마다 있는 스크린은 손님의 주문을 빠르게 접수한다.

지하철에서 사람들이 들여다보는 화면도 제각각이다. 누군가는 업무 메시지를 주고받는 카카오톡과 이메일을 확인하고,

누군가는 끊임없이 올라오는 유튜브 쇼츠와 인스타그램 릴스, 게시물을 스크롤한다. 또 어떤 이는 업데이트된 웹툰을 읽고, 놓쳐 버린 어제의 야구 경기나 드라마를 다시 보며, 혹은 심심풀이로 캐주얼 게임을 즐기기도 한다. 쇼핑몰 장바구니에 티셔츠와 운동화를 담아 두는 이, 내일 아침 식사를 위해 밀키트나 식재료를 주문하는 이도 있다. 이처럼 같은 스마트폰을 들고 있어도 그들이 접속한 스크린 속 세계는 서로 다르다.

사용한 지 꽤 지난 내 스마트폰은 가끔 여느 때와 달리 유독 반응이 더디거나 종종 앱 내 버튼이 얼어 버려 작동하지 않는 경우가 있다. 그럴 때가 되어서야 한동안 열어만 두고 사용하지 않았던 앱들을 정리해야겠다는 생각이 들고, 하나하나 창을 닫다 보면 그새 이렇게 많은 앱을 켜 놨었나 싶어 놀라게 된다. 또 그 수많은 창을 들락날락했던 지난 시간들을 되돌아보게 된다.

생활 속에서 접하는 스크린들은 폰에 떠 있는 수많은 가상공간의 창뿐만이 아니다. TV 스크린은 물론 컴퓨터, 노트북, 태블릿 PC 등 여러 스크린 기기가 있다. 요즘 카페에 가면 만나는 '카공족'[45]은 노트북과 태블릿 PC, 스마트폰 스크린을 모두 켜고 동시 작업하기도 한다. 스크린 사이를 번갈아 살피며 화상 회의도 하고, 인터넷 강의도 듣고, 축구 경기를 보며 카톡도 한다. 이들은 몇 개의 물리적인 기기 화면 위에 훨씬 더 많은 가상 창을 열어 두고, 여러 스크린과 창을 자유롭게 넘나든다.

이렇게 많은 스크린을 넘나드는 것을 일컬어 'N-스크린'이라고 한다. 여기서 'N'은 숫자number의 머리글자로 스크린 개수가 다양함을 의미한다. 그런데 N-스크린은 한 개인이 소유한 스크린 기기들과 창들이 복수화되는 현상만을 의미하지는 않는다. 사용자가 여러 스크린 기기들 사이를 넘나들며 업무를 보거나 콘텐츠를 끊김 없이 소비할 수 있도록 지원하는 서비스와 기술을 의미하기도 한다. 사용자가 동시다발적으로 수행하는 업무가 매끄럽게 이어지기 위해서는, 사용 중이던 콘텐츠가 한 기기에서 다른 기기로 끊김 없이 연결되는 등의 후면 기술과 서비스가 뒷받침되어야 한다. 가령 퇴근길 지하철에서 어제 놓친 드라마나 예능 방송 프로그램을 스마트폰으로 보다가 집에 도착해 텔레비전의 큰 화면으로 남은 분량을 이어 보려고 할 때 N-스크린 기술이 활용된다.

이를 위해서는 스마트폰에서 시청을 멈춘 지점부터 텔레비전 화면에서 그대로 이어서 재생되어야 하는데, 이를 가능하게 하려면 양쪽 기기에 동일한 플랫폼이 설치되어 있어야 한다. 다시 말해, 이는 콘텐츠를 제공하는 업체의 서버에서 사용자의 환경과 상황에 맞는 정보를 저장하고 제공하는 기술 덕분에 가능한 것이다. 이러한 이유로 N-스크린 서비스는 VOD 시장에서 더욱 각광받고 있다. VOD는 이제 많은 사람에게 익숙한 용어지만, 간단히 말하면 사용자가 플랫폼 서비스 제공자에게 영상을 요청하면 인터넷을 통해 서버에 저장된 동영상을 자유롭게 불러와 시청하는 방식을 말한다. 이는 마치 예전 동네 비디오 가게가 인터넷으로 옮겨진 것과 같은 개념이다. 하나의 플랫폼 계정에 가입하여 로그인한 사용자라면 클라우드 기술을 통해 같은 계정으로 로그인된 모든 기기에서 콘텐츠가 물 흐르듯 자연스럽게 연결되어 재생될 수 있으며, 그 접속과 재생 이

력도 공유된다.

플랫폼 전성시대

2015년 방영된 tvN 드라마 〈응답하라 1988〉을 보면, 덕선이가 다른 약속 때문에 생방송 프로그램을 놓치게 되어 동생에게 꼭 녹화해 달라고 신신당부하는 장면이 나온다. 당시 비디오 플레이어 기기는 TV 방송을 실시간 녹화할 수 있었다(조금 더 뒤에 나온 비디오 플레이어에서는 예약 녹화도 가능했다). 어린 시절 내 기억 속에서 이보다 더 편리하고 놀라웠던 서비스는 바로 동네 비디오 가게였다. 예약 녹화를 놓쳤거나 그마저도 귀찮을 때, 슬리퍼를 질질 끌고 최후의 보루인 동네 비디오 가게로 향했다. 가게에는 지나간 드라마 시리즈, 연예오락물들, 헐리우드 영화며 홍콩 영화들이 손님들을 기다렸다(돌이켜보면, 지금은 가당치도 않을 온갖 불법 복제물들이었다. 그러나 당시는 이런 윤리적 개념도, 법적 제재도 적용되지 않던 시절이었다). 비디오 가게에서는 최신 방송 콘텐츠일수록 인기가 높았다. 이들은 여간 빌리기 어려운 게 아니어서 가게 장부에 대기 순번을 적어 놓을 정도였다. 이런 비디오 가게가 동네마다 두세 군데씩 있어 서로 손님을 유치하려는 미묘한 신경전을 펼치기도 했다.

2000년대 초반, 미국에서는 '넷플릭스'나 '블록버스터'라는 체인점들이 우리나라의 동네 비디오 가게 같은 역할을 했다. 햄버거나 피자 가게는 물론 식료품점이나 커피숍까지 일찌감치 프랜차이즈로 만든, 미국다운 풍경이 아닐 수 없다. 넷플릭스는 온라인으로 DVD를 대여하고, 이를 우편으로 주고받는 시스템을 운영했다. 고객은 대여한 DVD를 빨간색 봉투에 넣어 일반 우체통에 반납하면 되었고, 반납이 확인되면 다음 DVD가 자동으로 발송되었다. 한편 블록버스터는 주로 오프라인 매장을 통해 DVD를 대여했지만, 이후 넷플릭스를 모방한 우편 대여 서비스도 도입했다. 미국에서라도 2010년대 이후에 태어났다면 이러한 추억이 없을 수 있다. 그런데 이러한 DVD 매체마저 사라지기 시작할 무렵 넷플릭스는 그 변화에 발 빠르게 대처했다. 그게 오늘날의 넷플릭스 온라인 플랫폼 서비스다. 과거 동네에서 운영한 오프라인 서비스를 성공적으로 탈바꿈시켜 디지털 온라인 플랫폼상에 올린 것이다(반면 경쟁 업체였던 블록버스터는 이런 변화에 신속하게 대응하지 못해 결국 문을 닫았다. 현재는 오리건주 벤드시에 마지막 매장이 상징적으로 남아 있다).

넷플릭스는 수십 년간 비디오 대여 사업을 하면서 고객에 대한 방대한 데이터베이스를 구축한 덕에 성공적인 전환을 이룰 수 있었다. 구독자들의 성향과 기호에 맞는 콘텐츠를 추천하거나 오리지널 콘텐츠를 자체 생산하는 등 고객이 넷플릭스 플랫폼을 계속 찾을 만한 시스템을 정교하게 개발했다. 디지털로의 전환은 구독자의 서비스 이용 데이터를 지속적으로 수집하고 분석하여 추천 서비스를 정교화하는 선순환 구조를 만든다.

왓챠, 디즈니플러스, 쿠팡플레이 등은 넷플릭스와 경쟁하는

블록버스터 매장(위)과 넷플릭스 DVD 수거 봉투(아래)

OTT 서비스 플랫폼의 후발 주자다. OTT는 '오버 더 톱Over The Top'의 약자로 다양한 플랫폼을 통해 사용자가 인터넷으로 콘텐츠를 시청할 수 있도록 제공하는 서비스를 말하며, 원하는 시간에 프로그램을 시청할 수 있는 VOD 서비스도 이에 포함된다. 여기서 Top은 셋톱박스Set-Top Box의 톱을 의미한다. 셋톱박스는 케이블 방송이나 위성 방송 시절 텔레비전 근처에 설치되던 장치로, 텔레비전 수상기에서 자체적으로 수신할 수 없는 방송 신호를 받아 재생할 수 있도록 해 주는 기기다. 우리나라의 경우, KT나 SK텔레콤 등의 통신사에 가입해 TV 서비스를 제공받으면 TV 옆에 함께 설치되는 작은 블랙박스 형태의 기기가 바로 셋톱박스다. 그런데 오늘날의 OTT 서비스는 (스마트) TV뿐만 아니라 데스크톱, 스마트폰, 태블릿 PC 등 다양한 디바이스를 통해 영상 콘텐츠를 제공하고 있다. 이처럼 OTT 서비스는 더 이상 하드웨어에 기반한 시스템이 아니라 앱 기반 플랫폼을 통해 점차 영역을 확대하고 있는 중이다. 이들 플랫폼은 영화, 드라마 등 방대한 영상 콘텐츠를 보유하고 있으며, 구독자들은 월 정액 요금을 지불하고 자유롭게 콘텐츠를 시청할 수 있다. 또한 자신의 계정을 가진 사용자라면, 시청 중 멈춘 영상을 언제든지 원하는 시점에 이어서 볼 수 있는 기능도 제공된다. 이러한 기능은 겉보기에는 사소해 보일 수 있지만 사용자가 플랫폼 안에 계속 머물게 만드는 강력한 기술적 요소다.

OTT 플랫폼 기술은 앞서 소개한 캐주얼 게임 전략을 연상시킨다. 캐주얼 게임은 누구든지 언제 어디서나 쉽게 게임을 할 수 있게 한다. 인터넷 소액 결제도 쉽고, 게임을 하다가도 언제든지 멈추고 다시 돌아올 수 있다는 특징 덕분에 우리 삶에 깊이 침투할 수 있었다. 바쁜 현대인의 관심을 지속적으로 유지하려면 그들의 일상에 자연스럽게 침투하는 서비스 전략이 필요하다. 이는 게임이든 영상 콘텐츠 플랫폼 산업이든 마찬가지다. 기업들은 소비자를 충실한 구독자로 돌리려는 전략에 사활을 건다.

오늘날 우리는 다수의 OTT 플랫폼뿐 아니라 멜론이나 애플뮤직 또는 스포티파이 같은 음악 플랫폼에도 가입하고, 챗GPT나 독서 앱, 스캔 앱 등 업무에 필요한 앱들도 다운받아 사용하고, 쿠팡이나 컬리 등 쇼핑 앱도 이용한다. 그야말로 플랫폼 전성시대다.

작은 창에 매몰된 사회

이러한 이유로 오늘날에는 온오프라인을 넘나들면서 스크린을 경험하는 것이 수월해졌다. 기술 및 콘텐츠 산업의 발전으로 미디어를 편리하게 사용할수록 우리는 점점 더 많은 콘텐츠를 갈망하게 된다. 예를 들어 보자. 나의 취향에 맞는 드라마를 시청한 다음 날, 회사 동료나 친구들과 그에 대한 이야기를 하다 보면 콘텐츠 소비의 폭은 점점 더 넓어진다. 아직 보지 못한 콘텐츠가 있다면 이를 빨리 보고자 하는 욕구가 생기고, 트렌디한 콘텐츠에 대해서 더 많이 알고 싶어진다. 나아가 단순히 대화에 끼는 것을 넘어, 대화를 주도하고 싶은 욕구까지 커진다. 이런 이유로 〈흑백요리사〉나 〈오징어게임〉이 한창 회자될 당시, 그 콘텐츠들을 보지 않고 넘어가기는 쉽지 않았다. 이런 콘텐츠를 알아야 대화에 낄 수 있고, 그것이 마치 현대인의 필수 교양처럼 여겨지는 분위기가 사회 전반에 형성되었기 때문이다. 그래서 직장 일이나 집안일로 바쁘면서도 새로운 콘텐츠나 유행을 따라가려 애쓰게 된다. 가뜩이나 바쁜 현대사회에서 끊임없이 생산되는 콘텐츠들은 오히려 우리의 삶을 더욱 바쁘게 만들고 있다.

학생들을 가르치는 일을 하다 보니 자연스럽게 그들의 일상생활을 목격하게 된다. 과연 N-스크린 세대답게 그들은 책상 위에 여러 스크린을 진열해 놓고, 그 안에 수많은 창을 띄운 채 공부를 한다. 과제나 논문 작성을 위해 e-book이나 PDF 자료를 읽으면서 구글 번역기나 챗GPT를 돌리는 한편, 유튜브 창으로는 드라마나 스포츠 중계를 본다. 여러 개의 카카오톡 대화방을 수시로 들락거리며 친구들과의 대화도 이어 간다. 과연 디지털 네이티브답다. 그들의 멀티태스킹 능력이 부럽기도 하고 신기하기도 해서 한번은 어떻게 그런 능력을 갖게 되었는지 물어본 적이 있다. 그랬더니 전혀 예상치 못한 답이 돌아왔다. 자신들도 딱히 그런 능력이 있는 것은 아니라는 대답이었다. 물론 '디지털 낀 세대(디지털 이주민)'인 나와는 비교할 수 없겠지만, 그들도 멀티태스킹의 DNA를 갖고 태어난 건 아니라고 했다. 그렇다면 왜 이런 방식을 고수하는 걸까? 효율이 높아 보이지도 않는데 말이다. 돌아온 답은 이랬다. "뒤처질까 봐 두려워서요. 뒤처지기 싫거든요." 젊은이나 나이 든 어른이나 빠르게 변화해 가는 현대사회에서 쏟아지는 정보와 지식들, 쌓여 가는 일들로 인해 무기력해지고 하루하루 고군분투해야 하는 것은 매한가지였다.

도둑맞은 집중력

최근 10년간 세상은 더욱 빨라지고 가속화되었다. 이 글을 쓰는 지금도 나는 이메일과 카톡을 수시로 확인하고 있다. 메시지 창에서는 행정 업무를 처리해 달라는 학교 측의 요청이 뜨고, 온라인 쇼핑 앱에서는 놓치기 아까운 핫딜 상품이나 쿠폰 안내가 이어진다. 눈치 없이 울려 대는 메시지 중에는 과거 한 번이라도 상담을 받았거나 등록한 아이들의 학원에서 온 것도 있다. 수강하지 않으면 성적이 크게 떨어질 것처럼 등록을 권한다. 이 중에서 대부분은 쓸데없지만, 놓치면 아쉬운 것들이 더러 섞여 있다는 게 문제다. 그래서 어쩔 수 없이 주기적으로 스마트폰을 들여다보게 된다. 그런데 이 때문인지 최근 들어 집중력이 형편없이 떨어진 것 같다. 기억력은 물론이고 일의 능률도 예전 같지 않다고 느껴진다. 나이가 들어서 그런가 싶어 지인들에게 넋두리를 늘어놓았더니, 과연 나만 그런 것이 아니었다.

그러던 중에 요한 하리의 『도둑맞은 집중력*Stolen Focus*』이라는 책을 만나게 되었다. 사실 나는 전공 분야 때문에 전부터 미디어 변화가 사람들에게 미치는 영향에 대해 꾸준히 관심을 갖고 있었다. 미디어이론가 마셜 매클루언이 "미디어는 메시지다"라고 말했듯, 미디어는 단순히 메시지를 전달하는 통로에 그치지 않는다. 미디어 자체의 형식은 그 안에서 소통되는 내용만큼이나 중요하며, 사람들의 소통 방식과 태도에도 영향을 미친다. 예컨대 미국의 저술가이자 미래학자인 니콜라스 카는 『생각하지 않는 사람들 *The Shallows*』에서 디지털과 인터넷이 가져온 변화로 인해 사람들이 생각하지 않게 되었다고 우려했다. 매체의 변화로 인해 사람들이 긴 글을 읽고 사유하는 능력을 점차 잃어 간다는 것이다. 상황이 그렇게 바뀌면 콘텐츠도 점점 더 짧고 단순해질 수밖에 없다.

이 책이 출간된 2010년과 비교해 보면, 오늘날 미디어 콘텐츠의 축약화 현상은 더욱 심화되었다. 쇼트폼 콘텐츠에 올라오는 동영상은 몇 초 단위로 짧아졌고, 뉴스는 카드 뉴스나 쿠키 뉴스처럼 정보를 압축해 요약하거나, 제목만 소비되는 방식이 일반화된 지 오래다(소위 '어그로'를 끄는 제목으로 클릭을 유도하지만, 정작 내용은 제목과 무관한 경우가 더 많다). 이처럼 콘텐츠가 점점 짧아지는 이유는 사람들의 주의 집중 시간이 계속 줄어들고 있기 때문인데, 아이러니하게도 이로 인해 주의력은 더 심하게 손상되고 있다. 결국 콘텐츠는 더 짧아지고, 사람들의 집중력은 더 낮아지는 악순환이 반복되는 셈이다. 이는 마치 '닭이 먼저냐, 달걀이 먼저냐'를 묻는 논쟁처럼 보인다.

짧은 콘텐츠가 더욱 문제인 것은 사람들의 집중력을 단발적으로 자극하여 계속 붙잡아 두려 하기 때문이다. 저자 요한 하리는 유튜브 쇼츠, 틱톡, 페이스북, 인스타그램 같은 플랫폼이 사람들의 시선을 끌고 붙잡기 위해 사용하는 전략에 주목한다.[46] 그는 특히 온라인 상점이나 SNS 플랫폼에서 자주 볼 수 있는 무한 스크롤Infinite Scroll 기능에 주목하는데, 이는 스마트폰에 최적화된 기술로 사용자가 페이지를 아래로 계속 내릴 때마다 자동으로 새로운 콘텐츠가 로드되는 방식이다. 이 기술을 처음 개발한 사람은 미국의 UX 디자이너인 에이자 래스킨으로, 그는 2006년 모질라 랩Mozilla Labs에서 일하면서 이 기능을 만들었다.[47] 기존의 뉴스 기사나 웹사이트, 앱에서는 한 페이지에 보여지는 콘텐츠가 정해져 있고, 콘텐츠가 다 노출되면 다음 페이지로 넘어가야 했다. 하지만 이렇게 페이지를 전환하는 순간, 사용자가 다른 콘텐츠를 클릭하거나 스마트폰을 꺼 버리는 등 이탈할 가능성이 생길 수 있다. 이를 방지하기 위해 등장한 것이 바로 무한 스크롤이다. 무한 스크롤은 페이지 개념을 없애고, 사용자가 화면을 아래로 내릴 때마다 자동으로 다음 콘텐츠가 이어지는 구조를 제공한다. 이러한 매끄러운 사용자 경험Seamless User Experience을 통해 사용자 이탈을 최소화하는 것이 핵심 목적이다. 오늘날 젊은 세대가 유튜브 쇼츠나 틱톡을 보며 검지로 화면을 계속 위로 넘기는 행동 역시 이 무한 스크롤 기술의 영향이라고 할 수 있다.

래스킨은 몇 년 뒤 자신이 개발한 기능으로 인해 사용자가 앱에 머무는 시간이 너무 길어지고 심지어 중독될 위험까지 있음을 깨닫고는 구글에서 일하던 트리스탄 해리스와 함께 '인도적 기술 센터Center for Humane Technology'를 설립한다. 이들은 무한 스크롤과 같은 기능을 '눈속임 설계' 즉, '다크 패턴dark pattern'이라 말한다. 그리고 실리콘밸리 테크 기업들이 이윤 창출을 위해 이러한 다크 패턴을 계속 만들고 있다고 폭로한다. 그들은 이러한 설계가 전 세계 수십억 명의 삶에 영향을 미칠 수 있으며, 실제로 그런 일들이 빈번히 벌어지고 있다고 경고한다. 그리고 스마트폰 사용에 있어 '정지 신호'를 복원하자고 주장하며 오늘날 기술미디어 환경에서 디자인이 불러올 수 있는 결과에 대해 깊이 성찰하고 윤리적 책임 의식을 가져야 한다고 강조한다. 나 역시 무한 스크롤 기능에 주목하는 이유는 오늘날 스마트폰의 작은 화면이 이러한 UX 디자인 기술을 통해 무한히 확장되고 있기 때문이다. 손바닥 위의 작은 스마트폰 창은 마치 블랙홀처럼 우리를 끝없이 빨아들이고 있다. 하지만 여기서 마주치는 함정은 그러한 정보나 콘텐츠가 우리가 자발적으로 찾아낸 것이 아니라는 점이다. 알고리즘에 의해 추천되는 콘텐츠는 우리의 관심을 끌 수는 있어도, 우리를 진지한 사고나 성찰로 이끌지는 않는다. 오히려 그것들은 우리가 스스로 생각하고 사색하며 자신과 마주하는 소중한 시간을 빼앗고 있다는 점에서 문제적이다.

하리의 표현에 따르면 현대인은 정보에 '절여지고' 있다. 정보를 처리하는 데에는 일정한 시간이 필요하지만, 집중하는 시간이 짧아지는 까닭에 스스로 콘텐츠를 소화하거나 반추할 수 없게 된다. 그럼에도 불구하고 많은 사람들은 정보와 마주하는 속도감에 매료된다. 마치 자신이 세상과 더 긴밀히 연결되어 있고 어떤 주제든 쉽게 배울 수 있다고 느끼는 것이다.

현대인은 점점 짧아지는 집중력을 모두 자기 탓으로 돌린다.

유튜브며 인스타그램, 틱톡 등 소셜미디어나 온라인 게임에 중독되어 스크린과 거리를 두지 못한 탓이라고 자책한다. 요즘 중고등학교에서는 학생들을 스마트폰과 분리시키려고 조회 시간에 폰을 수거했다가 종례 시간에 돌려준다고 한다. 성인들도 스마트폰에서 벗어나기 위해 금욕 상자, 스마트폰 금고, 스마트폰 감옥과 같은 제품을 구매하기도 한다. 또한 일부 앱은 스크린과 거리두기 기능을 제공하며 '디지털 디톡스'를 권장하는 명상 앱들도 많아지고 있다. 이들은 삶의 주도권을 되찾기 위해 먼저 호흡부터 가다듬으라고 조언한다. 그러나 스마트폰에서 벗어나기 위해 또다시 스마트폰 속 앱들을 접속해야 하는 상황은 아이러니하지 않을 수 없다.[48]

상황이 이러하다 보니 근래에는 하루의 끝, 혹은 한 주의 끝에 사용자가 스마트폰 스크린을 얼마나 마주했는지를 알려 주는 '스크린 타임' 기능이 생겼다. 스마트폰 OS 자체에도 시시때때로 울리는 소셜미디어나 메시지 알림을 차단할 수 있는 '방해금지 모드'가 추가되었고, 카카오톡에도 '조용한 채팅방' 기능이 도입되었다. 새로운 메시지가 와도 알림이 울리지 않으며 앱 바깥의 메시지 카운트에도 포함되지 않는다. 이러한 장치나 앱들은 사용자가 잠시나마 스마트폰 사용을 자제할 수 있도록 돕기 위한 것이다. 최소한 자제하려는 의지를 강하게 가지고 실천하는 이들에게는 도움이 될 수 있다. 하지만 이것이 근본적인 해결책은 아니다.

하리는 이러한 기능들이 단지 '약한 기능'에 불과하다고 말하며, 현대인의 주의집중력 결핍은 개인의 문제가 아니라고 주장한다.[49] 그는 미국의 문화비평가인 로렌 벌란트의 '잔혹한 낙관주의cruel optimism' 개념을 인용해 이러한 기능들이 개인의 노력으로 문제를 극복할 수 있다고 믿게 만든다고 지적한다. 그리고 그 믿음이 오히려 개인을 끊임없이 수행하듯 단련하도록 만들며 고된 삶을 강요한다고 말한다. 우리는 여러 개의 스크린과 그 안의 수많은 창들 사이를 숨 가쁘게 오가며 나름대로 더 성실하게 살아 보려 애쓴다. 그러나 그러는 동안 정작 자신의 삶을 여유 있게 관조할 시간은 점점 사라지고 있다.

스크린 밖 매끄럽지 않은 삶을 위하여

『해리 포터』 시리즈는 작가 조앤 롤링이 1997년부터 2007년까지 쓴 일곱 권짜리 소설이다. 신간이 나올 때마다 전 세계 서점가가 들썩일 만큼 신드롬을 일으켰다. 그런데 이 소설이 영화화된다고 했을 때, 사람들의 의견은 신기하게도 반반으로 나뉘었다. 영화가 개봉한 이후에도 그 반응은 크게 달라지지 않았다. 그렇다면 사람들의 반응이 이처럼 양분된 이유는 무엇일까?

당시 부정적인 의견 가운데는 소설의 많은 부분이 생략되었다는 불만이 꽤 있었다. 사람마다 재미를 느끼는 부분이 다른 것은 당연하다. 누군가가 만족한 부분에서 누군가는 실망했을 수 있다. 소설을 읽으면서 기대하고 상상한 부분이 영화에서 전혀 다르게 연출되거나 너무 구체적으로 제시되어 별로였다는 반응도 있었다. 가령, 스크린상에서 재현된 캐릭터와 스토리가 자신들이 상상한 이미지와 확연히 다르다는 것에 실망했다는 것이다.

이러한 연출은 시각적인 면에만 국한되지 않는다. 가령 캐릭터의 목소리에서 이질감을 느낄 수도 있다. 사람들은 소설을 읽으면서 시각적인 것뿐 아니라 청각적인 부분까지 상상한다. 소설 읽기는 곧 이미지화, 감각화의 과정인 셈이다. 만약 누군가가 『해리 포터』를 소설이 아닌 애니메이션이나 영화로 먼저 접했다면, 책이 제공할 수 있는 다양한 상상의 가능성은 애초에 차단된 것이나 다름없다. 그 결과 독자는 이미 정해진 모습의 주인공과 장면만을 떠올리게 되며 소설이 줄 수 있는 상상력의 폭은 크게 줄어들 수 있다. 이는 곧 오늘날과 같은 영상 중심의 시대에는 각 개인이 스스로 이미지를 상상하고 만들어 내는 능력이 오히려 약화될 수 있음을 의미하기도 한다. 너무 자주 접해서 익숙해진 스크린 경험은 독서가 요구하는 고유의 상상력을 덮어 버릴 수 있다.

요즘은 지하철에서 독서하는 사람을 만나기가 쉽지 않다. 대부분 스마트폰 스크린에서 눈을 떼지 못한다. 물론 이 중에서 스크린 독서를 하는 이들도 있을 수 있다. 그러나 두 독서에는 확연한 차이가 있다. 나는 직업상 책과 논문을 많이 보는데, 종이책으로 살펴볼지 e-book으로 볼지 늘 고민한다. 매번 책을 사거나 문서를 프린트하는 것이 자원 낭비처럼 느껴져 마음이 불편하기도 하거니와, 연구실과 집 곳곳에 책과 종이 더미가 탑처럼 쌓여 가는 것도 부담스럽다. 그러나 나는 아직도 책에 밑줄 치거나 포스트잇을 잔뜩 붙여 가며 읽는 것을 선호한다.

그래서 디지털 파일도 굳이 출력해 읽는다. 내가 이렇게 각종 핑계를 대며 꿋꿋이 디지털 시대를 역행하는 선택을 하면 학생들은 영 답답해하는 눈치다. 매번 수업이나 면담 때마다 자료를 프린트해서 가져오라는 요청이 귀찮게 느껴지는 것이다. 어떤 학생들은 유용하고 편리한 독서 앱이나 노트 앱을 소개하며 태블릿 PC 사용을 조심스럽게 권하기도 한다. 심지어 스크린 위에 붙이는 종이 질감의 필름까지 정성껏 추천해 준다. 그럴 때면 나도 다시 이런저런 시도를 해 보지만, 여전히 스크린으로 읽는 글에는 좀처럼 몰입이 되지 않고 익숙해지지도 않는다. 물론 뉴스처럼 짧은 기사들은 스마트폰으로도 충분히 읽을 수 있다. 그러나 천천히 음미하고 곱씹으며 읽어야 할 글들 앞에서는 어느새 출력 버튼을 누르고 있는 나 자신을 발견하게 된다.

종이 독서와 스크린 독서 사이에는 단순히 아날로그와 디지털이라는 차이만 있는 것은 아니다. 이는 '읽기'라는 행위의 본질을 다시 묻는 것이기도 하다. 스크린 위에서 온갖 자극과 유혹이 끊임없이 펼쳐지는 시대에 종이책을 읽는 것이 다소 답답하게 여겨질 수도 있다. 그러나 바로 그 느림과 집중의 과정이야말로 깊이 있는 사고를 가능하게 하는 토대가 된다. 본격적으로 도래한 인공지능 시대에 진정한 경쟁력은 어떤 것을 깊이 읽고 그들을 조합하여 의미 있는 질문을 끄집어내는 능력에 있을 것이다. 이는 단단한 지식과 문해력, 사유의 힘이 없다면 성립될 수 없다. AI가 점점 똑똑해질수록 이를 잘 다룰 사람이 필요하다. 그런 사람은 더 많이 '읽는 인간'일 수밖에 없다.

사이토 다카시는『독서력』이라는 책에서 독서란 자신과 완전히 일치하는 의견을 확인하는 행위가 아니라, 내면의 마찰을 통해 스스로를 변화시키는 법을 연습하는 과정이라고 말한다.[50] 독서를 하면 나와 다른 생각을 품을 줄 알게 되고, 그런 포용력이 쌓이면서 점차 도량이 넓어지고 강한 지성을 갖추게 된다는 것이다. 또한 그는 이해되지 않는 문장이나 생각을 당장 판단하거나 버리지 않고 가슴에 '담아 두는' 능력이야말로 독서가 길러 주는 가장 중요한 힘이라고 이야기한다. 종이든 스크린이든 독서는 결코 쉬운 과정이 아니다. 마찰과 불편함을 감수하며 기꺼이 그것을 품는 일, 바로 그것이 진정한 독서의 본질일 것이다.

지금껏 다양한 스크린의 세계를 탐색해 왔다. 그러나 역설적이게도 나는 우리 삶이 그 스크린 속에 머물러서는 안 된다고 강조하고 싶다. 스크린은 마치 블랙홀처럼 우리 삶을 빨아들여 현실을 지워 버린다. 타인의 삶은 지나치게 매끄럽고 화려하게 비추어져 우리가 마주한 불편하고 복잡한 현실을 정서적으로 회피하게 만든다. 스크린의 경험은 결코 그 자체로 중립적이지 않다. 그것은 조용히 그리고 꾸준히 우리의 감각과 사고의 습관, 나아가 삶의 자세까지 바꾸어 버린다. 수많은 SF 작품이 예견해 왔듯, 앞으로 우리는 더 많은 스크린에 둘러싸여 살아가게 될 것이다. 그렇기 때문에 의식적으로, 그리고 분명한 의지를 가지고 스크린 밖에서의 시간을 가져야 한다.

밖으로 나가 하늘과 나무를 보고, 손으로 재료를 다듬고 요리하거나 직접 화초를 가꾸고 책을 읽는 시간을 마련해야 한다. 이들은 스크린이 우리의 정신을 함부로 휘두르지 못하도록 잠시 멈춤의 시간을 마련해 주고, 우리가 다시 인간적인 속도로 호흡할 수 있는 여백을 만들어 줄 것이다. 또한 이 여백은 우리가 다시 스크린을 마주할 때, 더 명료하게 사고하고 더 입체적이며 넓은 시선으로 세상을 바라보도록 만들어 줄 것이다. 오늘날 우리는 스크린을 통해 세상을 바라보고, 자신을 투영하며, 끊임없이 타인의 시선과 마주한다. 그러나 그 매끄럽고 투명한 화면 뒤에는 감각의 자동화와 판단의 외주화가 조용히 작동하고 있다. 주체는 점차 자신의 사고 능력을 외부 인터페이스의 흐름에 의존하게 된다. 그러므로 스크린에서 잠시 떨어져 있는 시간은 오히려 스크린 속 일상과 삶을 더 깊고 지혜롭게 바라보는 힘을 길러 줄 것이다.

주

1 Hyun Jean Lee, "The screen as boundary object in the realm of imagination", Georgia Institue of Technology, Ph.D. Thesis, 2009

2 2016년 영국 라우틀리지에서 나온 『스크린들*Screens*』도 비교적 최근에 나온 스크린 관련 학술서라 할 수 있다.

3 Erkki Huhtamo, "Elements of Screenology: Toward an Archaeology of the Screen", in *Iconics: International Studies of the Modern Image 7*, Tokyo: Japan Society of Image Arts and Sciences, 2004, pp. 31-82

4 Erkki Huhtamo, "Screen Tests: Why Do We Need an Archaeology of the Screen?", in *Cinema Journal*, Vol. 51, No. 2, Austin, Texas: University of Texas Press, 2012, pp. 144-148; Erkki Huhtamo, "The Four Practices? Challenges for an Archaeology of the Screen", in *Screens*, eds. Dominique Chateau and José Moure, Amsterdam: Amsterdam University Press, 2016, pp. 116-124. https://www.jstor.org/stable/j.ctv8pzd7x.14

1부 스크린 감각들

1 라캉의 '거울 단계' 이론과 개념은 그의 1936년 논문이나 미출간된 다음 논문에서 살펴볼 수 있다. 이는 1949년 취리히학회에서 수정 및 확장 발표되었고, 향후 프랑스어판(1966)이 나오고 1977년 영어 번역판에 수록된다. Jacques Lacan, "The Mirror Stage as Formative of the Function of the I as Revealed in Psychoanalytic Experience", in *Écrits: A Selection*, trans. Alan Sheridan, London: Tavistock, 1977, pp. 1-7. 이 논문에는 그의 상상계에 대한 개념이 소개되며, 또 프로이트가 1914년에 쓴 글 「나르시시즘에 대해: 입문」을 주로 언급하고 있다. Sigmund Freud, "On Narcissism: An Introduction", in *The Standard Edition of the Complete Psychological Works of Sigmund Freud*, Vol. 14, London: Hogarth Press, 1957, pp. 67-

102(Orig. 1914)

2 Jay David Bolter and Richard Grusin, *Remediation: Understanding New Media*, Cambridge, MA: The MIT Press, 2000. 이 책은 국내에도 번역 출간되었다. 제이 데이비드 볼터, 리처드 그루신, 『재매개: 뉴미디어의 계보학』, 이재현 옮김, 커뮤니케이션북스, 2006

3 Mark Young, "Not to be Reproduced", in *From Series Magritte*, Durham, NC: Lulu, 2006, p. 14

4 위의 책, p. 14

5 Arthur Efland, *Art and Cognition: Integrating the Visual Arts in the Curriculum*, New York, NY: Teachers College Press, 2002, p. 2

6 Marshall McLuhan, *Understanding Media: The Extensions of Man*, Cambridge, MA: The MIT Press, 1995, p. 41

7 David Rokeby, "Transforming Mirrors: Subjectivity and Control in Interactive Media", in *Critical Issues in Interactive Media*, ed. Simon Penny, Albany, NY: SUNY Press, 1995, pp. 133-158

8 Henry David Thoreau, *Walden: or, Life in the Woods*, Boston and New York: Houghton Mifflin Company, 1910, p. 103; David Rokeby, 위의 글, pp. 145-146에서 재인용

9 Jacques Derrida, "Freud and the Scene of Writing", in *Writing and Difference*, trans. Alan Bass, Chicago, IL: University of Chicago Press, 1978, p. 203

10 Ian Bogost, *Persuasive Games: The Expressive Power of Videogames*, Cambridge, MA: The MIT Press, 2010, pp. 43-44, 214, 230

11 김상욱, 『떨림과 울림: 물리학자 김상욱이 바라본 우주와 세계 그리고 우리』, 동아시아, 2018, 5-6쪽

12 위의 책, 6쪽

13 위의 책, 7쪽

14 위의 책, 7쪽

15 이재현, 『공명: 미디어 기술 비평』, 커뮤니케이션북스, 2019, 8-15쪽

16 Niklas Luhmann, *Art as a Social System*, trans. Eva M. Knodt, Stanford, CA: Stanford University Press, 2000, p. 35

17 디지털 아티스트 데이비드 로크비는 투명성과 불투명성의 이분법이 새로운

테크놀로지에 대한 엔지니어와 예술가의 태도를 구분하는 기준이 되기도 한다고 말한다. 엔지니어는 미디어 테크놀로지를 설계하고 고안하는 과정에서 투명성이라는 환각을 유지하려는 경향이 있는 반면, 예술가는 미디어를 표현의 도구로 삼아 인터페이스 자체를 다양하게 변형시키며 그 의미를 탐구한다는 것이다. Rokeby, 위의 글, p. 133

18 http://humanities.uchicago.edu/faculty/mitchell/glossary2004/screen.htm. 2006~2007년경에 찾은 사이트로, 아쉽게도 현재는 유효하지 않다. 다만 이후 미첼과 마크 한센W. J. T. Mitchell and Mark B. N. Hansen이 공동 편집한 『미디어 연구를 위한 비판적 용어*Critical Terms for Media Studies*』가 2010년 시카고대학 출판사에서 나온 것으로 보아, 당시의 연구 결과가 이 책으로 정리되는 데 기초가 되지 않았을까 추측해 본다.

19 Sigmund Freud, 1960a, "Screen Memories", in *The Standard Edition of the Complete Psychological Works of Sigmund Freud Vol III*, New York, NY: Basic Books, 1899, pp. 47-69; Sigmund Freud, 1960b, "Childhood memories and screen memories", in *The Psychopathology of Everyday Life*, London: Hogarth Press, 1901, pp. 46-48 참조

20 Lev Manovich, *The Language of New Media*, Cambridge, MA: The MIT Press, 2001, pp. 95-103. 이 책은 국내에도 번역 출간되었다. 『뉴미디어의 언어』, 서정신 옮김, 생각의나무, 2004, 145-154쪽

21 Lev Manovich, 위의 책, p. 95

22 CRT는 '음극선관'이나, 카를 페르디난트 브라운Karl F. Braun이 개발하여 '브라운관'이라 불리기도 하고, 전파 신호를 잡을 수 있는 튜너와 합쳐서 TV가 되기도 한다. 이는 LCD 모니터가 등장하기 전까지 1960~1970년대에 많은 가정의 거실과 안방을 차지하던 TV였다.

23 Katherine N. Hayles, "Embodied Virtuality: Or How to Put Bodies Back into the Picture", in *Immersed in Technology: Art and Virtual Environments*, eds. Mary Anne Moser and D. MacLeod, Cambridge, MA: The MIT Press, 1996, pp. 1-28

24 Alexander R. Galloway, *The Interface Effect*, Malden, MA: Polity, 2012

25 이 부분은 다음 책을 참고하면 좋다. Paul Dourish, *Where the Action Is: The Foundation of Embodied Interaction*, Cambridge, MA: The MIT Press, 2001

26 Alexander R. Galloway, *The Interface Effect*, Cambridge, UK: Polity, 2012, pp. 45-46. 갤러웨이는 이러한 표현을 프랑수아 다고녜의 개념에서 빌려 왔다. François Dagognet, *Faces, Surfaces, Interfaces*, Paris: Librairie Philosophique J. Vrin, 1982

27 Gérard Genette, *Paratexts: Thresholds of Interpretation*, trans. Jane E. Lewin, Cambridge: Cambridge University Press, 1997

28 Galloway, 위의 책, pp. vii-ix; p. 23. 갤러웨이의 인식론적 매핑은 프레드릭 제임슨의 cognitive mapping의 개념을 빌려온 것이다.

29 Sean Cubitt, *Videography: Video Media as Art and Culture*, London: MacMillan Education Ltd, 1993, p. 74

30 조선령, 「비디오아트와 시간의 실재화: '실시간real-time'의 문제를 중심으로」, 『현대미술사연구』 37, 2015, 203-222쪽, 204-205쪽에서 재인용. 이 글에서는 윌리엄 카이젠의 '즉시성의 환영'이란 개념을 인용하고 있다. William Kaizen, "Live on Tape: Video, Liveness and the Immediate", in *Art and the Moving Image: A Critical Reader*, ed. Tanya Leighton, London: Tate Publishing, 2008, pp. 258-272

31 Hans Belting, "The Temporality of Video Art", in *Art History after Modernism*, Chicago, IL: University of Chicago Press, 2003, pp. 85-95

32 이 책은 국내에 『스크린 위의 삶: 인터넷 시대의 정체성』(최유식 옮김, 민음사, 2003)이란 제목으로 출간되었다.

33 이원곤, 「CRT(Cathode Ray Tube: 음극선관)와 미디어아트: 백남준의 〈음악의 전시-전자 텔레비전〉(1963)을 중심으로」, 『기초조형학연구』 16(5), 2015, 407-418쪽. 이 논문을 살펴보면 CRT 모니터의 원리를 자세히 알 수 있다.

34 앞서 4장에서 말했듯, 마노비치는 VR에서는 스크린이 시야에서 사라져 버린다고 말하기도 했다.

35 Margaret Morse, "Video Installation Art: The Body, The Image, and The Space-in-Between", in *Illuminating Video: An Essential Guide to Video Art*, eds. Doug Hall and Sally Jo Fifer, San Francisco: Aperture, 1990, pp.153, 157-158

36 Annette W. Balkema, "Desire for the Screen", in *Screen-based Art* (Lier en Boog, Series of Philosophy of Art and Art Theory, Volume 15), eds.

Annette W. Balkema and Henk Slager, Amsterdam/Atlanta: Rodopi B.V. Editions, 2000, p. 22

37 Balkema, 위의 글, p. 22

38 발케마는 모리스 메를로퐁티의 다음 글을 참조했음을 밝힌다. Maurice Merleau-Ponty, "Eye and the Mind", in *The Merleau-Ponty Aesthetics Reader: Philosophy and Painting*, ed. Galen A. Johnson, Evanston: Northwestern University Press, 1993, pp. 121-149. 특히 p. 142 참조

39 Jacque Derrida, *The Truth in Painting*, Chicago, IL: University of Chicago Press, 1987, pp.15-147

40 Derrida, 위의 책, p. 61

41 Kathy O'Dell, *Contract with the Skin: Masochism, Performance Art and the 1970s*, Minneapolis: University of Minnesota Press, 1998. 아콘치의 작업에 대한 논의는 pp. 17-30, pp. 31-44, pp. 45-58에 걸쳐 나와 있다.

42 O'Dell, 위의 책, p. 15, 그리고 p. 22. 오델이 참고하는 디디에 앙지외의 글은 다음 저서에 있다. Didier Anzieu, *The Skin Ego: A Psychoanalytic Approach to the Self*, trans. Chris Turner, New Haven & London: Yale University Press, 1989

43 Janet H. Murray, *Hamlet on the Holodek: The Future of Narrative in Cyberspace*, Cambridge, MA: The MIT Press, 1998, pp. 99-100

44 벤야민은 그의 많은 글에서 아우라에 대해 설명하고 있다. Walter Benjamin, 1968a, "On Some Motifs in Baudelaire", in *Illuminations*, trans. Harry Zohn, New York: Schocken Books, pp. 155-200; Walter Benjamin, 1968b, "The Work of Art in the Age of Mechanical Reproduction", in *Illuminations*, trans. Harry Zohn, New York: Schocken Books, pp. 217-251; Walter Benjamin, "A Short History of Photography," in *Classic Essays on Photography*, ed. Alan Trachtenberg, New Heaven: Leetes Island Books, 1981, pp. 199-216 등

45 이는 백남준의 글에 적힌 문장을 참고한 것이다. 백남준은 자연이 아름다운 이유는 그것이 아름답게 변화하기 때문이 아니라, 변화하기 때문에 아름다운 것이라고 말했다. 이 글은 1963년 부퍼탈에서 열린 첫 전시의 브로셔에 담겼으며, 글의 제목은 "Afterlude to the EXPOSITION of EXPERIMENTAL TELEVISION"이다. 이는 후에 Everson Museum 카탈로그인 *Videa 'n'*

Videology: Nam June Paik 1959-1973, Syracuse, NY: Everson Museum of Art, 1974, pp. 5-6; *Theories and Documents of Contemporary Art*, eds. Kristine Stiles, Peter Howard Slez, Berkeley, CA: University of California Press, 1995, pp. 431-436 등에 다시 실린다.

46 Jacques Lacan, *The Four Fundamental Concepts of Psychoanalysis: The Seminar of Jacque Lacan: Book XI*, ed. Jacques-Alain Miller, trans. Alan Sheridan, New York, NY: W. W. Norton & Company, 1981, pp. 105-109

47 Jacques Lacan, 위의 책, p. 91, p. 106

48 Bill Viola, "Video Black: The Mortality of the Image (1990)", in *Theories and Documents of Contemporary Art*, eds. Kristine Stiles, Peter Howard Slez, Berkeley, CA: University of California Press, 1996, pp. 446-450; Bill Viola, "Video Black: The Mortality of the Image" in *Illuminating Video: An Essential Guide to Video Art*, eds. Doug Hall, Sally Jo Fifer, San Francisco: Aperture, 1990, pp. 477-486; Bill Viola, *Reasons for Knocking at an Empty House: Writings 1973-1994*, Cambridge, MA: The MIT Press, 1995

49 사실 빌 비올라는 초기 비디오아트 현장에서 백남준의 실무를 도우며 가까이에서 작업을 배운 현장 보조자이자 협업자였다. 그는 1972년부터 1974년까지 에버슨미술관에서 오디오비주얼 어시스턴트로 일하며 비디오아트의 초기 전시와 퍼포먼스를 지원했고, 이 과정에서 백남준의 프로젝트를 보조하며 직접적인 영향을 받았다고 회고한다.

2부 스크린 장면들

1 이들은 http://www.hyunjeanlee.com/PaintingPrintInstallation.htm 등에서 살펴볼 수 있다.

2 텔레텍스트 기술의 실사용 가능성과 성능을 시험하기 위해 방송국이 실제 환경에서 시행한 테스트 송출을 뜻한다.

3 현실 세계와 디지털 세계가 데이터를 통해 소통하기 위해 인풋과 아웃풋이 컴퓨터로 처리되는 것을 말한다.

4 1초를 1,000분의 1로 나눈 시간

5 리처드 니스벳, 『생각의 지도: 동양과 서양, 세상을 바라보는 서로 다른 시선』, 최인철 옮김, 김영사, 2004, 136-155쪽

6 니스벳, 위의 책, 139쪽

7 제1회 테이블탑 국제 컨퍼런스는 2007년 10월 10일부터 12일까지 미국 뉴포트에서, 제1회 TEI 컨퍼런스는 2007년 미국 배턴루지에서 열렸다.

8 사라진 서피스 테이블탑은 2012년 마이크로소프트에서 '서피스'라는 멀티터치 스크린의 노트북으로 출시되며 새로운 모습으로 재등장했다.

9 성균관대 기계공학부의 최재붕 교수는 『포노 사피엔스: 스마트폰이 낳은 신인류』(쌤앤파커스, 2019)라는 책을 썼고, 이화여대 석좌교수 최재천은 "신은 인간을 만들고, 스티브 잡스는 포노사피엔스를 만들었다"라고 말했다.

10 최재붕 교수는 포노사피엔스 관점에서 인류사가 AJ Anno Jobs와 BJ Before Jobs로 나뉜다고 말한다.

11 월터 아이작슨, 『스티브 잡스』, 안진환 옮김, 민음사, 2015, 212쪽, 539-562쪽

12 이러한 흐름은 수많은 제품의 판매 과정에서 '럭셔리한 포장'을 확대하는 방향으로 이어졌다. 전자기기는 물론, 다양한 화장품류에서도 이러한 포장 방식은 쉽게 찾아볼 수 있다. 하지만 이들은 과대 포장이라는 문제점을 안고 있으며, 이는 환경 문제와 지구의 지속가능성과도 밀접하게 연결되어 있어 반드시 고민해 봐야 할 지점이다. 그럼에도 불구하고 기업들은 포장에서 느껴지는 우아함과 고급스러움, 그리고 그 감각적 경험이 만들어 내는 기억과 만족감, 나아가 소비자의 충성도를 결코 포기하려 하지 않는다.

13 이러한 시각적·촉각적 감각과 그에 따른 심리에 매료된 사람들의 모습은 '언박싱 unboxing 영상'이라는 유튜브 콘텐츠를 통해 쉽게 확인할 수 있다. 언박싱 영상은 고가의 디지털 기기나 명품 포장을 처음 개봉하는 순간을 기록하고 소개하는데 가방, 구두, 노트북, 카메라, VR 기기, 스마트폰 등 다양한 제품들이 그 대상이 된다. 특히 대중적으로 쉽게 접근하기 어려운 물건일수록 더 큰 관심을 끈다. 언박싱 영상에는 새로운 제품을 소유한 이가 느낄 법한 '신상'에 대한 기대감과 자랑, 포장을 뜯는 쾌감이 과장되게 담겨 있다. 이와 동시에 시청자는 '나도 저 물건을 갖고 싶다'는 욕망과 부러움, 혹은 마치 자신이 그 물건을 소유한 것 같은 대리 만족을 경험하게 된다. 언박싱 욕구를 자극하는 데에는 제품 자체뿐 아니라 고급스러운 포장도 중요한 역할을 한다. 구김 하나 없는 하얀 속지, 정교하게 마감된 박스, 부드러운 질감의 포장재 등은 신제품

에 대한 기대감을 극대화하고, 소비자의 감각적 욕망을 한층 더 끌어올린다.

14 스크린을 피부에 비유한다는 것은 앞에서도 설명한 바가 있다. 캐시 오델이 비디오예술가 아콘치 작업에서 스크린을 사이에 두고 나타나는 긴장과 심리적 체험에 대해 언급하며 정신분석학자 디디에 앙지외의 피부에 대한 심리적 분석을 가져와 이를 스크린에 비유한 부분이다. 본문 5장을 참고하자.

15 유시 파리카는 디지털 기기의 '계획적 진부화' 혹은 '계획적 노후화'에 대해 다음 문헌들에서 여러 차례 말하고 있다. Garnet Hertz and Jussi Parikka, "Zombie Media: Circuit Bending Media Archaeology into an Art Method", in *Leonardo* 45(5), 2012, pp. 420-430; Jussi Parrika, *What is Media Archaeology?*, Cambridge, UK: Polity, 2012; Jussi Parrika, *The Anthrobscene*, Minnesota, 2014; Jussi Parrika, *A Geology of Media*, Minneapolis, MN: Univ. of Minnesota Press, 2015

16 위에서 언급한 문헌 중 Garnet Hertz and Jussi Parikka, "Zombie Media", pp. 420-430 참고

17 Claire Bishop, "Digital Divide", in *Artforum*, December 2012, pp. 434-442

18 Susan Sontag, *Regarding the Pain of Others*, London: Picador, 2003. 이 책은 국내에도 번역 출간되었다. 수전 손택, 『타인의 고통』, 이재원 옮김, 도서출판 이후, 2004

19 Paul Virilio, "Big Optics", in *On Justifying the Hypothetical Nature of Art and the Non-Identicality Within the Object World*, ed. Peter Weibel, Cologne: Walther König, 1992, pp. 82-93; Paul Virilio, *The Vision Machine*, London: BFI Publishing, 1994; Lev Manovich, "Cinema and Telecommunication/ Distance and Aura Film/Telecommunication - Benjamin/Virilio", 1996도 참고할 것 http://manovich.net/content/04-projects/015-cinema-and-telecommunication-distance-and-aura/12_article_1996.pdf

20 http://www.newsgaming.com/games/index12.htm

21 Malcolm Le Grice, "Virtual Reality: Tautological Oxymoron", in *New Screen Media: Cinema/Art/Narrative*, London: British Film Institute, 2002, pp. 227-236

22 Chris Milk, TED 강의, "How virtual reality can create the ultimate

empathy machine", https://www.ted.com/talks/chris_milk_how_virtual_reality_can_create_the_ultimate_empathy_machine?subtitle=en

23 https://beanotherlab.org/home/work/tmtba/

24 https://twiddler.tekgear.com/

25 김상욱, 『떨림과 울림』, 동아시아, 2018, 17-18쪽

26 "2017년 박남규 서울대 교수팀은 메타물질의 여러 가지 핵심 성질(물성)들을 분리해 제어하고, 또 이를 자유롭게 원하는 값으로 조절할 수 있는 핵심이론을 최초로 제안하고 실험에 성공했다. 메타물질의 다양한 응용을 위해서는 특이 물성을 원하는 값으로 자유롭게 분리 및 제어할 수 있는 핵심기술이 필요한데 10여년간 미해결 과제였다. 이에 앞서 2014년 김경식 연세대 교수팀은 접거나 구부리는 변형에도 불구하고 굴절률의 분포가 자동적으로 은폐 성능에 맞게 변형되는 스마트 메타물질을 만드는 데 성공했다. 연구팀은 실리콘 고무 같이 위에서 강하게 눌렀을 때 옆으로 뚱뚱해지는 것이 아니라 오히려 홀쭉해지는 자연에 존재하지 않는 특이한 메타물질을 고안해냈다." 김봉수, 「아이언맨 홀로그램 원천기술, 한국에 있다」, 『아시아경제』, 2021년 7월 14일자, https://v.daum.net/v/k7E0erk2rY

27 "영화 '아이언맨'의 홀로그램 인터랙티브 기술을 실제 구현할 수 있는 원천기술이 대표적이다. 노준석 포항공대 기계공학과 교수 등은 지난해 11월 메타물질에 액정기술을 접목, 외부 자극에 빠르게 반응해 이미지를 바꿀 수 있는 초소형 홀로그램 장치를 개발했다. 온도나 터치에 모두 반응해 홀로그램 이미지를 바꿀 수 있고 450~700㎚의 파장을 갖는 가시광선 영역에서 매우 선명한 홀로그램 이미지를 생성할 수 있다. 고화질 홀로그래픽 비디오 재생 광학소자, 온도감응형 홀로그램 센서, 미래형 인터랙티브·햅틱 홀로그램 기술을 앞당길 실마리가 될 것으로 기대된다. 노 교수는 또 기존 렌즈의 1만분의 1 두께인 초박막 광학렌즈를 메타물질로 제조하는 데 성공했다. 평범한 렌즈 위에 도포하면 초고성능 복합굴절렌즈 역할을 할 수 있다. '카툭튀(스마트폰에 돌출된 카메라)' 현상을 해결하고 가상현실(VR)·웨어러블 컴퓨팅 등에 활용될 수 있는 기술로 주목받고 있다." 김봉수, 「아이언맨 홀로그램 원천기술, 한국에 있다」, 『아시아경제』, 2021년 7월 14일자, https://v.daum.net/v/k7E0erk2rY

28 2018년 12월 1일부터 2019년 1월 20일까지 방영되었다.

29 Moon So-Young, "In times of crisis, culture is more than a luxury, it gives hope", in *New York Times*, May 25, 2020

30 위의 글

31 Jan Schmidt-Garre, 〈Olarfur Eliasson-Notion Motion〉, DVD, Parsmedia, 2009

32 B. Joseph Pine II, James H. Gilmore, *The Experience Economy: Competing for Customer Time, Attention, and Money*, Brighton, MA: Harvard Business Review Press, 2019

33 Oliver Grau, *Virtual Arts: From Illusion to Immersion*, Cambridge, MA: The MIT Press, 2003

34 감탄사가 절로 나올 만큼 놀라운 인상을 주는 경험을 의미한다.

35 Mihaly Csikszentmihalyi, *Flow: The Psychology of Optimal Experience*, New York, NY: Harper Collins Publishers, 1990. 이 책은 국내에도 번역 출간되었다. 미하이 칙센트미하이, 『몰입: 미치도록 행복한 나를 만난다』, 최인수 옮김, 한울림, 2004

36 유현준, 유튜브 채널 '셜록현준' 중 "뉴욕은 어떤 도시일까?", https://www.youtube.com/watch?v=0sG0AaPYuuI

37 명동 신세계백화점 본점은 코로나 팬데믹 기간 동안 크리스마스 시즌 중 두 차례에 걸쳐 외벽에 약 370만 개의 LED 칩을 임시로 부착해 미디어 파사드를 운영한 바 있다. 이 시범 운영의 홍보 효과와 반응이 좋아 2024년 11월에는 이를 상시 운영하기 위해 가로 72미터, 세로 18미터 규모의 8K 해상도 미디어 파사드를 설치하고 '신세계스퀘어'를 공식 오픈했다. 이 디지털 사이니지 구축은 2023년 12월, 명동이 '제2기 옥외광고 자유표시구역'으로 지정된 것에 따른 후속 조치로 볼 수 있다. 이처럼 자유표시구역으로 지정된 지역은 디지털 사이니지를 통한 시각적 매력 증대와 유동 인구 증가, 그리고 상권 매출 증대로 이어지며 지역 경제 활성화에 긍정적으로 기여하는 것으로 평가된다.

38 해골이 관람자의 위치에 따라 다르게 보이는 것은 '왜상 기법'에 의한 것이다. 이 기법은 원근법이 극단적으로 적용된 시각적 표현 방식으로, 정면에서는 알아보기 어렵고 특정한 시점에서만 명확한 형태를 드러낸다. 이 그림의 주문자인 장 드 댕트빌은 훗날 이 작품을 프랑스의 폴리시에 있는 자신의 성에 걸 계획이었다고 전해진다. 그렇다면 홀바인은 이 그림이 성의 층계 벽에 걸

릴 것을 염두에 두고, 그 계단을 오르내리는 사람들을 관람자로 상정했을 가능성이 있다. 그럼으로써 그는 그 해골 그림을 보게 되는 이에게 다음과 같은 철학적 메시지를 전달하려 한 것일 수도 있다. "이 세상의 모든 부귀영화는 허망한 것이며, 우리의 종착역은 결국 죽음임을 기억하라Memento mori." 그러나 홀바인은 이 작품을 단지 죽음을 경고하는 회화로만 남기지 않았다. 그림 왼쪽 상단의 녹색 커튼 뒤편에는 작게나마 십자가에 못 박힌 그리스도의 형상, 즉 구원의 상징이 은밀하게 그려져 있다. 이는 죽음 너머에도 희망이 있다는 것, 즉 신앙과 구원을 통해 인간은 허무를 극복할 수 있다는 메시지를 함께 전하고자 한 것이라 볼 수 있다.

39 자크 라캉은 *The Ethics of Psychoanalysis*(New York, NY: W. W. Norton & Company, 1997, pp. 135-136, pp. 140-154)와 *The Four Fundamental Concepts of Psychoanalysis*(New York, NY: W. W. Norton & Company, 1981, pp. 67-119)에서 한스 홀바인의 작품 〈대사들〉을 통해 16세기 말에서 17세기 초의 왜상 개념을 분석한다. 라캉은 이 왜상 효과를 '공간의 일루전'으로 설명하며, 해골이 표현된 왜상 이미지를 '숨겨진 진실'로 지칭한다(p. 141). 이 대상은 "설명할 수는 없지만 이해를 위해서는 미술사적 배경에 대한 긴 해설이 필요한 것"이라고도 말한다(p. 135). 또한 라캉은 이 왜상의 대상을 '없으면서도 존재하는 것', 즉 'No인 동시에 Yes인 상태'로 설명한다. 이는 관람자가 특정한 위치와 각도에서 바라볼 때만 해독 가능하며, 그 해독 과정 자체가 즐거움을 유도하는 경험이라고 그는 주장한다. 다시 말해, 오브제를 발견해 가는 과정이 곧 감상의 즐거움이며, 왜상은 보는 이로 하여금 인식의 우회로를 거쳐야만 의미에 도달하게 만든다는 것이다. 라캉의 〈대사들〉에 대한 이러한 분석은 Joanna Lowry의 글 "Performing Vision in the Theatre of the Gaze: The Work of Douglas Gordon"(*Performing the Body-Performing the Text*, eds. Amelia Jones and Andrew Stephenson, London: Routledge, 1999, pp. 273-282)에서도 언급된다. 한편 라캉은 왜상이 비스듬한 시선으로 봐야 하는 것이기에 볼록거울보다는 그 주위의 평평한 표면과 관계한다고 말하며, 이러한 시각 효과는 건축적 공간과 회화적 구성이 결합된 것으로 볼 수 있다고도 덧붙인다.

40 앞서 소개한 명동 신세계백화점 본점의 스크린 역시, 두 면이 부드럽게 이어지는 곡면 구조로 되어 있어 SM타운 코엑스아티움처럼 아나모픽 기법의 영상을 구현하기에 적합한 형태다. 실제로 2025년 8월 15일에 국립중앙박물

관 소장 유물인 데니 태극기를 주제로 한 미디어아트가 상영되어 대형 태극기가 명동 한복판에서 펄럭이는 장면이 연출되기도 했다.

41 David Hockney, *Secret Knowledge: Rediscovering the Lost Techniques of the Old Masters*, New York, NY: Avery, 2001. 이 책은 국내에도 번역 출간되었다. 데이비드 호크니, 『명화의 비밀 – 호크니가 파헤친 거장들의 비법』, 남경태 옮김, 한길사, 2019

42 David Joselit, "Marking, Scoring, Storing, and Speculating (on Time)", in *Painting Beyond Itself: The Medium in the Post-Medium Condition*, eds. Isabelle Graw and Ewa Lajer-Burcharth, Berlin: Sternberg Press, 2016, pp. 11–20. 이 글은 국내에도 소개되어 있다. 「(시간에 대해) 표지하기, 스코어링하기, 저장하기, 추측하기」, 『평행한 세계들을 껴안기: 수천 개의 작은 미래들로 본 예술의 조건』, 여경환 외 옮김, 현실문화A, 2018, 108–119쪽

43 Joselit, 위의 글, p. 12

44 아즈마 히로키, 『관광객의 철학』, 안천 옮김, 리시올, 2025

45 카공족은 '카페에서 공부하는 사람들'을 가리키는 신조어이자 유행어다.

46 요한 하리, 『도둑맞은 집중력』, 김하현 옮김, 어크로스, 2023, 161–183쪽

47 API Application Programming Interface는 두 개의 소프트웨어 애플리케이션이 서로 통신하고 데이터를 주고받을 수 있도록 정해진 규칙 또는 약속을 의미한다. 'API 호출'이란 한 애플리케이션이 다른 애플리케이션에 데이터나 서비스를 요청하는 행위를 말하는데, 무한 스크롤 기능에서 사용자가 페이지 하단에 도달할 때 자동으로 API가 호출되어 다음 콘텐츠를 불러오게 된다.

48 오늘날 명상과 마음챙김을 권하는 비즈니스 모델을 '맥마인드풀니스McMindfulness'라 부르기도 한다. '맥도널드식 마음챙김'이라 비꼬는 것이다. Ronald Purser, *McMindfulness: How Mindfulness Became the New Capitalist Spirituality*, London: Repeater, 2019. 이 책은 국내에도 번역 출간되었다. 로널드 퍼서, 『마음챙김의 배신』, 서민아 옮김, 필로소픽, 2021

49 요한 하리, 『도둑맞은 집중력』, 김하현 옮김, 어크로스, 2023, 221–241쪽

50 사이토 다카시, 『독서력: 무엇을 어떻게 읽어야 하는가』, 황선종 옮김, 웅진지식하우스, 2015

도판 저작권 및 출처

36쪽(좌): Albrecht Dürer, Self-Portrait at the Age of Thirteen (1484). Image via Wikimedia Commons: https://commons.wikimedia.org/wiki/File:Durer-self-portrait-at-the-age-of-thirteen.jpg
36쪽(우): Albrecht Dürer, Self-Portrait (1500). Image via Wikimedia Commons: https://commons.wikimedia.org/wiki/File:D%C3%BCrer_Alte_Pinakothek.jpg
37쪽: Albrecht Dürer, Self-Portrait (1498), Museo del Prado. Image via Wikimedia Commons: https://commons.wikimedia.org/wiki/File:Albrecht_D%C3%BCrer_-Self-Portrait-_Google_Art_Project.jpg
38쪽(위): Rembrandt van Rijn, Self-Portrait with a Gold Chain (1633), Gemäldegalerie, Berlin. Image via Wikimedia Commons: https://commons.wikimedia.org/wiki/File:Rembrandt_Self-Portrait_1633.jpg
38쪽(아래): Rembrandt van Rijn, Self-Portrait (1660), The Metropolitan Museum of Art, New York. Image via The Met: https://www.metmuseum.org/art/collection/search/437394
41쪽: Henri de Toulouse-Lautrec, Self-Portrait in the Mirror (c. 1882). Public domain. Image via WikiArt: https://www.wikiart.org/en/henri-de-toulouse-lautrec/self-portrait-in-the-mirror-1882
43쪽: Diego Velázquez, Las Meninas (1656), Museo del Prado, Madrid. Image via Wikimedia Commons: https://commons.wikimedia.org/wiki/File:Las_Meninas,_by_Diego_Vel%C3%A1zquez,_from_Prado_in_Google_Earth.jpg
45쪽: Édouard Manet, A Bar at the Folies-Bergère (1882), The Courtauld Gallery, London. Image via Wikimedia Commons: https://commons.wikimedia.org/wiki/File:Edouard_Manet,_A_Bar_at_the_Folies-Berg%C3%A8re.jpg

54쪽: René Magritte / ADAGP, Paris – SACK, Seoul, 2025; Image: Christie's Images / Bridgeman Images
58쪽: René Magritte / ADAGP, Paris – SACK, Seoul, 2025; Image: Museum Boijmans Van Beuningen, Rotterdam
70쪽: John William Waterhouse, Echo and Narcissus (1903), Walker Art Gallery, Liverpool.
Image via Wikimedia Commons: https://commons.wikimedia.org/wiki/File:Echo_and_Narcissus_(1903)_by_John_William_Waterhouse.jpg
72쪽: Caravaggio, Narcissus (c. 1597 – 1599), Galleria Nazionale d'Arte Antica, Rome.
Image via Wikimedia Commons: https://commons.wikimedia.org/wiki/File:Narcissus-Caravaggio_(1594-96)_edited.jpg
110, 136쪽: © Nam June Paik Estate.
132쪽: © Robert Keziere (Ydessa Hendeles Art Foundation, Toronto). Courtesy Bill Viola Studio.
148, 151, 152, 155, 156, 158, 168, 169, 235, 249, 316쪽: © 이현진
196쪽: Steve Jobs introducing the iPhone at Macworld 2007.
Photo by Blake Patterson, via Wikimedia Commons: https://commons.wikimedia.org/wiki/File:Steve_Jobs_Introducing_iPhone.jpg
Licensed under CC BY 2.0.
229쪽: © Boston Globe / Contributor
244-245쪽: © Pablo Blazquez Dominguez / Stringer
273쪽(위): Jean-Pierre Dalbéra, Carrieres de Lumieres, Les Baux-de-Provence (2017).
Photo via Wikimedia Commons: https://commons.wikimedia.org/wiki/File:Carrieres_Lumieres_2017_10.jpg
Licensed under CC BY 2.0.
273쪽(아래): Jean-Louis Zimmermann, Cathédrale d'Images, salle du Nord (2007).
Image via Wikimedia Commons: https://commons.wikimedia.org/wiki/File:Cathedrale_d%27Images,_salle_du_Nord.jpg
Licensed under CC BY-SA 3.0.

275쪽: Vincent van Gogh, The Starry Night (1889), The Museum of Modern Art, New York.
Image via Wikimedia Commons: https://commons.wikimedia.org/wiki/File:Van_Gogh_-La_nuit%C3%A9toil%C3%A9e.jpg
280-281쪽: Robert Mitchell, Section of the Rotunda, Leicester Square (1801). Annotated by Andrew Taylor.
Image via Wikimedia Commons: https://commons.wikimedia.org/wiki/File:Panorama_section,_London,_1801,_annotated.jpg
Licensed under CC BY-SA 4.0.
300쪽(위): Hans Holbein the Younger, The Ambassadors (1533), The National Gallery, London.
Image via Google Art Project / Wikimedia Commons:
https://en.wikipedia.org/wiki/File:Hans_Holbein_the_Younger_-_The_Ambassadors_-_Google_Art_Project.jpg
328쪽(위): Will Buckner, The Few That Remain: An Open Blockbuster Video Store in Fairbanks, Alaska, 2018. Wikimedia Commons, CC BY 2.0
328쪽(아래): Marit & Toomas Hinnosaar, Netflix envelope, 9 July 2008, Wikimedia Commons.Licensed under CC BY 2.0

이 밖에 도판 관련 연락을 취했으나 답변이 없는 경우, 저작권자의 답변이 오는 대로 절차에 따라 계약을 맺고 그에 따른 저작권료를 지불할 예정이다.

찾아보기

ㅈ

ㅊ

ㅋ

ㅌ

ㅍ

ㅎ